DOCTORES CON ALAS

Hilda:

Gracias por acompañarme en este viaje de la vida. Definitivamente desde que el Mercal en la noche por el D.F. hasta ahora, con tropiezos y sonrisas, le ha dado sabor a nuestras vidas.

Blom

DOCTORES CON ALAS

12 HISTORIAS DE MÉDICOS MIGRANTES

Coordinadores:
Dra. Sandra López-León
Dr. Ilan Shapiro
Dra. Talia Wegman-Ostrosky
Prólogo: Dr. Julio Frenk

Para realizar pedidos de este libro, contacte con:
Palibrio
1663 Liberty Drive, Suite 200
Bloomington, IN 47403
Gratis desde EE. UU. al 877.407.5847
Gratis desde México al 01.800.288.2243
Gratis desde España al 900.866.949
Desde otro país al +1.812.671.9757
Fax: 01.812.355.1576
ventas@palibrio.com
823241

ÍNDICE

ÍNDICE DE AUTORES

Coordinadores: Dra. Sandra López-León, Dr. Ilan Shapiro y Dra. Talia Wegman-Ostrosky

Prólogo: Dr. Julio Frenk

"Las ganancias seran donadas a CADENA AC".

Autores:

Dr. Antonio J. Berlanga-Taylor [Colombia, Reino Unido, Francia]

Dr. Edmundo Erazo [Países Bajos]

Dr. Yoel Korenfeld [México, Estados Unidos, Colombia]

Dr. Rafael G. Magaña [Inglaterra, Estados Unidos]

Dr. Nissin Nahmias [Estados Unidos]

Dr. Joaquín Pereyra Macías [Australia]

Dr. Luis Rodrigo Reynoso [Etiopía]

Dr. Jack Rubinstein [Estados Unidos]

Dr. Alberto Saltiel [Israel]

Dr. Lorenz Schenk [Alemania]

Dr. Ilan Shapiro [Estados Unidos]

Dr. René Sotelo [Estados Unidos]

Prólogo

Julio Frenk[1]

El número de migrantes en el mundo ha crecido de manera dramática en los últimos años. En el año 2000 había 173 millones de migrantes en el mundo. Para 2017 su número se había incrementado a 257 millones. Se trata de individuos que, en su gran mayoría, abandonan su país en busca de trabajo y mejores condiciones de vida, huyen de conflictos políticos y/o bélicos o son víctimas de situaciones de desastre. Hay también quienes migran por razones sentimentales o atraídos por ambientes profesionales más estimulantes.

Los médicos también han sido afectados por este fenómeno. El número de médicos migrantes ha crecido de manera muy importante en las últimas décadas. Los países con más médicos extranjeros en el mundo son Estados Unidos, Reino Unido, Alemania y Australia. En este último país representan el 32% del número total de médicos.

Hasta hace poco, los médicos migrantes procedían, en su abrumadora mayoría, de India, China, Pakistán, Filipinas e Irán, pero el número de médicos migrantes originarios de países europeos y africanos se ha incrementado considerablemente.

---

[1]   Rector de la Universidad de Miami y exsecretario de Salud de México (2000–2006).

Debido al reciente crecimiento de la migración de los trabajadores de la salud, la Organización Mundial de la Salud y la Organización para la Cooperación y el Desarrollo Económicos, entre otras, han realizado diversos estudios sobre este fenómeno. Ahora conocemos no sólo el número de médicos migrantes y sus países de origen y destino, sino muchas de sus características demográficas, el tipo de formación profesional que recibieron y su nivel de penetración en sus países de adopción. Estos estudios indican que los médicos migrantes han contribuido de manera notable a fortalecer la oferta de servicios de salud en los países a los que migraron y a satisfacer las crecientes demandas de servicios de salud culturalmente aceptables.

Lo que no abundan son las historias personales de estos médicos o médicas. Sabemos poco sobre las razones individuales que los empujaron a abandonar su país, los obstáculos específicos que enfrentaron en el proceso de migración o los problemas para adaptarse a una nueva sociedad y un nuevo hábitat laboral. Menos sabemos aún de los frutos y recompensas de esa riquísima experiencia.

A mí en lo personal me interesa explorar estos territorios, pues yo mismo soy un médico migrante. Nací y estudié medicina en la Ciudad de México, pero ahora trabajo en la Universidad de Miami. Provengo, además, de una familia de médicos migrantes. Mi abuelo, médico alemán, migró con su esposa y sus dos hijos a México, huyendo de la persecución nazi. Mi padre, nacido en Hamburgo, estudió medicina en la Universidad Nacional Autónoma de México y ejerció como pediatra endocrinólogo en su país de adopción toda su vida.

Doctores con Alas viene a llenar en parte el vacío de historias personales sobre este tema fascinante. Narra la historia de 12 médicos, en su mayoría mexicanos, que dejaron su país, por razones diversas, para ejercer su profesión en otras latitudes. Todos responden a las mismas diez preguntas. Me atrevo a afirmar, a riesgo de ser refutado por algún antropólogo, que se trata de un verdadero estudio etnográfico, ya que permite estudiar las acciones e interacciones de un determinado grupo a través de una serie de preguntas que dan lugar a auténticas entrevistas. Tiene, además, la ventaja de que son los mismos médicos los que, con un lenguaje muy sencillo, cuentan su aventura migratoria.

Resulta por demás interesante conocer las distintas maneras en que esos 12 personajes enfrentaron situaciones similares: el ingreso a la carrera de medicina; la decisión de emigrar —la mayoría para hacer estudios de especialidad—; los trámites migratorios y de revalidación de estudios, odiosos e interminables; la adaptación a una nueva cultura; los retos de un competitivo y, en ocasiones, agresivo entorno laboral y, finalmente, la necesidad de visitar el país de origen para reencontrarse con la familia extendida, los viejos amigos y los paisajes, costumbres y comida de la infancia y la juventud. ¡Llama la atención cuánto extrañan, todos, la comida mexicana!

El libro cubre un amplio espectro profesional y geográfico. Hay en este grupo cirujanos, internistas, psiquiatras e investigadores básicos. Los 12 médicos migran, además, a países muy diferentes (Alemania, Australia, Colombia, Estados Unidos, Etiopía, Francia, Israel, Países Bajos, Reino Unido) y, por lo mismo, enfrentan situaciones muy distintas. Está quien migra como cirujano reconstructivo a Etiopía y es recibido con los brazos abiertos, pero también quien ingresa a un programa de residencia en Estados Unidos en donde sufre maltratos que lo hacen pensar incluso en abandonar su lance migratorio y profesional.

Doctores con Alas le puede interesar a gente de todas las edades: a los hijos y nietos de los médicos que llegaron a México de lejos y que ayudaron a fundar los principales hospitales e instituciones de salud de nuestro país; a los médicos en formación, muchos de los cuales estudiarán en el extranjero y terminarán experimentando situaciones muy parecidas a las que se cuentan en este texto extraordinario, y a los médicos practicantes, que podrán conocer los desafíos de la práctica profesional en otros países.

Tal vez el principal mensaje de estas 12 historias —sobre el que, sin duda, los participantes no se pusieron de acuerdo— es que los retos que genera la migración —de vida y laborales— ayudan a pensar fuera de los marcos convencionales. Y al operar al margen de lo que nos resulta familiar, se incrementa la confianza en uno mismo, crece nuestra capacidad de adaptación y se amplían de manera inusitada nuestras perspectivas. Es entonces cuando uno puede pensar en volver a volar, como lo hicieron en sus países de adopción estos Doctores con alas.

Introducción

Dra. Sandra López-León y Dra. Talia Wegman-Ostrosky, coordinadoras de este libro

¿De qué se trata **Doctores con alas?**

El libro *Doctores con alas* es la historia autobiográfica de doce médicos, en su mayoría mexicanos, que emigraron a otros países. Incluye sus historias en América Latina, Estados Unidos, Europa, Medio Oriente y África. El libro habla sobre lo que implica emigrar en general y, específicamente, lo que implica emigrar como médico.

¿Cómo está estructurado el libro?

Cada capítulo aborda un tema relacionado con la vida, experiencias y formación de los médicos. Y en cada capítulo es posible encontrar la visión de los doce médicos sobre el mismo tema.

El libro tiene dos índices, uno general, que presenta cada uno de los temas abordados por los médicos. Y un índice de autores, que especifica las páginas donde es posible encontrar las colaboraciones de cada doctor.

El lector puede seguir la obra por tema, por país o por autor.

Este libro se escribió durante la pandemia de COVID-19. Los doctores, ¿comparten algo al respecto?

Presentamos un capítulo que explica cómo cada médico vive la pandemia en su nuevo país, lejos de su familia y amigos.

¿Cómo surgió la idea de **Doctores con alas?**

La idea surgió dentro de un grupo de redes sociales de médicas, madres, mexicanas que residen en el extranjero. En octubre de 2019, publicamos el libro *Doctoras con alas. 26 Historias que abren horizonte.* El libro tuvo mucha aceptación y nos invitaron a presentarlo en embajadas, consulados, universidades y en diversos foros.

También abrimos la página de Facebook @Doctorasconalas, donde continuamente publicamos información sobre lo que significa emigrar y donde, tanto doctoras como doctores, se acercan para resolver sus dudas. «Doctor@s con alas» se convirtió en un movimiento en donde todo médic@ que migra se convierte en un *doct@r con alas.* Queremos que este movimiento se vuelva global, intergeneracional y libre de género. Con el presente libro logramos el balance.

¿Para quién está dirigido el libro?

Este libro es muy valioso para quienes ya migraron, porque pueden identificarse con varios aspectos, y eso los ayudara a elaborar y a entender ciertas cosas.

Es esencial para quienes planean emigrar, porque cada médic@ explica, de manera práctica, los trámites necesarios para ejercer la profesión y vivir en cada país.

Los doctores además relatan sus experiencias para adaptarse, y comparten una fotografía literaria de lo que es su nueva vida.

De hecho, el libro puede ser muy interesante para todo aquel que desee hacer una lectura que les abra horizontes y les permita ver la vida desde otra perspectiva.

Mencionaban que el movimiento «Doctor@s con alas» es intergeneracional. ¿A qué se refieren?

Tenemos en mente a tres generaciones de médic@s que migran: la generación pasada, la presente y la futura.

La primera está compuesta por médic@s que llegaron a México hace dos o tres generaciones. Ellos formaron la base de la medicina en México y crearon hospitales, centros médicos y centros de beneficencia. Eran hombres y mujeres que llegaron sin hablar el idioma, y tuvieron que empezar desde cero. Tuvieron que revalidar sus estudios y tuvieron que hacer un servicio social en las zonas más pobres de México. Varios de estos médicos fueron familiares o amigos de nuestras propias familias y también fueron esenciales en nuestra formación como médic@s. Estos médic@s están en nosotros y son nuestro ejemplo.

También tenemos presente a las futuras generaciones de médic@s. La globalización y la comunicación han hecho que sus posibilidades no tengan límites. Este libro les da información práctica y les muestra lo difícil que es emigrar. El mensaje más significativo que queremos dar es que no están solos. Todas las generaciones estamos conectadas.

¿Qué diferencia hay entre migrar como médico a migrar con otra profesión?

El médico que migra tiene vocación de servicio y compromiso con la humanidad; busca evitar el sufrimiento, el dolor y la muerte. El médico que migra busca ayudar a su nueva comunidad, sin dejar de tener un vínculo con su país de origen. Por lo que el médico que migra aporta una nueva visión de la medicina; y al mismo tiempo que se adapta, le aporta un enfoque multicultural a la medicina.

¿Tienen algunos datos estadísticos referentes a las personas que migran?

En una encuesta que hicimos en redes sociales (N=150), de 98 médicos mexicanos que nunca habían vivido en otro país, el 94 por ciento respondió que sí tienen interés de hacerlo.

Cuando se les pregunto a dónde les gustaría vivir, los países preferidos fueron Canadá, Alemania, Estados Unidos, España e Inglaterra.

Cincuenta y dos mexicanos que viven en otros países contestaron el cuestionario. De ellos, el 72 por ciento vivía en Estados Unidos, el catorce por ciento en Canadá y otro catorce por ciento en Europa.

El 44 por ciento trabaja como médicos especialistas después de revalidar sus estudios, el 20 por ciento trabaja haciendo investigación, el 17 por ciento no trabaja, y el 19 por ciento tiene otras ocupaciones no relacionadas con la medicina.

¿Por qué emigrar?

Existen miles de razones porque la gente migra, inclusive se ha visto que existe una predisposición genética ligada a la supervivencia de la especie. Hay un gen, un receptor de la dopamina que está asociado tanto con emigrar como con la búsqueda de la novedad. Todos los médic@s que emigramos encontramos aventura, novedad y emociones fuertes, pero la razón principal por la que emigramos es porque buscamos una mejor vida para nosotros y nuestras familias.

¿Qué tienen en común los médicos de este libro?

Todos los médicos en este libro tienen en común que migraron buscando los mejores lugares del mundo para su desarrollo profesional y un lugar con más seguridad y estabilidad. Todos emigraron por decisión propia, después de haber estudiado medicina. También todos pensaban que iba a ser más fácil de lo que fue. Todos concluyeron que, a pesar de las dificultades, valió la pena.

¿Por qué no fue fácil?

Para saber esto tendrán que leer el libro.

Pero existen algunos rasgos compartidos que pueden atribuirse al síndrome de Ulises, ya que todo migrante —de una manera u otra— pasa por alguno de los procesos asociados a ese síndrome. El emigrante pasa por una separación de sus seres queridos. Experimenta un duelo por cada persona cercana y por cada cosa que deja. Siente desesperanza cuando las cosas no suceden como planeaba. Y también sufre por el miedo a lo desconocido.

Es importante saber que es normal pasar por una etapa de negación y sufrir enojo, ansiedad, tristeza y melancolía; incluso es normal tener síntomas de depresión. Emigrar no es fácil, le cambia a uno la vida en un momento. Además, estos sentimientos pueden regresar en cualquier momento de nuestras vidas; por ejemplo, cuando visitamos nuestros países de origen o cuando nuestros allegados enferman o mueren.

También es difícil porque llegamos a un país donde no somos nadie y tenemos que empezar desde cero. Llegamos a un país donde no somos reconocidos como médic@s y donde muchas veces no entendemos el idioma. A muchos nos dan crisis existenciales o crisis de identidad.

Todos caemos, todos nos cuestionamos, todos nos desesperamos, es normal.

¿Qué recomendaciones tienen para superar esos momentos?

Les recomendamos hablar con otras personas que ya hayan pasado por esa situación, o leer las experiencias de quienes emigraron en las mismas circunstancias. Pero sobre todo les recomendamos tener conciencia de sus sentimientos. Meditar sobre las razones que los llevaron a emigrar o las razones por las que desean hacerlo. Hagan una lista de pros y contras, y tengan sus prioridades claras. Si tienen sus prioridades claras, pueden luchar por ellas. Tengan en cuenta que «escoger es renunciar», y uno debe de tener muy claro qué está escogiendo y a qué está renunciando.

En los momentos de más dificultades tienen que mantener su flama interna, recordar los motivos por los que estudiamos medicina, y tenemos que llenarnos de fuerza.

En estas circunstancias cuestionamos nuestra vocación, prioridades y la razón de nuestra existencia. Pero recuerden, no están solos. Todos hemos pasado por los mismos procesos. Les queremos recordar que «aquel que triunfa una vez, ha fracasado miles de veces».

Emigrar es comenzar, cambiar, transformarse, reinventarse. La mayoría de quienes han emigrado concuerdan con que el día que salieron de sus países, nunca nada volvió a ser lo mismo. Uno cambia profundamente, pero mantiene su esencia. Al emigrar uno se llena de ilusiones, esperanza y libertad. Uno logra volar y hacer sus sueños realidad. Emigrar es construir un futuro sin límites con muchas oportunidades. Es crecer. Es conocer otras culturas y hacer amigos que se convertirán en familia.

Nos han preguntado varias veces qué consejo les podemos dar, y este es el principal: «Emigra». Vete a vivir a otro país, aunque sea unos años.

La experiencia es sumamente enriquecedora. Te hace crecer en todas las áreas. Es difícil, pero vale la pena. Todas estas dificultades nos harán más fuertes, nos harán valorar lo que tenemos, nos harán reevaluar nuestras prioridades, y harán que cuestionemos nuestro propósito en esta vida.

Un día nos daremos cuenta de que somos más fuertes, más pacientes, más humanos, tenemos más resiliencia y nos sentimos llenos y satisfechos con nuestras vidas. Empezamos a crear nuestro nuevo mundo a partir de nada. Empezamos a integrarnos, a liberarnos y a crearnos.

Esperemos disfruten estas doce historias…¡Buen viaje!

1

Así empieza mi historia

Antonio J. Berlanga-Taylor

[COLOMBIA, REINO UNIDO, FRANCIA]

Mi historia es un poco complicada, pero también es un poco un cliché. Desde chico quería ser médico, aunque no fui consciente de ello hasta mucho después. Un tío médico, muy querido, tuvo gran influencia en mi decisión de perseguir la medicina como carrera. El hecho fue que también siempre fui muy preguntón: «qué por qué las plantas son verdes, ¿los perros experimentan felicidad?» o de dónde sale la son cuestionamientos que hacía desde pequeño.

Pero supongo que otro tío, pero paterno y matemático loco, también tuvo gran influencia en mí, dado que finalmente terminé como médico convertido en investigador científico.

Tuve la fortuna de crecer en una familia que me apoyó en todos los sentidos y que me permitió perseguir mis sueños. El dinero no fue obstáculo, no porque sobrara, sino porque la convicción de mis padres fue siempre la de identificar nuestras metas y pasiones y, con base en eso, ver cómo resolverlo.

Recuerdo que una vez, de niño, mi madre le dio reanimación cardiopulmonar a Max, un perrito recién nacido de una camada de seis que parecía que no sobreviviría. Las imágenes se quedaron grabadas en mi mente y quedé muy impresionado. Tal vez eso, entre otras cosas, me generó un deseo de ayudar y tratar de ser útil de alguna manera.

Para romper la ilusión romántica de salvar vidas, mi padre me mandó a trabajar un par de días como camillero al hospital estatal de Morelos; tenía quince años. Una de mis primeras experiencias fue llevar el cadáver de un recién nacido a la patóloga. Nadie me dijo nada. Simplemente recibí un «paquete» envuelto en sábanas clínicas y la instrucción de a dónde llevarlo. Décadas después aún me pregunto por qué falleció ese bebé, qué habrá sido de la madre y por qué le encargaron esa tarea a la persona más joven. En ese momento sentí una mezcla de confusión, enojo y frustración; después solo sentí desilusión del sistema y de las personas que estaban a mi alrededor. Así era el aprendizaje en México. Las siguientes experiencias fueron como técnico en urgencias médicas en la Cruz Roja hasta que entré a estudiar medicina en la UNAM.

Durante la carrera de medicina me fue bien, pero no fui un estudiante excepcional. Tuve interés en muchas materias y, aunque siempre quise combinar la práctica con la investigación, con frecuencia cambiaba de planes. Realicé el internado en Ensenada, en donde, creo, aprendí más sobre la vida que sobre medicina. Sufrí la dureza de enfrentar los aspectos emocionales y mentales de ver el sufrimiento humano; creo que en esta etapa de la carrera a todos nos afecta de manera similar, pero es algo de lo que poco hablamos.

Las largas jornadas de trabajo me dejaban exhausto como para reflexionar sobre el impacto que las enfermedades tienen sobre los individuos y sus familias, y sobre las implicaciones sociales del sistema de salud.

Varios casos dejaron una huella en mí: una joven madre con cáncer de pecho que después de semanas de hospitalización finalmente falleció, el adolescente con cáncer en tórax, la multitud de hombres casi ciegos y con pie diabético que requerían amputación.

Cuando tenía 19 años trabajé como voluntario de la Cruz Roja. Ahí también viví varias experiencias difíciles; recuerdo, sobre todo, la muerte de una compañera de servicio a causa de un accidente durante un entrenamiento de rescate.

En retrospectiva, pienso que estas experiencias me orientaron hacia la investigación. Mantener el delicado balance que la empatía requiere, sin ser emocionalmente distante, pero tampoco dejar que te afecte de más, es muy difícil. Por supuesto que también viví grandes experiencias que jamás olvidaré: la felicidad de recibir a un bebé en la sala de parto, el cuidar de una embarazada, el ayudar a una pareja a concebir, el afianzar lazos con las diferentes comunidades con las que trabajé en México y en Colombia, y la satisfacción de curar enfermedades, prevenirlas o controlarlas.

Para no hacer el cuento más largo, después del internado en Ensenada hice mi servicio médico social en Hidalgo. Disfruté tanto el trabajo en Hidalgo que por un momento pensé en dedicarme al servicio de atención primaria y a la salud pública. Carreras que en México lamentablemente no eran valoradas. Al final, la ciencia acabó por llamarme más y apliqué a una maestría en inmunología en la Universidad de Oxford. Fui aceptado, obtuve una beca y continué con un doctorado en medicina genómica.

Entre esos andares, para no olvidar la salud primaria, trabajé con Médicos del Mundo en Colombia y Francia. De esta manera, entre muchos ires y venires, actualmente me dedico a la investigación científica en genómica de la inflamación, vivo en Francia, pero trabajo en una universidad inglesa.

Antonio J. Berlanga-Taylor [Continúa en página 39]

Edmundo Erazo

[Países bajos]

Soy mexicano; nací en Chihuahua y soy médico internista. Vivo en los Países Bajos. El inicio de mi historia con la medicina tiene tres momentos claves: cuando tenía catorce años, cuando era estudiante de medicina y, por último, cuando hacía la residencia en medicina interna en la Ciudad de México.

Mi historia relacionada con la medicina inició a muy temprana edad. Recuerdo que desde pequeño tuve curiosidad por ser médico. A los catorce años sufrí un accidente automovilístico en Nuevo México, Estados Unidos y, como consecuencia, tuve fractura de cráneo y otras lesiones de gravedad que me obligaron a permanecer en el hospital por tres semanas. Fue ahí donde tuve el primer contacto significativo con mi futura profesión. Viví en carne propia el ser «paciente» y me di cuenta de la importancia que los médicos, enfermeras y el resto del personal de salud tenían en mi cuidado, mejoría y estado físico, pero también cómo eran relevantes para mi estado de ánimo y bienestar general. Todo esto me marcó e inspiró para continuar con esta profesión. Fue ahí, en ese hospital, que nació mi convicción por querer estudiar medicina.

Conforme fui avanzando y, al entrar a la Facultad de Medicina, me di cuenta además del interés que me generaba el conocimiento médico, me percaté de que lo que más disfrutaba era hablar con las personas, escuchar sus historias y acompañarlas en los momentos en los que eran más vulnerables.

Durante mi internado y servicio social noté que la investigación era otro rubro que también amaba de la medicina; así que hice mi servicio social en investigación en el Instituto Nacional de Ciencias Médicas y Nutrición Salvador Zubirán.

Una vez concluida la residencia en medicina interna, y tras vivir numerosas experiencias que me formaron, decidí que quería vivir y estudiar en otro país. Así que busqué un programa en el extranjero y apliqué a una beca.

Edmundo Erazo [Continúa en página 43]

Yoel Korenfeld

[MÉXICO, ESTADOS UNIDOS, COLOMBIA]

Soy médico internista y pediatra. Mi historia comienza en Bogotá, Colombia. Nací en 1981 en un país muy inestable, donde la violencia ha sido la ley desde mucho antes de mi nacimiento. Crecí en una familia judía de clase media. Soy el mayor de cuatro hermanos. Mi papá es mexicano, veterinario de profesión y se fue a vivir a Colombia al conocer a mi mamá en México. Ella nació en Colombia, era psicóloga y fue «exiliada» a México por sus padres por tener un novio no judío, así que al regresar con uno que sí lo era, ambos fueron muy bien recibidos.

En mis primeros años pasé mucho tiempo en la finca que mi papá recibió como regalo de mis abuelos, por su felicidad de tener un yerno judío; mi infancia transcurrió entre cerdos y distintos cultivos. Mis padres se divorciaron cuando yo tenía nueve años y mi madre, invidente legal, continuó nuestra crianza prácticamente sola. Era una mujer increíble, con una pujanza única y con gran resiliencia. Creo que su discapacidad fue, en buena medida, una de las causas por las cuales decidí estudiar medicina.

Nunca pensé en ser médico. Dos meses antes de graduarme de la preparatoria, en 1998, tenía pensado estudiar alguna ingeniería. No se me había cruzado por la cabeza estudiar medicina. En la escuela estudiaba muy poco, prestaba mucha atención en clase pero nunca tomé apuntes. Me iba bien sin mucho esfuerzo, nunca excelente, pero lo suficientemente bien como para no preocuparme. De repente decidí estudiar medicina. Presenté el examen en la Universidad Javeriana de Bogotá y pasé. Al igual que en la escuela, en la universidad sacaba buenas notas sin estudiar mucho. Me la pasaba muy bien y la rutina de tomar apuntes me duraba solo los dos o tres primeros días de cada semestre.

La situación en Colombia a finales de la década de 1990 empeoró gravemente. La inseguridad era tremenda. En una ocasión entraron hombres armados a mi casa, nos encerraron en un baño y se llevaron todas nuestras pertenencias en nuestro propio carro. Todas las semanas había explosiones de carros bomba. Recuerdo perfectamente el día que mi papá me dijo que mis hermanos y yo deberíamos salir del país, que él estaba muy preocupado por nuestra seguridad. Era 1999, yo llevaba solamente dos semestres en la universidad, y no veía muy claro cómo dejar mis estudios que recién empezaban. Sin embargo, lo vi como una oportunidad de comenzar una nueva vida, y empecé a averiguar cómo irme a México, la tierra de mi padre y su familia.

Desde chico viajábamos mucho allá a ver a mi familia paterna. Mis abuelos, tíos y primos viven en la Ciudad de México. Ese era mi destino natural. Además, mi papá había regresado a vivir a la Ciudad de México, por lo que también representaba una oportunidad única para convivir más con él.

Después de mucho investigar, entendí que en ninguna universidad de México ni del mundo había manera de revalidar los cuatro semestres de la carrera de medicina que ya había cursado en Colombia. Debía volver a empezar la carrera. Tras indagar un poco decidí estudiar en la UNAM. Desafortunadamente la universidad se encontraba cerrada por el paro de 1999 que duró un año. Entonces presenté el examen de admisión para la Universidad Anáhuac e ingresé.

Todo era nuevo y diferente: la gente, los libros, incluso el uniforme de estudiante de medicina. La medicina era la misma y volver a estudiar por segunda vez fue una oportunidad única para hacerlo mejor, con la experiencia previamente adquirida. Me fue muy bien académicamente, pero no lograba adaptarme y los cambios me causaron una fuerte depresión. La UNAM volvió a abrir sus puertas y tomé la decisión de intentar nuevamente un cambio de aires. Apliqué a la Facultad de Medicina y me revalidaron el año cursado en la Universidad Anáhuac. El cambio fue excelente. En la UNAM ingresé a los Núcleos de Calidad Educativa (Nuce) y encontré el ambiente perfecto en el lugar ideal para desarrollarme y continuar mis estudios. Fueron años maravillosos en la mayor y más antigua universidad de América. Disfruté primero las ciencias básicas y más adelante me enamoré de las clínicas. Todas las rotaciones me gustaban.

En 2005, hice mi internado en Ensenada, Baja California. Fue un gran año, lleno de aprendizaje y con mucha práctica, también lleno de aventuras. Fui al congreso de medicina interna del American College of Physicians y ahí me enteré de que existía una especialidad llamada Med-Peds que combinaba la medicina interna y la pediatría. Decidí que eso era lo que quería hacer con mi vida. Terminé mi internado de la mejor manera y regresé a la Ciudad de México a hacer mi servicio social en investigación. Finalmente me gradué y recibí mi tan ansiado título de médico y cirujano.

Tomé la decisión de hacer mi residencia en Estados Unidos. En 2007 viajé a Róchester, Minesota, para hacer un par de años de investigación en cardiología preventiva en la Clínica Mayo. Aprendí mucho y tuve una gran experiencia. En 2009, apliqué para ingresar a la residencia en Medicina Interna y Pediatría. Tuve la suerte de entrevistarme en 18 programas a lo largo y ancho de Estados Unidos, en algunos de los mejores hospitales de ese país. Ingresé a la Universidad de Minesota en donde estuve por cuatro años formándome como internista y pediatra. Fue un tiempo maravilloso, lleno de aprendizajes, con largas jornadas en cinco hospitales en donde rotábamos. Al graduarme de la residencia decidí quedarme a un año como jefe de residentes en medicina interna en el Hospital de Veteranos de Mineápolis. Tras un excelente año en el que desarrollé la docencia intensamente, decidí regresar a mi natal Colombia.

Yoel Korenfeld [CONTINÚA EN PÁGINA 44]

Rafael G. Magaña

[INGLATERRA, ESTADOS UNIDOS]

Nací en Chihuahua, México. Estado que realmente conozco poco, ya que mi padre fue médico militar y frecuentemente cambiaba de regimiento. Desde que tengo memoria, continuamente nos mudábamos a diferentes partes de la República Mexicana.

En 1977 viajamos a Londres para que mi padre hiciera la especialidad en neurocirugía. Pasamos varios años en Inglaterra, con traslados frecuentes: de Londres a Stoke on Trent, de ahí a Wakefield y a Swansea en Gales.

Cuando mi padre terminó la especialidad, regresamos a la Ciudad de México. Yo ya era adolescente y para mí fue especialmente difícil integrarme, por el choque de culturas que experimente. Pasó el tiempo y recuerdo la influencia que tuvo la cultura inglesa sobre mí y lo mucho que absorbí de la cultura en México.

Desde pequeño tuve inclinación por las artes, especialmente me interesaba el cine y los efectos especiales, y quería desarrollarme en ese ámbito; aunque también llegué a considerar la cirugía plástica ya que varios de mis familiares son cirujanos. Un tío mío fue un reconocido cirujano plástico en México y una amiga muy cercana a la familia también. Mi familia siempre pensó que yo tenía aptitudes para esa profesión y frecuentemente me lo hacían saber. Más adelante, durante la preparatoria, pasé de interesarme en esta especialidad a considerarla seriamente como una carrera.

Pero siempre tuve una gran pasión por crear cosas con mis manos. En la preparatoria comencé a ir al departamento de prótesis maxilofacial de la UNAM y aprendí los principios de la fabricación de prótesis. Fabriqué desde ojos de acrílico, hasta orejas, narices y prótesis dentales, entre otras piezas artificiales. Esto me llevó a buscar una carrera en Hollywood, donde tomé un curso de efectos especiales en la Joe Blasco's Make Up School de Los Ángeles. Mi plan era continuar con esta pasión y trabajar en películas. Pero poco después de terminar el curso de efectos especiales, fui aceptado en la Facultad de Medicina y decidí abandonar temporalmente la idea de hacer películas. Así comenzó mi historia académica.

Rafael G. Magaña [CONTINÚA EN PÁGINA 47]

Nissin Nahmias

[ESTADOS UNIDOS]

Nací el 28 de mayo de 1974 en la Ciudad de México, lugar cuya sola mención me emociona. México es un país maravilloso donde los sueños de cualquiera pueden volverse realidad y donde una persona de origen humilde puede convertirse en la mejor versión de sí mismo, siempre que se lo proponga. Gracias a la inmensa diversidad de paisajes, culturas, gastronomías e identidades, el país te forja.

Soy el mayor de dos hijos que tuvieron Alberto y Anita; esos seres maravillosos de intachables valores, dotados de un don de gentes inalcanzable; generosos por naturaleza. Ellos me dieron todo su amor y me ayudaron y guiaron por un camino lleno de principios, moral, afecto, cariño y religión. Gracias a ellos logré forjarme una identidad y convertirme en la persona que soy.

A mis padres les debo todo mi cariño y agradecimiento, no solo por haberme traído al mundo, sino por haberme enseñado desde caminar y comer, hasta cómo amar y ser mejor persona, a ser perspicaz, fijarme metas y nunca dejarlas a la mitad, siempre concluirlas.

Provengo de una familia de clase media alta que tenía su casa en las alteñas, en Lomas Verdes, municipio de Naucalpan, en el Estado de México.

Cómo no recordar la infancia tan bonita que viví en los jardines comunales de la colonia, con mis vecinos y amigos, y sobre todo los tiempos de antaño, cuando iba al colegio Thomas Jefferson, en donde cursé la primaria y conocí a mis amigos, con los que todavía tengo contacto.

Ser niño en México fue increíble. Mi papá y mi mamá se encargaron de que mi infancia fuera muy feliz. Me llevaban a pescar, a nadar, de excursión. Mis papás formaban parte del Club de Leones Bosque de Echegaray A.C. y me enseñaron a ser altruista.

Mi papá fue presidente del Club de Leones Bosque de Echegaray A.C. y bajo su dirección se hicieron múltiples eventos para recaudar fondos. Recuerdo que, en una ocasión, vendimos boletos para una corrida de toros. El objetivo era recaudar fondos para cambiar los colchones de un asilo. Las personas que vivían ahí no tenía recursos y sus familiares ya se habían olvidado de la mayoría.

Cuando mi papá supo de esta situación, se dio a la tarea de cambiar los colchones, además organizó varias fiestas para alegrar a las personas del asilo. De esa manera nos enseñó que uno siempre debe dar lo mejor de sí y que siempre que te propones algo, lograrás tu cometido con ayuda de Dios.

Mis padres trabajaban como comerciantes, continuando con el legado de mis abuelos, quienes tenían en una joyería en el Centro de la Ciudad de México.

A veces cierro mis ojos y escucho los ruidos de las calles del Centro; a los vendedores ambulantes, los camiones y el ruido de la gente que camina con prisa por las avenidas. Siempre que tengo esa visión sonrío y le doy gracias a Dios por las oportunidades que me ha dado.

Recuerdo que los fines de semana mi hermano y yo íbamos a trabajar con mis padres: limpiábamos los anaqueles y vitrinas, trapeábamos los pisos, aprendíamos a grabar anillos y medallas y los vendíamos, para ganar algo de dinero. A veces yo y mi hermano sustituíamos a mis padres los fines de semana, para que ellos tuvieran un merecido descanso.

Sin embargo, mi padre siempre me dijo que nosotros debíamos estudiar, porque «con un burro en la familia bastaba»: él trabajaba de lunes a lunes, y quería que nosotros trabajáramos de lunes a viernes, como profesionistas.

Cursé la secundaria y la preparatoria en el Colegio Hebreo Sefaradí A.C. Sin embargo, deseaba seguir los pasos altruistas de mi padre y, aproximadamente a los 17 años, decidí ingresar como paramédico en la Cruz Roja Mexicana. Para formar parte de esa institución, tienes que invertir tiempo y dinero, ya que debes comprar tu uniforme y tus implementos.

Recuerdo los días de entrenamiento y las guardias. A las siete de la mañana teníamos que estar ahí, perfectamente uniformados; y en vacaciones solíamos pasar de dos a tres semanas en la carretera, atendiendo accidentes, con el único fin de salvar la vida a un ser humano.

Fue gracias a esa experiencia que, años después, decidí convertirme en médico. En aquel entonces los amigos de mi familia me suplicaban que abandonara esa idea y que mejor me dedicara al comercio. Me explicaban que la carrera de médico es muy sufrida al inicio: hay que estudiar mucho y económicamente no tienes un respaldo; además los ingresos no son proporcionales a las horas que debes dedicarle al trabajo. No es sino hasta años después, cuando ya te hiciste de un prestigio, que puedes ver los frutos del esfuerzo. Estos amigos me aconsejaban que mejor ayudara a mis padres a salir adelante. Yo me rehusé y decidí que, por lo menos, iba a tratar de ver qué tan lejos podía llegar, pues estaba convencido de que había una mejor versión de mí, salvando vidas humanas.

Es importante decir, que antes de estudiar en la Universidad Anáhuac, intenté ingresar a la universidad pública en varias ocasiones, pero el sistema de ingresos de la UNAM no permite que alumnos de escuelas privadas ingresen fácilmente, así que fui rechazado.

No importaron los dos años que tomé clases con maestros particulares. A pesar de tener todo el conocimiento para acreditar el examen de admisión, el sistema jamás permitió que yo ingresara a dicha universidad.

Finalmente, con el apoyo de mis padres, ingresé a la escuela de medicina en la Universidad Anáhuac del Norte. Ciertamente ese fue uno de los mejores momentos de mi vida. Cada día del primer año de la carrera lo disfruté al máximo. Aunque también por ese tiempo mis padres perdieron su patrimonio.

Fue una época difícil, de esas que te forjan el carácter. Pasamos de estar acostumbrado a tenerlo todo, a vivir carencias económicas. Pero en casa lo que sobraba era el amor de mis padres y mi familia, y eso me ayudó a no renunciar a la idea de perseguir mi sueño. Mi hermano siempre me apoyó con lo que le fue posible; su cariño y amistad son uno de mis mayores tesoros y tengo la suerte de que siempre puedo recurrir a él.

Recuerdo también que mi tío Benjamín me apoyó, y hasta el día de hoy aprecio sus palabras de aliento y consejos. Él es ginecólogo y me dio trabajo como su ayudante. Yo no tenía ninguna experiencia y el pacientemente me mostró todo. Era un excelente maestro y creo que gracias a él yo también soy un buen maestro.

Gracias a la ayuda de Dios y a mis méritos —obtuve un buen promedio durante mi primer año de escuela—, la universidad me dio una beca que me permitió concluir la carrera sin ser una carga económica muy grande para mis padres. Como la beca no incluía las reinscripciones, mis padres hacían un gran esfuerzo por pagarlas y lograr que yo siguiera en la escuela.

Hubo un sinnúmero de ocasiones en que iba a la Universidad solamente con una fruta, un boleto del Metro y 20 pesos en los bolsillos. Recuerdo que muchos de mis compañeros me ayudaron de diversas formas: con aventones, invitándome a comer a sus casas; en fin, fueron incontables las muestras de amistad por las que estoy eternamente agradecido.

Durante la universidad tuve la posibilidad de salir del país para hacer parte del internado de pregrado. Fui seleccionado para ir a Miami y tuve que conseguir los recursos para irme por seis meses. En Miami viví con unos primos, tuve que comprar un carro usado para transportarme e hice todo lo necesario para salir adelante.

Además conocí personas de todo el mundo y eso amplió mis horizontes. Me impresionó mucho la manera de en qué trabajaban, particularmente los cirujanos de ese país. Como me encantó la idea de vivir en los Estados Unidos, regresé a México decidido a hacer la residencia en Estados Unidos.

Me gradué con mención honorifica. Ese fue uno de los días más felices para mí y mi familia. Mis padres siempre estuvieron orgullosos de que terminara la carrera y yo estaba agradecido por todo lo que hicieron por mí. En unos cuando años pasé de ser un vendedor del Centro a ser un médico con sueños y aspiraciones.

Nissin Nahmias [Continúa en página 51]

Joaquín Pereyra Macías

[AUSTRALIA]

En mi última visita a México, mi madre, con una gran sonrisa en la cara, me hizo un regalo pequeño pero muy significativo: una hoja de papel que había guardado en su baúl de los recuerdos por cerca de tres décadas. En ella se leía un texto que escribí cuando tenía nueve años:

> *«joaquin pereyra macias gran traumatologo curo de una fractura de craneo asu hermano carlos pereyra pero de todos modos quedo mal y ahora piensa todabia menos de lo que pensaba eso quiere decir que lla no piensa ni madre».*

Años más tarde, cuando era un adolescente, alguien me preguntó cuál era mi sueño; me tomó tan solo unos segundos responder que quería ser médico y vivir en un país lejano. El párrafo que escribí a los nueve años me hace pensar que inicialmente me interesaba la ortopedia o la neurocirugía. Como la mayoría de la gente, debí pensar que la medicina tendría que involucrar sangre y bisturíes.

No lo había pensado, pero ahora me doy cuenta de que no me tomó mucho tiempo cumplir la meta que me planteé en la adolescencia. Es curioso, pero mi sueño no era solo vivir en otro país, era vivir en un país «lejano». Y hoy aquí estoy, escribiendo estas líneas desde el país lejano que algún día imaginé, pero que entonces no tenía nombre: Australia.

Estudié medicina y después me especialicé en psiquiatría, una especialidad muy alejada de la neurocirugía, pero que curiosamente también tiene como objeto de estudio el cerebro humano.

Poco después de empezar la carrera de medicina me sentí atraído por la psiquiatría. Desde niño me fascinaba ver a mi tía Estela hablando sola o platicando con gente que nadie más podía ver. Nos contaba historias de sus grandes hazañas, fortuna, inteligencia y belleza. A veces nos llamaba por teléfono y platicaba por horas sin parar, dejaba de dormir varios días y sus vecinos llamaban a mi padre pidiéndole que la llevara al hospital, porque ya se había puesto mal. Mis padres siempre tenían la misma explicación: «Ya se puso mal tu tía, es que se dejó de tomar la medicina». Me parecía increíble ver cómo días después de empezar el tratamiento todo volvía a la normalidad, cuando tomaba su medicina era imposible distinguirla de alguien sin un padecimiento mental. Mi tía Estela era química farmacobióloga y había sido capaz de mantener un empleo exitoso en la industria farmacéutica por muchos años. Nadie dudaba de su inteligencia, pero tanto ella como sus padres vivieron convencidos de que sufría esquizofrenia. Mi padre cuenta que cuando el padecimiento empezó a manifestarse, mis abuelos buscaron numerosas opiniones médicas con el fin de encontrar un diagnóstico certero. La leyenda familiar dice que en una ocasión Estela fue valorada por un eminente neurocirujano, el doctor Manuel Velasco Suárez, quien recomendó llevar a cabo una cirugía craneal exploratoria con el fin de aclarar el diagnóstico. Afortunadamente mis abuelos consideraron que la recomendación que había hecho el doctor Velasco era muy radical y decidieron buscar un diagnóstico más atinado.

Fue hasta que estudié psiquiatría que entendí que, en realidad, Estela sufría trastorno bipolar, un padecimiento para el que hay muy buenos tratamientos y que en la actualidad tiene buen pronóstico.

Entonces, y todavía, me preguntaba cómo era posible que un medicamento pudiera cambiar tanto la vida y el comportamiento de una persona. El entrenamiento médico me ha dado la oportunidad de estudiar teorías complejas sobre el origen de la enfermedad mental, pero es más lo que no se sabe que lo que sí. Eso hace de la salud mental un campo fértil que me sigue apasionando tanto como cuando veía a mi tía Estela pasar de la locura a la normalidad.

Decidirme por la psiquiatría fue difícil porque me atraían muchas ramas de la medicina. Más de una vez me desalentaron las opiniones negativas dentro del gremio médico sobre la salud mental. Recuerdo los comentarios de mis compañeros y maestros: «¿Estudiar tantos años para ser psiquiatra? ¡Que pérdida de tiempo!»

Al terminar las materias básicas de la carrera de medicina, siguieron seis años de excelentes experiencias y mucho aprendizaje. Tras el internado médico en Ensenada, Baja California, y el servicio social en Valle de Bravo, en el Estado de México, completé la especialidad en el Instituto Nacional de Psiquiatría. En el primer año de la especialidad empecé a comparar a mi tía con los pacientes que veía. No me tomó mucho tiempo entender cuál era su verdadero diagnóstico y potencial de recuperación.

Aunque la psiquiatría es una especialidad noble, es quizá la rama de la medicina más influenciada por factores culturales y sociales. La mayoría de los padecimientos mentales han estado presentes en todas las culturas a través del tiempo, pero es interesante saber que existen condiciones que solo se observan en ciertos grupos sociales. Además, los factores culturales y sociales tienen una influencia directa en la presentación de la mayoría de los padecimientos psiquiátricos. Estas variaciones y la influencia sociocultural en la salud mental hacían que me preguntara si practicar psiquiatría en otro país era posible. Mucho tiempo pensé que no lo era. Además, no sabía de muchos psiquiatras que se hubieran ido de México, y mucho menos a Australia.

Durante el primer año de la carrera de medicina, mi novia y yo platicamos por primera vez acerca de la posibilidad de irnos a vivir a otro país. Diez años más tarde, cuando cursaba el tercer año de la especialidad, fui acreedor a una beca para una estancia clínica en el extranjero por tres meses. Fue un gran logro que requirió un enorme esfuerzo, pero valió la pena porque me abrió las puertas al lugar donde estoy ahora. Las reglas para la estancia clínica eran claras: podía ir a cualquier hospital del mundo por tres meses, con la única tarea de observar cómo se practicaba la psiquiatría en otros países. Y lo mejor: todo pagado. Jamás hubiera tenido la posibilidad económica de viajar por tres meses sin esa beca. «¿Australia?», pensé. Un par de amigos de mi pareja, Emilia, nos invitaron a cenar mientras visitaban México. Ellos cursaban estudios de posgrado en tecnologías de la información en universidades de Australia, y describieron aquel país como un lugar maravilloso para vivir. Motivado por sus relatos, y tras mucha investigación en internet, decidí que Melbourne era el mejor lugar para hacer la estancia.

No mucha gente es consciente de lo alejado que está Australia del resto del mundo, pero es justo decir que hay pocos países tan remotos. Para llegar a Melbourne desde la Ciudad de México hay que tomar un vuelo de cuatro a seis horas de duración hacia alguna ciudad de Estados Unidos, habitualmente Los Ángeles. Desde ahí hay que hacer una conexión de cuatro a doce horas y, con suerte, volar otras 16 horas directo a Melbourne; con menos suerte hay que añadir una o dos paradas más en Nueva Zelanda u otra ciudad australiana antes de llegar. ¡Y con bebés se pone aún mejor!

Después de unos días en Australia, durante mi primera visita hace diez años, no me quedó duda de que quería vivir ahí. No estaba dispuesto a sacrificar mi carrera, así que la única condición que me impuse para migrar era ejercer mi profesión sin limitaciones. En poco tiempo me percaté de que el proceso para migrar sería difícil, que habría lágrimas en el camino y muchos sacrificios. Pronto entendí que homologar mis estudios y adaptarme al cambio de país sería un proceso que tomaría años, y requeriría mucho más esfuerzo del que jamás había imaginado. Pero nunca me quedó duda de que estaba dispuesto a hacerlo.

Vine a Melbourne por primera vez en junio de 2010. En Australia muchas cosas son diferentes del resto del mundo, por ejemplo, las estaciones del año. Llegué a Melbourne preparado para un clima cálido y agradable, sin saber que de junio a agosto es invierno en el hemisferio sur, y que el invierno de Melbourne es muy frío. Con la poca ropa de invierno que traía, y sin la típica bata blanca a la que estaba acostumbrado en México, pasé tres meses trabajando con un equipo de psiquiatría comunitaria, alternando con el pabellón psiquiátrico del Royal Melbourne Hospital, uno de los hospitales más importantes de Australia. Al final de la rotación, me buscó la asistente personal de un prestigiado profesor del departamento de salud mental de la Universidad de Melbourne y me dijo: «El Profesor James ha escuchado buenas cosas de ti. Quiere tener una entrevista contigo para hablar sobre una oportunidad de trabajo». Fueron las palabras más dulces que he escuchado. Días después tuve la entrevista de trabajo más importante de mi vida.

Dos años y mil trámites más tarde, regresé de manera permanente a Melbourne en compañía de mi pareja. Después de dos años de trámites asumimos que lo más difícil había pasado. Éramos tan ingenuos, no teníamos idea de lo que nos esperaba.

Joaquín Pereyra Macías [Continúa en página 55]

Luis Rodrigo Reynoso
[ETIOPÍA]

Hace años que quería sentarme a escribir sobre mi vida, pero simplemente no me había regalado esa oportunidad y hoy, el universo y las circunstancias —resultado de un desconocido y temido virus— me dan la oportunidad de hacerlo. ¡Gracias por esta magnífica experiencia de catarsis!

Mi historia comenzó hace 38 vueltas al sol; nací en una ciudad llamada Aguascalientes, 1 845 metros sobre el nivel del mar. Soy el segundo de la descendencia del renombrado abogado don Pancho Pistolas y la tan querida doña Emita Copetes. Al igual que muchos de mis colegas médicos, heredé la profesión en los genes y, en particular, de mi abuelo paterno, quien huyendo de la guerra cristera decidió establecerse en la capital hidrocálida donde desempeñó apasionadamente su profesión de cirujano general, «de los de antes», de aquéllos que, por necesidad y entrega, le entraban a cualquier cavidad anatómica sin miedo.

Él no llegó a saber que sus genes erizan mi piel cada que uso el bisturí para transformar un cuerpo, ya que murió por complicaciones tras un atropellamiento cuando yo apenas tenía diez años. Tiempo después, cuando mi abuela estaba en su lecho de muerte, no pude evitar enviarle un mensaje; miré esos pacíficos ojos marrón y le dije: «Por favor, abuela, cuando veas a mi abuelo dile que me quedo a continuar con su labor. No sé qué diablos pasaba por mi mente; supuestamente tenía que darle algunas palabras de aliento para su pronta recuperación, pero juro que pude sentir que esa era la última vez que nos veríamos.

Y entonces realicé mis estudios en medicina general entre tres cadáveres acartonados. Panchito era nuestro favorito. Si Panchito hablara, les contaría de las papitas y dulces que los estudiantes metíamos de contrabando al anfiteatro para sobrellevar las largas horas de estudio anatómico, sin importarnos el intenso olor a formol; les platicaría cuando analizamos las cavidades de una pelvis femenina amputada, invadidos por la curiosidad, el deseo de explorar y la risa nerviosa ante el surrealismo de lo que estábamos viviendo.

Acostumbrado a que el estudio se me daba fácilmente —me refiero a que, sin mayor esfuerzo, sobresalía entre los mejores promedios de mi clase—, enmarqué mi carta de aceptación a la Benemérita Universidad Autónoma de Aguascalientes. Grande fue mi sorpresa cuando recibí el resultado de mi primer examen parcial de anatomía: ¡apenas había logrado aprobar! Yo solo había visto esa calificación en boletas ajenas.

Me costó un poco entender que tenía que dedicar el triple de esfuerzo si realmente quería continuar en esa carrera. Balanceando mi hiperactividad con mi pasión y el empeño que se requiere para ser médico, terminé el grado de médico general para luego continuar con un obstáculo más grande llamado Examen Nacional para Aspirantes a la Residencia Médica (en aquel momento se decía que entre los 45 mil aspirantes, solo uno de cada diez lograba aprobar).

Así que finalmente emigré a la capital de la carne asada. El Norte de México se encargó de darme las experiencias más aleccionadoras e impresionantes de mi vida, pero satisfactoriamente pude concluir mi especialidad en cirugía general y laparoscopía.

Debo admitir que extraño la adrenalina, los códigos azules, los pacientes que llegaban en helicóptero, sus corazones latiendo en mis manos, las cirugías en las que terminaba bañado de sangre, y el olor que perduraba por días en mi nariz.

Pero también debo agradecer no tener que ver tanto sufrimiento, porque vi mucho, ¡mucho! Escasez de medicamentos, diagnósticos tardíos, cáncer, accidentes automovilísticos, juicios y lo peor de todo, ¡la burocracia!

En ese tiempo terminé peleado con todo el sistema de salud. Al personal hospitalario lo sobornaba con tacos y pasteles para que nos pasaran a los pacientes a quirófano.

En esa época sobrevivimos a un huracán, comenzó mi adicción a la cafeína, probé los *brownies* mágicos, entregué mi corazón infinidad de veces e hice grandes y entrañables amigos.

En la segunda mitad de mi especialidad me topé con lo que hasta ahora ha sido la experiencia más aterradora de mi vida: un asalto que duró una hora y media, pero que se sintió como una eternidad.

En esos momentos temí por mi vida, me inmovilizaron física y mentalmente. Yo oculté mi miedo, negocié como en las películas y finalmente salí bien librado; pero de cualquier forma, esto representó un gran trauma para mí. Mientras escribo esto, siento que voy sanando un poco más.

Ese fue un punto de quiebre para mí y cambió mi visión de la vida. Yo creía que ya no podría haber nada peor, pero esto apenas comenzaba. Tiempo después me tocaría diagnosticar de cáncer pulmonar a mi mejor amigo. Tras una toracoscopia, tuve que explicarle con lujo de detalles los posibles escenarios quirúrgicos, las alternativas. Le disfracé luego los pronósticos desalentadores: sus pulmones parecían recubiertos por una textura de coral. Pero le hice ver que los tres meses de supervivencia que decía la literatura, no tenían porque ser verdad. ¡Y así fue! La vida nos regaló muchos meses más, tantos que ya perdí la cuenta, pero atesoro cada amargo momento que vivimos juntos. Cada lección que tenía, una sacudida grande, llena de lágrimas, de carcajadas y humor negro. Después de estas esas las lágrimas, vi un poquito más de luz.

Terminé la primera especialidad y recibí el mejor halago profesional de parte de uno de los maestros más estrictos. Un para de días antes de mi salida me dijo: «Así que vas a continuar con cirugía plástica? ¡Qué desperdicio de cirujano general y laparoscopista!

Avancé como en el juego de turista, fui al Bajío, a Guadalajara, a la ciudad del mariachi, de las tortas ahogadas y de los ojos más bellos que jamás había conocido. Fue ahí, mientras celebraba mi entrada a uno de los institutos de cirugía plástica reconstructiva y estética del país, que conocí a la mujer que hasta ahora me acompaña en cada una de mis aventuras, fiel y apasionada. Primero nos pensábamos mutuamente y nos comunicábamos por telepatía, luego a través de textos en las redes sociales, y ahora cada paso que damos, lo hacemos juntos. Su nombre es Anahí, ella —guerrera y bruja guaraní— posee una belleza única y acertada. Así, desde el inicio de mi formación como cirujano plástico reconstructivo y estético, nos hemos acompañado, alimentando, alentando y consolando mutuamente. Con sus dotes de comunicación, su inteligencia emocional y su amor, logra equilibrar mis impulsos. Pero no crean que ella goza de tan sano juicio, algunos ya habrán hecho sus conjeturas: ¿Qué diablos hace a mi lado? Exacto…Algo estará buscando sanar y yo se lo agradezco infinitamente.

Durante el último semestre de la subespecialidad acudí a un congreso mundial sobre labio y paladar hendido. Estaba extasiado escuchando historias de héroes de guerra con síndromes postraumáticos y organizaciones e individuos inspiradores cuando de pronto cuatro hombres negros de estatura media (es decir, medían menos de 1.70, como yo) y complexión delgada (igualmente como yo que no llego a los 60 kilos) comenzaron a hablar.

> «Hola, somos de Etiopía. En nuestro país acaba de estar el programa Operación Sonrisa para realizar la primer campaña quirúrgica de labio y paladar hendido y estamos profundamente agradecidos. Nosotros no tenemos cirujanos plásticos y ahora nos han enseñado un poco sobre el manejo de estos pacientes. Gracias por todo».

—¡Nosotros no tenemos cirujanos plásticos!

Luis Rodrigo Reynoso [CONTINÚA EN PÁGINA 57]

Jack Rubinstein

[ESTADOS UNIDOS]

«Yo debo de estudiar política y guerra para que mis hijos
tengan la libertad de estudiar matemáticas y filosofía...
para darles a sus hijos el derecho de estudiar pintura, poesía, música».
John Adams

Mi historia empieza con mi nombre y con la impronunciable «*j*» anglosajona, que en boca latina se pronuncia como la «*j*» de jardín. Aunado a mi apellido foráneo, creo que estaba destinado a que me crecieran alas y a volar de mi tierra natal.

Crecí en la Ciudad de México cuando todavía era considerada Distrito Federal. Nieto de inmigrantes que huyeron de la persecución en Europa e hijo de la primera generación de mexicanos judíos que echaron raíces en el Centro de la ciudad. Mi familia y mi comunidad se organizaron rápidamente al llegar a México y para mediados del siglo XX ya contaban con negocios, asociaciones y sinagogas que representaban sus diferentes orígenes y filosofías.

La comunidad judeomexicana se hizo notar por su fortaleza y organización, y se ha vuelto la envidia de otras comunidades judías del mundo. Desde hace más de 50 años ha logrado mantener en pie agrupaciones deportivas a nivel internacional, servicios comunitarios —que ofrecen desde distribución de alimentos, servicios médicos hasta servicios funerarios— y escuelas de alto nivel que han producido políticos, médicos y periodistas reconocidos alrededor del mundo. Pero esa protección que otorga la comunidad —necesaria en vista de las dificultades que otras comunidades judías han vivido en exilio— ha derivado en cierto grado de alejamiento entre la comunidad y el resto del país.

En este ambiente crecí, apoyado en todos los sentidos por mi familia y por la comunidad que al mismo tiempo limitaban mis interacciones con el exterior. Esto cambió al entrar a la Facultad de Medicina donde mis horizontes personales e intelectuales se abrieron y en cierto grado se desbordaron. Conocer directamente las grandes contradicciones entre la riqueza desmedida y la pobreza extrema, hicieron que abriera los ojos hacia las graves dificultades que vive mi país.

Con el idealismo propio de mi juventud consideraba que estas dificultades tenían solución. Incluso consideraba que podían resolverse fácilmente pero, como veremos en los próximos capítulos, la realidad pesó más que mi idealismo.

Regresando al inicio de mi historia en México y mi desarrollo como médico, la cita que John Adams escribió hace más de 200 años viene a colación. Mi abuelo peleó en la Segunda Guerra Mundial, para que mi padre pudiera luchar en hacer prosperar su negocio. Sus esfuerzos me abrieron la posibilidad de estudiar la disciplina que yo quisiera en la universidad. Siempre me fascinaron las matemáticas, la ciencia y la filosofía, y su aplicación en la medicina era para mí una combinación irresistible.

Inicialmente me interesé por la pediatría debido a que el mejor amigo de mi papá era un pediatra respetado dentro de la comunidad médica, pero esta idea cambió radicalmente mucho antes de que me enfrentara al primer pañal sucio o a la primera llamada de una mamá nerviosa a las tres de la mañana.

Recuerdo el día que me enamoré de la cardiología con mayor detalle que el día que conocí a mi esposa. Los últimos rayos del sol aún dejaban la suficiente luz para iluminar el salón; yo estaba sentado junto a la ventana y sentía el calor del sol en mi brazo derecho. Mi maestro de fisiología —a quien aún hoy sigo considerando como mi mentor— nos entregó un electrocardiograma para estudiar; no era más que una fotocopia del estudio de un paciente con bradicardia sinusal, pero para mí era una invitación a pasar el resto de mi vida explorando la ciencia, las matemáticas y la filosofía a través del órgano más fascinante.

Jack Rubinstein [CONTINÚA EN PÁGINA 62]

Alberto Saltiel

[ISRAEL]

Todos tenemos una historia, y así comienza la mía. Nací en la Ciudad de México el 17 de marzo de 1986, en el seno de una familia judía de clase media-alta. Soy el menor de dos hermanos. Mis padres, ambos nacidos en México, son hijos de inmigrantes o segunda generación de mexicanos. Del lado paterno, mi abuelo Alberto (q.e.p.d.) nació en la Ciudad de México, pero sus padres inmigraron de Tesalónica, Grecia; e Ismir, Turquía. Mi abuela Thelma nació en los Estados Unidos; sus padres habían inmigrado de Rusia a Filadelfia, Pensilvania.

En cuanto a mi lado materno, mi abuelo Moisés (q.e.p.d.) inmigró a los cuatro años desde Kiev, Ucrania, a la Ciudad de México; y mi abuela Flora nació en Tampico, Tamaulipas, de padres rusos.

Estudié en el Colegio Americano en la Ciudad de México desde el kínder hasta finalizar la preparatoria. Durante aquellos años participé en múltiples actividades extracurriculares como béisbol, futbol, capoeira, box, natación y futbol americano, entre otros. Además, fui miembro de los Scouts Israelitas de México durante aproximadamente 16 años donde llegué a ser Jefe General y culminé con el máximo nivel directivo de la organización, fui miembro directivo de Gamp Coaj (grupo de apoyo médico prehospitalario de la comunidad judía), así como voluntario del grupo de paramédicos del municipio de Huixquilucan, Estado de México.

De pequeño y hasta la fecha, siempre he sido una persona muy curiosa, inquieta y con ganas de saber. Esa inquietud, que ahora veo como una virtud, durante muchos años no necesariamente fue comprendida y se vio acompañada de muchas consecuencias, de las cuales, no todas fueron positivas. Desde chiquito me diagnosticaron con déficit de atención; esa etiqueta me ha acompañado a lo largo de mi vida, y a causa de ello muchas personas han tratado de limitarme.

Recuerdo muy bien el día que decidí que quería ser doctor. Dicen que para emprender la carrera de medicina o se tiene vocación o no la haces. Pues para mí, esa vocación comenzó a los siete años, en primero de primaria, y nunca me desvié del camino. Recuerdo estar sentado en clase, durante el módulo de ciencias, hojeando un libro que explicaba, en un lenguaje y con esquemas aptos para niños, la función del corazón; entonces me volteé a ver a mi compañero y le dije: «¡Voy a ser doctor del corazón!». A lo que él respondió: «Y yo seré tu socio». Desde ese momento, mi vida tomó su curso y me permitió llegar hasta donde estoy ahora. Por supuesto, poco sabía cuán difícil sería, pero estaba convencido de que lo lograría.

Siendo un niño con déficit de atención, siempre me sentí cuestionado. Tanto así, que mientras cursaba tercer año de preparatoria, la tutora no me permitió asistir a la feria de universidades con el argumentado de que nunca podría ingresar a la universidad y, mucho menos, ser doctor. Sin embargo, eso no me detuvo, al contrario, me dio más fuerza. Durante años mi única meta no fue obtener el título, sino demostrarle al mundo que dudó de mí, que sí lo lograría.

Finalmente, empecé a cumplir mi meta. Estudié medicina en la Universidad Anáhuac de la Cuidad de México. Hice el internado de pregrado rotatorio parte en México y parte en Israel, posteriormente el servicio social en investigación en el Instituto de Salud Pública Anáhuac y en 2011 recibí el título de médico cirujano. Durante los primeros años de formación persistí en la idea de ser cardiólogo, pero al transcurrir mis estudios y conocer distintas disciplinas, me enamoré de la cirugía y, en particular, de la cirugía vascular. En 2013 decidí emigrar a Israel a especializarme y así comenzar un nuevo capítulo en mi historia.

Alberto Saltiel [Continúa en página 65]

Lorenz Schenk

[ALEMANIA]

Nací en la Ciudad de México, donde tuve la suerte de crecer y desarrollarme en una familia donde la migración era algo normal. Para entenderme, es necesario entender de dónde vengo. Mi padre nació en un pequeño pueblo del sur de Alemania, donde antes, durante y después de la Segunda Guerra Mundial, sobresalir era casi imposible como hijo de un trabajador textil. Una fábrica de ladrillos y una textil eran las únicas fuentes de empleo del lugar. Con la primaria trunca por la guerra y nulas oportunidades para estudiar, solo quedaba la posibilidad de trabajar dentro de una de las fábricas del pueblo. Mi padre inició como aprendiz de herrero en la fábrica textil donde, al ayudar a un técnico que iba a modernizar las máquinas, este le ofreció la oportunidad de conocerlas más a fondo y esto hizo que cambiara su suerte drásticamente. Con la experiencia adquirida empezó a viajar por Europa como montador de máquinas textiles. Después, durante su primer viaje a Latinoamérica, llegó a Perú, donde conoció a mi madre. Hija única que perdió a su padre a temprana edad, ella creció con el deseo de ser médico. Este deseo nacía de la gran admiración que sentía por un tío médico cercano. Lamentablemente, debido a la precaria situación económica y a su condición de mujer, a ella no se le permitió estudiar lo que ella decidiera y tuvo que contentarse con hacer un curso para señoritas en el que se preparaba a las jóvenes casaderas para el hogar y donde aprendían un poco de mecanografía y administración.

Tras la muerte de su padre, mi mamá y mi abuela fueron acogidas por otro de sus tíos, el tío Oscar, quien además le dio trabajo a mi madre en la empresa textil que él dirigía. A esa empresa mi papá llegó para hacer su próximo trabajo.

A pesar de la barrera del idioma mis padres lograron entenderse y empezaron una relación que un año después terminó en el altar. A pesar de sus diferencias, o quizá gracias a ellas, mis padres permanecerían juntos hasta su muerte.

El siguiente trabajo de mi padre los llevaría a México. Con seis maletas mis padres y mi abuela llegaron a la Ciudad de México. Cuando llegó el momento de volver a emigrar, mi hermana ya había nacido, por lo que la familia decidió quedarse a vivir indefinidamente en México.

Con muchas historias y peripecias, altos y bajos, cuatro hijos —de los cuales soy el menor—, mis padres hicieron de México su hogar: el lugar donde pudieron desarrollarse, crecer y pasar su vida hasta la muerte, siempre con la añoranza de sus países de origen. Esa añoranza se vivía en casa como una fusión de tres mundos, y con la cual inculcaron sus raíces a sus hijos, a través de la decoración de la casa, la comida, los idiomas, la cultura y los viajes.

En esos viajes conocimos Perú y Alemania, pasamos por el Colegio Alemán y, habiendo mi madre estudiado en colegios católicos, pasamos también por escuelas religiosas en México. En los viajes a Alemania, cuando visitaba a mis abuelos y a la familia de mi padre, gocé de la tranquilidad y seguridad que durante mi niñez y parte de mi adolescencia viví en México.

En la primaria encontré grandes amigos que me han acompañado desde entonces. El colegio y la zona en donde vivíamos permitió fortalecer nuestra amistad y permanecer unidos a pesar de que con el tiempo cambiamos de colegios, y hasta de países; esa fue nuestra zona de confianza y no existían fronteras dentro de ella. Ese microcosmos nos dio la seguridad necesaria para desarrollarnos en lo que somos ahora. Y nos dio la confianza para que, al crecer, pudiéramos salir libremente y hacer la ciudad nuestra.

Me sentía seguro, y a causa de eso me permitía hacer y deshacer a mi antojo: desde tronar cohetes, hacer experimentos con jabones y químicos del cuarto de lavado, hasta jugar en el parque con mis amigos hasta ya entrada la noche. Durante la adolescencia disfrutaba de vagar durante horas por la ciudad y conocerla más a fondo. También pude conocer la provincia y las playas de mi país. Viajaba en autobús, incluso pedía aventón, acampaba en playas vírgenes. Y sí, yo no medía el peligro. Un rumor corría entre las madres de mis amigos. Entre ellas se preguntaban si al siguiente viaje iría yo también, ya que si yo iba podían estar seguras de que si pasaba algo malo, seguro me pasaría a mí.

Medir riesgos no era mi especialidad, y solo aprendí con mucho dolor, sangre, Mertiolate, algunas suturas y yesos. Mi madre, de maneras que aún desconozco y jamás sabré, siempre lograba enterarse de cómo sucedían los hechos: como cuando fui pateado por un toro en un jaripeo hasta cuando fui arrollado por mi lancha.

A partir de los catorce años mi papá me daba la oportunidad de viajar a Alemania cada verano. Ahí trabajaba para pagar parte de mi vuelo, y para comprarme «lo que yo quisiera». En realidad, mi mamá hacía llegar a mi abuela o a mis tías alemanas una larga lista de ropa y enseres que yo ocuparía durante el año; por lo que el «lo que yo quisiera» siempre contó con un presupuesto sumamente limitado.

Trabajaba con amigos de la familia o familiares que se dedicaban a la construcción. Así que los veranos los pasaba trabajando de ayudante de albañil, algo que me mantenía ocupado y lejos de «malos pensamientos». Casi cada verano lo pasaba así, trabajando y viajando.

Antes de empezar la carrera de medicina pasé nuevamente un tiempo trabajando en Alemania, vivía con mi hermano y su familia. Probé los dulces frutos de la libertad gracias al trabajo y al dinero y estuve a punto de decir «me quedo aquí». Entonces llegaron mis padres a Alemania para recordarme que la universidad estaba por empezar y que yo ya había tomado una decisión antes de irme.

Regresé a México y comencé con el propedéutico, un curso donde conocí a mis amigos-hermanos que me acompañaron durante la carrera. Con ellos viví otra etapa muy intensa y bonita de mi vida; de ellos aprendí mucho y dejaron una gran huella en mí.

Lorenz Schenk [Continúa en página 67]

Ilan Shapiro

[Estados unidos]

De diversas partes del mundo se juntaron en Veracruz, Pachuca y en la Ciudad de México, una combinación de carpinteros, carniceros y sastres que terminaron reuniéndose en un país lleno de magia y sabores, muy distintos a los que conocían.

Al tener diferentes pasados y hablar diferentes idiomas, México los unificó. Esta primera generación, la generación cero, venía de lugares húmedos, oscuros y con mucha nieve, por lo que llegar a un lugar templado —que los recibió con los brazos abiertos— representó un descanso y, por primera vez en años, pudieron renacer. Muchos de sus familiares habían sido asesinados durante la Segunda Guerra Mundial, y otros se habían trasladado a otras partes del mundo como Canadá y Estados Unidos, con el mismo afán de buscar un lugar donde pudieran desarrollar nuevas oportunidades.

La mayoría de mis abuelos nacieron en México. Entre ellos hablaban ruso, polaco, idish y español. Las diferencias culturales lentamente desaparecieron, pero la historia migrante me ha hecho reflexionar sobre si yo hubiera tenido la misma fuerza de emigrar a un continente completamente distinto y sin entender la cultura del lugar que hoy llamo mi casa.

Y así fue cuando en la década de 1980, en la Ciudad de México, un grito desesperado pero esperado se escuchó después de más de 40 semanas de producción y una decena de horas. Transité de un lugar donde me daban comida, calor y mantenimiento a un lugar con mucha luz, sonidos y sensaciones que nunca había experimentado. Como yo, las siguientes generaciones fusionaron idiomas, sabores y aromas con una identidad que agregaba más sabor a la cultura que forma parte de mi ser.

Mis abuelos y abuelas (*sides* y *bobes*) reflejaron en mí la importancia de apreciar las diferencias, sumando oportunidades, restando los problemas y multiplicando las bendiciones para todos, porque sin importar de donde vengas, la salud habla por sí sola.

Ilan Shapiro [Continúa en página 70]

René Sotelo

[ESTADOS UNIDOS]

Sin soporte, como los colores de la obra del maestro Carlos Cruz-Diez

Siempre me ha costado recordar las fechas de cumpleaños, de aniversarios, esos números que engloban un evento a conmemorar por su significado. Admiro a esos hombres que, con exactitud de reloj suizo, tienen presente y planifican la celebración del aniversario de bodas, del día del compromiso, de ese evento icónico para la pareja. Confieso que eso es algo épico para mí. No porque no quiera celebrarlo o porque no le dé importancia, sino porque simplemente lo olvido, por mi ensimismamiento en las actividades de todos los días como médico, donde la rigurosidad es inherente —y de qué manera—. El paciente, su dolencia, su tratamiento y su vida roban mi aliento, mi pensamiento y gran parte de lo que soy, lo cual es lógico, pues la medicina es todo para mí.

Como protección compro regalos, guardo y escondo obsequios para mi esposa y mis hijos, para todos aquellos que son especiales y a quienes quiero demostrar cariño. Permanecen ocultos hasta que algo o alguien me recuerda que la fecha especial ha llegado, y entonces el presente sale a la luz. Reconozco que el amor y esa forma de decir «me importas… te amo» también forman parte de encontrar ese lugar donde el regalo estará anónimo, silente, hasta que encuentre el momento justo para abrir el telón y ser el protagonista de la escena. Hay allí una especie de seducción tácita que grita: «Me interesas y mucho, eres especial». Es en parte por la tozudez de mi memoria y en parte por mi creencia de que se debe vivir más allá de las fechas, que compro un regalo y enseguida lo doy, no quiero esperar. Esa es mi forma de congraciarme y celebrar a esa persona o fecha y su trascendencia en mi vida; también de salir fortalecido ante el evento que se conmemora y, por supuesto, de abrazar el significado con quien comparto el momento, logrando que marque y honre al protagonista o coprotagonista de la fecha. A fin de cuentas, se trata de la persona amada y, en esa medida, se aplaude, festeja y presenta con vítores.

Sin embargo, el lunes 3 de agosto de 2015 es una fecha impensable de olvidar; de ninguna manera podría esconderse, pese a que las fechas no han sido icónicas para mí. De hecho, cuando me casé, lo hice antes de lo previsto para honrar a unos familiares que estaban de paso por Caracas y para celebrar el instante con ellos. Es por eso por lo que los anillos de bodas tienen grabada una fecha distinta al del día de la ceremonia. Pero escapar de la marca y del significado de ese día de agosto era simplemente imposible. Ese día fue un hito histórico para mí y mi familia. Representa un antes y un después en mi historia, en la de mi esposa y la de mis tres hijos. Ese lunes, un nuevo horizonte se asomó para los míos y para mí. En ese momento no podía verlo, pero allí estaba como un tatuaje, sin color, pero en relieve, en tres dimensiones, y su marca quemaría como el fuego siempre, aun en el invierno más frío.

Y allí estaba yo, en medio de la icónica obra del maestro Carlos Cruz-Diez, ese genio del cinetismo venezolano que inmortalizó a Venezuela en la obra *Cromointerferencia de color adictivo*. En los 2 608 metros cuadrados de la obra, que ocupa el piso y las paredes del Aeropuerto Internacional Simón Bolívar de Maiquetía de Venezuela —punto principal de entrada y salida de mi país— el tiempo se detuvo ante mí, yo abrazaba la inmensidad de la incertidumbre del futuro, y en ese momento solo era posible asirme a la historia, a mis memorias de lo que era la autoridad urológica de René Sotelo en Venezuela, a mi pasado y presente en el Centro de Mínima Invasión Urológica (CIMI), creado junto a mi padre y junto al doctor Oswaldo Karam, fundador del Instituto Médico La Floresta, quien me cobijó y apostó por mis ideas, por los cambios por los que me empecinaba, por la medicina que se abría paso con innovación, rigurosidad y atrevimiento. Un capítulo de vida que había construido junto a él, de la mano de los cientos de crónicas y relatos con los pacientes con quienes había conectado a través de la medicina, producto del sacrificio de mi familia, de cientos de horas, risas, llanto y cariños robados, de amor detenido, pausado, de alegrías secuestradas, de las fiebres de mis hijos, guardadas en su narrativa y las de mi esposa, susurradas al teléfono, en historias grabadas en la cámaras, guardadas con celo durante mis días de preparación en Japón, Brasil y Estados Unidos. Horas dedicadas a mi profesión, a mi desarrollo, a la apuesta por el futuro de mis hijos, por el futuro de mi nombre y honor médico, por amor a ellos, a su futuro, a su educación, a su porvenir, a mis pacientes y a la medicina. Quedaban atrapadas allí, en una red que se lanzaría al mar para ser multiplicada con los años, pero que estaba muy lejos de ser identificada en mi mente en ese momento, que se escondía de esa gran verdad que escribe mi vida: la pasión que siento por la medicina, el amor al servicio de las historias de vida que escribo junto a mis pacientes.

El sabor salado y la humedad de las lágrimas que recorrían mis mejillas, así como la mirada desconcertada y atónita de mis hijos y de quienes me fueron a despedir al aeropuerto, eran o único que me traía a tierra. El *board* del estado de California reconocía los méritos de mi trascendencia médica, después de 72 años en los que la única licencia previa había sido otorgada a un médico japonés hacía escasos seis años. La puerta que se abría y era determinante para lograr mi residencia y mi permiso para ejercer como médico en Los Ángeles sin haber estudiado en Estados Unidos y como parte del equipo de la Universidad del Sur de California era imperceptible producto de años de esfuerzo y sacrificio conjunto con mi familia, era imperceptible en mi mente. Solo se hacía presente la comodidad de andar por el pasillo de la Clínica La Floresta, en Caracas, la cercanía con mis colegas venezolanos, el respeto mutuo con mis pacientes, el placer y la alegría de abrazar y encontrarme frente a un café con alguna de las personas que recorrían sus días en el Hospedaje Clínico, ese centro que apenas hacía un año había abierto y que se alzaba con altivez como lugar para contar historias de recuperación médica; todo esto secuestraba mis pensamientos.

Los colores de la obra de Cruz-Diez que ya lo trascendían, ante mi mirada y mi estado de melancolía e incertidumbre, se desvanecían, se atenuaban, pasaban a blancos, grises y negros a pesar de la fuerza y la inmortalidad de su técnica. Solo palpitaba mi amor por Venezuela, mi profundo amor por el vínculo creado con mi origen y el sentimiento de médico que conocí atendiendo partos en los pueblitos de mi país (en Río Chico, en Cúpira, donde atender parturientas y recibir el afecto de los pacientes sintetizarían por siempre el significado de la medicina en mí), ese que emerge al dar cabida a la conexión con la historia de quienes se llaman en mayúscula PACIENTES, porque luego serán por siempre AMIGOS, incluso FAMILIA.

Mi historia de médico migrante empezaba allí, emulando quizá la de mi padre, mexicano que se radicó en Venezuela y se casó con mi mamá, merideña, a quien conoció en una pensión en Caracas y con quien se casó a los seis meses de haberla conocido. Allí se iniciaba una nueva historia, en la alfombra cinética de quien ya formaba parte de la mía, el maestro Carlos Cruz-Diez, pero mi sentimiento y melancolía por Venezuela nublaban cualquier posibilidad de éxito, de alegría y de raciocinio. En agosto de 2015 comenzaba esa nueva historia. Poner color a las páginas de mi vida sería mi responsabilidad, sería el resultado del reconocimiento que alguna vez logré, producto de creer y mirar al horizonte y de imponerme ante la duda, y las ganas de creer que el futuro traería cosas nuevas que descubrir y abrazar.

Nuevas páginas a las que ponerle color luchaban por abrirse paso; pero el reconocimiento de salir airoso a esa suerte que se echó unos diez meses atrás para dar cabida a mi experiencia frente al *board* médico de la Universidad del Sur de California y del estado de California; los lazos y el apoyo de mi gran amigo y maestro el doctor Inderbir Gill, quien abrió la puerta a lo que sería mi nueva historia; el reconocimiento por parte de la Academia ante mi descripción de la prostatectomía simple por robot apenas se asomaban, aunque estaban allí, sin soporte, como los colores del maestro Cruz-Diez.

René Sotelo [CONTINÚA EN PÁGINA 75]

2

Cómo y por qué llegué aquí

Antonio J. Berlanga-Taylor

[COLOMBIA, REINO UNIDO, FRANCIA]

Amo a mi país, odio a mi patria

Tengo una relación de amor-odio con mi país natal. Siento amor por su gente, su entorno natural, su cultura e historia, pero odio la violencia, la corrupción, el egoísmo y las desigualdades en las que estamos hundidos. Odio el caos en el que vivimos desde que recuerdo. Por supuesto, yo he contribuido a eso, por ignorancia e inconciencia, pero no por falta de opciones.

Siempre quise salir de México porque quería ver más, aprender de otras culturas, experimentar la vida afuera. Siempre he tenido la intención de regresar, pero ahora, a más de trece años de estar fuera, la vida y mis decisiones me han llevado a vivir expatriado. A México le debo lo que soy y, de alguna manera, he tratado de retribuir mis deudas a pesar de no estar físicamente presente.

Colombia: medicina y conflicto armado

A Colombia llegué en busca de aventuras. Era idealista y mi deseo, por supuesto, era salvar el mundo y encontrar la cura para la desigualdad y para todas las enfermedades.

Al terminar mi servicio social, examiné mis opciones para hacer una maestría y, finalmente, me aceptaron en la Universidad de Oxford. Como no me permitieron posponer mi admisión, decidí que obtendría la maestría y después «salvaría el mundo».

Al graduarme de la maestría pasé un tiempo buscando un destino donde pudiera ser de utilidad...y de pronto me vi en medio de la selva del Chocó, al Oeste de Colombia.

Pasé de un ambiente citadino a un lugar donde no había carros ni cafecitos. Vi la belleza natural de Colombia, la riqueza de su gente y las grandes tragedias que han vivido a lo largo de los últimos 50 años. Yo no había elegido América Latina como destino, pero después de buscar trabajo en varias ONG, la primera oportunidad que tuve fue con Médicos del Mundo en sus proyectos de Colombia. La historia pudo haber sido muy similar en India o Níger con Médicos sin Fronteras pero, para mi buena o mala suerte, los trabajos que me ofrecieron se cancelaron antes de que yo partiera. De haber sido más sabio, hubiera escogido Latinoamérica desde un principio, ya que me dio la oportunidad de aprender sobre la historia y vida de nuestras comunidades hermanas.

Antes de partir al Chocó, yo ya tenía experiencia: tenía el grado de médico cirujano, una maestría en inmunología en una de las universidades más prestigiosas del mundo, había hecho un año completito como interno de pregrado en Ensenada, y otro año como médico de un pueblo que me recibió con los brazos abiertos en la zona semiárida de Hidalgo.

Ni las Fuerzas Armadas Revolucionarias de Colombia ni los grupos paramilitares ni las víboras podrían intimidarme. Y no es que yo fuera arrogante, sino que, de cierta manera, es inevitable que durante la juventud tengamos exceso de confianza.

Así pasé varios meses, tratando de ayudar, tratando de aceptar la frustración de no poder cambiar el rumbo de la historia y aceptando que un paciente a la vez y una sesión a la vez era lo mejor que podía ofrecer. Volví a vivir algunas de las lecciones más importantes que tuve en mi tiempo en Hidalgo. El contacto humano, la dignidad, el reconocimiento universal de los derechos humanos y la empatía son los tratamientos de primera y última línea. Doy gracias por esas experiencias que, aunque de cierta manera son muy similares a las que viví en México, me dieron un entendimiento más profundo del conflicto, las enfermedades y los derechos humanos.

Del Valle del Mezquital al Valle del Támesis

Durante la carrera, decidí que la ciencia sería lo mío, aunque trataría de combinarla con alguna práctica médica. No tuve un momento de epifanía en donde vi mi futuro claro, solo tenía el deseo de ayudar y una gran curiosidad por aprender. Todo me interesaba y, aunque no fui el mejor estudiante, pensé que podría hacer algo en inmunología y desarrollo de vacunas. Durante el servicio social busqué programas de maestría en inmunología en el Reino Unido y finalmente apliqué a la Universidad de Oxford. Mi entrevista fue por vía telefónica, desde la cocina de la señora Leticia, quien tenía uno de los pocos teléfonos en la comunidad en la que trabajaba. Unos meses después llegué a la ciudad de los chapiteles donde tuve la suerte de recibir una beca para estudiar. El año en el que hice la maestría fue intenso, pero uno de los mejores de mi vida. Mi tesina de maestría fue sobre genómica funcional del sistema del antígeno leucocitario humano (HLA) y decidí continuar con el doctorado en la misma área con los supervisores que había conocido durante este tiempo.

A principios del milenio se completó el proyecto del genoma humano y para 2010 la explosión en tecnología genómica de segunda generación había acelerado la biología molecular más allá de lo que podíamos imaginar. Empecé el doctorado con la micropipeta, investigando ubicaciones y genes particulares usando PCR (reacción en cadena de la polimerasa por sus siglas en inglés) en tiempo real. Terminé generando datos de genoma completo de decenas de muestras de experimentos de genómica funcional que no cabían en mi computadora y que ni siquiera tenía idea de cómo analizar.

Me quedó claro que, para mantenerme al paso de la ciencia, necesitaba desarrollar nuevas habilidades. Tuve la suerte de obtener un *fellowship* posdoctoral en genómica computacional, también en Oxford, en donde aprendí programación y estadística con Python, R y sistemas *nix mientras realizaba mis proyectos de investigación. Al terminar en Oxford obtuve un segundo *fellowship* en donde continué con el enfoque en genómica de la inflamación en el departamento de epidemiología de Imperial College de Londres.

Francia: *croissants* y vida en pareja

Durante el doctorado conocí al amor de mi vida y mi futura esposa. No hubo escapatoria y regresar a México se convirtió en una ilusión. Algunos años después del doctorado, con una década juntos viviendo entre Oxford y Londres, llegamos al este de Francia debido al trabajo de ella. Esto sucedió durante la pandemia del coronavirus y, ya que yo puedo trabajar de manera remota, nos mudamos sin pensarlo mucho.

Con el mismo trabajo para mí en el Imperial College, pero a distancia y desde un nuevo país, idioma y cultura, así es la nueva vida durante el COVID-19; más difícil y fácil a la vez. Apenas comenzamos, pero rápidamente nos estamos adaptando. Todos esos croissants que me comí en México y luego en Inglaterra de algo me tenían que servir.

Antonio J. Berlanga-Taylor [CONTINÚA EN PÁGINA 81]

Edmundo Erazo

[PAÍSES BAJOS]

Mientras era estudiante de medicina visité Alemania y en ese momento decidí que quería hacer un posgrado en Europa. La infraestructura para hacer investigación clínica y la calidad de vida me parecían atractivas. Otra de las razones por las que quería estudiar fuera, era que las personas que más he admirado y de las que más he aprendido —no solo en la medicina sino en la vida—, estudiaron en el extranjero, ya fuera en Europa o en otro lugar, y esa experiencia fue parte esencial para normar su juicio profesional y personal.

Así que, durante mi último año de residencia, busqué un programa de maestría en investigación clínica. Dentro de los elementos que evalué, además de la calidad académica, estaban el idioma, la diversidad cultural, y que existiera un alto nivel en investigación. Esto me llevó a los Países Bajos, un pequeño país en comparación con México, pero con gran diversidad cultural; en especial en la ciudad de Róterdam —a la que llegué en ese momento— donde viven personas de 120 nacionalidades diferentes.

En los Países Bajos, la gran mayoría de la población habla inglés, por lo que el idioma —fuera del hospital y de la universidad— no es una barrera para las actividades de la vida diaria.

Apliqué al Erasmus Medical Center, uno de los centros académicos más grande y reconocido de Europa. Después de cumplir con los requisitos para ser admitido, tenía que demostrar que contaba con el soporte económico.

Estudiar en una universidad en los Países Bajos sin ser de la comunidad europea es caro, por lo que apliqué a una beca para estudiar en el extranjero por dos años. Agradezco profundamente al Grupo Ángeles por otorgarme la beca Olegario Vázquez Raña en 2017, con la que pude hacer la maestría en el Erasmus Medical Center. De igual manera agradezco a mis mentores del Curso de Medicina Interna, especialmente al doctor Alejandro Díaz Borjón, quien se convirtió no solo en mi mentor sino en un amigo.

Edmundo Erazo [Continúa en página 83]

Yoel Korenfeld

[MÉXICO, ESTADOS UNIDOS, COLOMBIA]

La vida es cíclica. Termina donde empezó, aunque dé muchas vueltas antes de volver al inicio. Mi historia, como lo conté en el capítulo anterior, empezó en Colombia, donde nací y viví hasta los 19 años; y a Colombia he vuelto tras muchos giros inesperados.

Pero si mi vida empezó en Colombia y si mi sueño fue irme a estudiar fuera de este país, ¿por qué y cómo volví al inicio? Aquí se los voy a contar.

Después de estudiar medicina en la UNAM, me fui a cumplir mi sueño de formarme en Estados Unidos. Tras dos años en la Clínica Mayo y cinco en la Universidad de Minesota tenía decidido quedarme en Estados Unidos y hacer mi vida allá como médico internista y pediatra. Estaba solo, aunque acompañado por mi fiel amigo, mi perro Gaón —nacido en Colombia, criado en México y compañero de andanzas en Estados Unidos. Eso me daba la versatilidad de decidir mi futuro como yo quisiera. Estaba listo para quedarme, hacer un *waiver* de mi visa J1 en cualquier parte del país, e iniciar mi vida profesional allá. Sin embargo, el destino siempre tiene sorpresas.

Mi madre sufría de enfermedad pulmonar obstructiva crónica por haber fumado toda su vida. En 2009 empezó a requerir oxígeno suplementario para todas sus actividades y dejó finalmente el cigarrillo. Su cuerpo se consumió, su caquexia era terrible, llegó a tener la mitad de su peso habitual. A su dificultad respiratoria se sumó su discapacidad visual. Desde muy chica le diagnosticaron retinitis pigmentosa y muy joven fue declarada invidente legal. Pero ninguna de estas limitaciones la frenaron. Caminaba con el oxígeno colgado a su hombro y guiada por Sara, su perro guía que también era su tocaya. Su empeño por vivir la llevó a indagar sobre trasplantes de pulmón y encontró el único programa que existía en Colombia, en la ciudad de Medellín. En un viaje la acompañé desde Bogotá a Medellín para conocer al grupo de médicos del programa de trasplante de pulmón de la Clínica Cardiovascular. Era muy difícil para ella movilizarse; no veía y no podía respirar. Pero nada la detenía. Tras unos minutos se hizo amiga de los neumólogos encargados del programa.

Mi madre regresó a Bogotá y adelantó todos los exámenes requeridos para ingresar al programa de trasplantes. Los médicos determinaron que era candidata. En 2011 se trasladó a Medellín para esperar un par de pulmones. Le dijeron que, debido a su peso y a que su grupo sanguíneo era poco común (A+), un donante tardaría en aparecer alrededor de tres meses. Pasaron dos largos años con múltiples ingresos a cuidados intensivos y muchas dificultades, incluyendo una caída con fractura de hombro y muchos momentos de soledad, pues ni yo ni mis hermanos vivíamos en Colombia. Intentábamos viajar por turnos para acompañarla, pero no era fácil, dadas nuestras responsabilidades académicas y familiares. Yo me encontraba en plena residencia en Mineápolis y trataba de visitarla tan frecuentemente como me era posible.

En una ocasión, mi madre se fracturó el hombro, y viajé para acompañarla en la cirugía y cuidarla en el postoperatorio. En ese viaje conocí a la mujer de mi vida, otra Sara más. Estaba en el último año de mi residencia y ya me había comprometido a hacer un año adicional como jefe de residentes. Regresé a Mineápolis enamorado y empezamos a luchar por ese amor a la distancia. Pasamos más de dos años con numerosos viajes para intentar mantener vivo nuestro amor. Y entonces apareció el tan ansiado donante. Mi novia Sara acompañó a mi madre al hospital para que recibiera el trasplante. Yo viajé urgentemente para acompañarla y llegué unas horas después de finalizada la cirugía. En Medellín cuidé a mi mamá un mes, durante el que corroboré que lo que sentíamos Sara y yo era verdadero, así que pedí su mano.

Con mi madre sola y mi futura esposa en Medellín, la decisión sobre qué hacer al terminar mi año como jefe de residentes fue fácil; todos los caminos de mi futuro apuntaban a Medellín, que además me fascinaba como ciudad para vivir: clima perfecto, gente especial, maravillosas instituciones para continuar mi carrera.

La decisión de volver a Colombia estaba tomada. Así fue como regresé. No regresé a Bogotá, sino que fui a Medellín, otra ciudad especial de mi natal Colombia. Han pasado seis años desde mi regreso y pienso que tomé la decisión correcta, puedo decir sin miedo a equivocarme, que soy feliz en Medellín.

Yoel Korenfeld [Continúa en página 86]

Rafael G. Magaña

[INGLATERRA, ESTADOS UNIDOS]

En 1998 cursaba el primer año en cirugía general en la Ciudad de México. Recuerdo que fue uno de mis años más difíciles porque el ISSSTE, donde recibía entrenamiento quirúrgico, no era propicio para mis aspiraciones. Específicamente, no estaba adquiriendo la experiencia técnica quirúrgica que sabía necesitaría para alcanzar mis metas. Al mismo tiempo tuve un choque cultural: en México existe un sistema jerárquico dentro de la residencia en cirugía general. Recuerdo una estúpida tradición donde el adscrito solo intercambiaba información con los residentes de tercer o cuarto grado (R3 o R4, refiriéndose al año correspondiente de residencia de posgrado), por el simple hecho de que, en el programa, los principiantes éramos casi «infrahumanos».

A eso se le debe agregar que yo en ese momento no era lo suficientemente maduro ni maleable para tolerar aquello que percibía como abusos. En la residencia había castigos que no eran razonables ni mucho menos legales, bajo el argumento de que así obtendríamos una mejor educación.

Una noche de guardia, ya harto de las arbitrariedades de mis superiores, recuerdo haber pensado que ya no toleraba el ambiente de la residencia. Pensé en dejarlo por completo, y en hacer otra cosa que me hiciera feliz. Pensamientos de joven inmaduro.

Después de algunos altibajos que duraron meses, decidí no rendirme. Pero, que si iba a seguir en el camino docente que había elegido, no lo haría en un sistema que consideraba ineficiente (solo el programa que me tocó a mí); sino que lo haría en un sitio con más estructura académica de posgrado. Contemplé hacer mi residencia en Inglaterra o en Estados Unidos, y elegí la segunda opción.

Una tarde visité a mi querida amiga Sandra López-León para pedir sus consejos sobre los exámenes del USMLE (United States Medical Licensure Examination) que se requieren para aplicar a residencias y eventualmente para trabajar en Estados Unidos. Tuve la gran suerte de contar con sus valiosos consejos, ya que sus dos hermanos ya habían tomado ese camino.

Con el amor y el apoyo económico de mis padres, decidí aceptar el reto y volar a Nueva York a tomar un curso para el USMLE pasos uno, dos y tres. Me subí al avión con emociones encontradas. Por un lado entusiasmo, por el otro preocupación e incertidumbre, ya que no tenía ningún pretexto para no hacer lo que me había propuesto. Tenía terror de «hacer el oso» y fallar en mi residencia. No sabía en lo que me metía.

Llegué a Manhattan en busca de un departamento para comenzar mi curso los más pronto posible. Esto fue todo un reto: los espacios de vivienda eran diminutos y astronómicamente caros, pero con persistencia y suerte encontré un pequeño estudio. Completé varios cursos en Arc Ventures, el ahora desaparecido centro de estudios para el USMLE. Durante ese año tomé los USMLE paso uno y dos, y el TOEFL; requisitos para el certificado de Educational Comission for Foreign Medical Graduates (ECFMG).

Mandé más de 100 aplicaciones a los programas de cirugía general categóricos y preliminares. De ningún programa me respondieron. Decidí llamar y entrar al Match tanto para cirugía general como para medicina interna. Logré obtener dos entrevistas en medicina general, una de ellas gracias a una amistad; y otra para cirugía general.

Pasaron dos cosas que, en retrospectiva, jugaron a mi favor. Nunca hay que subestimar la tenacidad, la fe (en mi caso no religiosa) y, sobre todo, la suerte.

La fortuna se presenta cuando menos lo esperas. Yo pensaba, que si era necesario haría medicina interna y después cirugía general y plástica. Después del Match quedé en medicina interna en el Bronx Lebanon Hospital; pero había un pequeño problema: logré obtener una posición afuera del Match o National Residency Matching Program (NRMP). Una posición preliminar en cirugía general. Esta posición era por solo un año de cirugía general después del cual, simplemente podrían decidir no contratarme para un segundo año. Es decir, es como un año en el que tienen a un interno extra, pero sin garantizarle progresar en el programa y mucho menos graduarse como cirujano general. No lo pensé mucho y, con algo de miedo e incertidumbre, tomé la posición en cirugía general. Cabe mencionar que tuve problemas con el sistema del Match y que no quedaron muy contentos conmigo en el programa de medicina interna del Bronx Lebanon Hospital. Afortunadamente no hubo mayores consecuencias. Preferí tener un puesto incierto antes de hacer algo que en realidad no quería.

Inicialmente, el director del programa en cirugía general no me ofreció la posición. Cuando fui a la entrevista, salí sintiéndome triste, desanimado y regañado. El director Burton L. Herz examinó mis cartas de recomendación y currículum de manera muy somera y, sin mayor empatía, me sugirió que aplicara a medicina familiar. Además me dijo que nunca lograría completar una residencia en cirugía general en Estados Unidos. Yo, sin darle la satisfacción de una reacción, y con la certidumbre de que las puertas estaban cerradas en ese programa académico, le agradecí su sinceridad y le expresé lo profundamente decepcionantes de sus palabras.

Me paré, le di la mano y, sin mucha ceremonia, salí de su oficina. Diez días después, recibí una llamada de Donna, la coordinadora del programa quirúrgico, con un mensaje del doctor. Me ofreció un contrato para un año preliminar. Renovaron mi contrato anualmente y en mis años de residencia ascendí de R1 a R2 y así consecutivamente. En el cuarto año se expandió el programa y me ofrecieron una posición categórica si repetía el cuarto año. Acepté y, después de seis años, el mismo doctor que me aseguró que nunca sería cirujano general, me entregó mi diploma de graduación.

Las aplicaciones para cirugía plástica fueron aún más desalentadoras que mis intentos iniciales para la residencia. Desde que estaba en el cuarto año de cirugía general, apliqué anualmente para cirugía plástica. Mis entrevistas a través del Match fueron nulas y las que obtuve como recomendado no dieron ningún fruto. Mi plan de acción consistió en simplemente continuar aplicando y hacer años académicos.

Hice dos años de terapia intensiva y cirugía para pacientes quemados en New York Hospital; y por fin empecé a tener entrevistas para cirugía plástica, pero sin éxito. Después de NYH, me mudé a Salt Lake City, Utah, para hacer una especialidad en cirugía craneofacial en el Intermountain Healthcare System y en Children's Hospital.

Ese fue el año académico más intenso y difícil que he tenido hasta la fecha. Finalmente, durante ese año, logré obtener una plaza en cirugía plástica en Augusta, Georgia, en el Medical College of Georgia (MCG). El proceso de aplicación, aceptación e iniciación dura un año. Es decir, en 2008 me aceptaron para iniciar el programa de 2009. Lo que me dejó el lapso de un año académico que decidí utilizar para hacer una especialidad en cirugía estética/oncológica de mama en Nueva York.

La residencia en cirugía plástica fue una de las épocas más gratas de mi vida. Augusta realmente carecía de encanto, pero las amistades y el ambiente de enseñanza fueron excepcionales. Al terminar la residencia, decidí entrar a la práctica privada y regresé a Nueva York con ilusiones renovadas.

Actualmente resido en Greenwich, Connecticut, donde hago cirugía estética y reconstructiva dentro de la práctica privada.

Rafael G. Magaña [Continúa en página 89]

Nissin Nahmias

[ESTADOS UNIDOS]

Una vez que decidí hacer mi residencia en Estados Unidos, el siguiente paso fue aplicar a los diferentes programas en este país. Esto se hace a través de un sistema en el cual uno aplica, y los lugares que están interesados en los candidatos contestan con ofertas de entrevista. Yo apliqué a neurocirugía y cirugía general.

Me entrevisté en una docena de hospitales. Esto alegró a mi familia, pero también les ocasionó una gran preocupación por lo costoso que era pagar doce viajes al extranjero; evidentemente sin la ayuda de Dios, no hubiera podido lograr.

Después de mucho luchar encontré un lugar para un año preliminar en cirugía general en Filadelfia, Pensilvania. Como en aquel entonces mi objetivo era hacer la residencia en neurocirugía, me preparé para dejar México y para comenzar una nueva vida en los Estados Unidos. Quiero aclarar que no fui seleccionado a la primera oportunidad y tuve que luchar arduamente —tanto en lo económico como en lo emocional— para obtener esa posición preliminar. Además, una vez que comencé la residencia, yo ya no era el estudiante prodigio de mención honorífica; ahora era uno más entre los extranjeros que pretendían sobrevivir en el sistema estadounidense, porque, recuerdo el sistema da prioridad a los nacionales sobre los extranjeros.

El sistema de residencias en cirugía en Estados Unidos es duro. Estoy seguro de que en cualquier lugar lo es, pero para mí fue particularmente intenso como extranjero. Además en ese programa había varias personas negativas, quienes tenían toda clase de prejuicios en contra de los mexicanos: en general pensaban que México era un pueblo lleno de charros y burros, y nos comparaban con Speedy González. Todo eso me llevó a pensar en renunciar en varias ocasiones.

Recuerdo regresar a mi apartamento, tras un largo día de trabajo, después de recibir incontables burlas e insultos de parte de mis compañeros y de los médicos de base. Llegaba a casa con ganas de llorar, solo y en silencio. Por fortuna contaba con el apoyo de mis amigos. Mi amigo Pedro fue muy importante, y además conocí a Julián Guitrón, otro mexicano con el que pasé grandes momentos.

Cuando mi madre me llamaba por teléfono me preguntaba qué tal iban las cosas, me animaba y me decía lo orgullosos que estaban de mí, que le echara ganas y siguiera para adelante, y eso me daba fuerzas para seguir.

Esos seis meses fueron muy duros. Tuve que adaptarme tanto al internado como a la vida en un nuevo país, pero también tuve que aprender a adaptarme al sistema estadounidense: la formación en México da prioridad al trabajo de campo, a hacer cirugías y procedimientos; sin embargo, en Estados Unidos antes de realizar siquiera una incisión, requieres tener un cúmulo de conocimientos (sobre todo conocer todo lo referente a la historia del paciente). Además tenía que esforzarme por agradarles a las personas con las que trabajaba, ya que en mi calidad de extranjero, no se encontraban muy dispuestos a enseñarme.

En un momento tuve que tomar la decisión entre continuar mi carrera clínica o hacer un año de investigación. Decidí continuar mi carrera clínica y enfocarme en cirugía general. Al término del primer año me proclamaron como el interno que más había mejorado y me ofrecieron una posición categórica para el programa completo, la cual acepté de buena gana. Otra vez Dios me ofrecía la oportunidad, yo sabía que no sería fácil, pero que tenía todas las herramientas para triunfar.

Recuerdo cómo me gané mi posición categórica. Un día salía de la guardia y había estado en el hospital por 72 horas. Me dirigía al estacionamiento cuando me encontré al cirujano de trasplantes que me dijo: «Ven acompáñame a fumar un cigarrillo». Estábamos detrás del hospital, en la entrada de urgencias; yo estaba súper cansado y solo podía pensar en mi sofá. Él era mi mentor, y me dijo que había hecho un muy buen trabajo y que estaba muy orgulloso de mi trabajo.

En ese momento llegó una ambulancia. El doctor debía de ir con urgencia Delawere a recolectar unos órganos; así que me pidió que fuera con él. Yo, que no sabía decir que no, lo hice. Ya no pude regresar a mi casa. Ese día hicimos el viaje de Filadelfia a Delawere, y de regreso con los órganos. Hicimos un trasplanté de riñón y terminamos como a las tres de la mañana. Después de esa operación ya no tuvo sentido que regresara a mi casa: los residentes entraban a las cinco de la mañana. Solo me lavé la cara y seguí trabajando; debía actualizar la lista de pacientes para comenzar la jornada.

Durante el cuarto año de cirugía general tuve muchos conflictos con mis compañeros residentes y no entendía por qué. Yo llegaba temprano al trabajo, pero los residentes que estaban bajo mi mando llegaban tarde y no hacían caso. Cuando hablaba con el jefe de residentes, me regañaba y me asignaba más trabajo. Eventualmente hablé con el director del programa y para mi sorpresa él mencionó que estaba muy descontento conmigo, que no entendía lo que estaba pasando y por qué los otros residentes decían que yo no estaba haciendo mi trabajo.

Incluso creí que me estaba volviendo loco. Gracias al destino descubrí lo que estaba pasando: en ese hospital había gente que me quería perjudicar e inventaba cosas de mí. Pero nuevamente, mi dedicación y trabajo hablaron por mí. Todo se acomodó y logré que mi jefe confirmara que todo lo que se hablaba de mí era mentira y que yo era un excelente empleado. Fue un momento difícil, pero tuve que hacer lo correcto: encaré a mi jefe y le expliqué las cosas; él lo pudo corroborar y no volvió a dudar de mi palabra.

Me gradué en 2008 como cirujano general. Recuerdo que cuando mi familia de México vino a la ceremonia, todos mis compañeros quedaron muy sorprendidos. Ellos pensaban que iban a llegar charros montados en burros, de estatura baja y de tez morena. Así que no daban crédito que mis papás, mi hermano, su esposa y mis primos fueran mexicanos; esto me enseñó que no se debe estereotipar.

Posteriormente me especialicé en cirugía bariátrica y mínima invasiva. Este entrenamiento lo cursé en el estado de Virginia, en el Virginia Commonwealth University, uno de los centros académicos más grandes de los Estados Unidos. Ahí tuve la suerte de aprender de algunos de los pioneros en el campo de la cirugía de control de peso en el mundo.

Para este entonces también aprobé el examen de la barra americana de cirujanos y me preparé para mi primer trabajo: una práctica en el estado de Connecticut.

Nissin Nahmias [CONTINÚA EN PÁGINA 93]

Joaquín Pereyra Macías

[AUSTRALIA]

Llegué a Australia un 23 de abril. Recuerdo la fecha exacta porque tenía que pisar suelo australiano antes del 26 de abril para activar la visa. A pesar de que el gobierno nos había dado nueve meses para entrar al país, una lesión en la espalda me había impedido hacer el viaje de 25 horas con anterioridad. El itinerario era de la Ciudad de México a Los Ángeles; luego Auckland, Nueva Zelanda; y terminaba en Melbourne, Australia. La experiencia me ha enseñado que el número de escalas es inversamente proporcional a mi bienestar físico y mental, así es que nunca he repetido esa ruta. En ese primer viaje, pude ir acostado la parte más larga del vuelo sin necesidad de pagar cantidades estratosféricas; mi espalda no me hubiera permitido permanecer sentado más de un par de horas.

Al llegar al aeropuerto nos recibió Jane, la asesora de reubicación que había contratado el hospital para facilitar nuestra transición a Melbourne. A lo largo de una semana, Jane nos ayudó con cosas prácticas como buscar casa, abrir cuentas de banco, sacar un seguro médico, etcétera. Esa semana con Jane tuvo un impacto duradero en nuestro proceso de migración. A lo largo de unos pocos días, recibimos un curso intensivo de adaptación a nuestro nuevo país y de cómo entender la cultura local.

Jane nos hizo recomendaciones muy sencillas, como evitar escupir en la calle o pedirle a tu esposa que cargue las maletas y camine detrás tuyo. También nos enseñó cosas más complejas, como hacer una *hook turn*, una maniobra de manejo que se practica exclusivamente en Melbourne. Y, por supuesto, la importancia que tendría en nuestro proceso de asimilación responder con un *no worries* cada vez que nuestros interlocutores terminaran un enunciado, algo así como explicarle a un extranjero la relevancia que la palabra *güey* tiene en México.

Migrar a otro país es muy difícil. Me gusta pensar que es similar al proceso de aprendizaje por el que pasan algunas personas con lesiones cerebrales quienes, tras la lesión, tienen que aprender de nuevo a caminar, comunicarse, comer y a llevar a cabo todas las actividades cotidianas. Cuando llegué a Australia tuve que acostumbrarme a escuchar, escribir y hablar un inglés muy particular, distinto al de Inglaterra y Estados Unidos. También tuve que aceptar que la gran mayoría de la gente en este país sería totalmente incapaz de pronunciar mi nombre, y que con frecuencia me asociarían con dos personajes, uno mucho menos afortunado que el otro: Joaquin Phoenix y Joaquín «El Chapo» Guzmán. Aprendí a no saludar de mano (y mucho menos abrazar o saludar de beso) salvo en situaciones muy particulares. Entendí que las leyes no son sugerencias, como en México, sino que están hechas para seguirse. En poco tiempo comprendí que prácticas que en México son comunes, como dar «mordida» a un policía, son inimaginables en otras partes del mundo, y que hay lugares en donde la gente respeta y confía en la policía. De estos aprendizajes, lo más relevante para mí fue que la psiquiatría en este país es abismalmente distinta de la que yo estaba acostumbrado a practicar en México.

Migrar en una situación más favorable a las mía sería difícil. Llegué en avión en compañía de mi pareja, Jane nos facilitó la transición a Melbourne, teníamos ahorros y empleo asegurado; en menos de una semana pasamos de un hotel a nuestra casa y la profesión de mi pareja nos hizo elegibles a llegar con una visa que la mayoría de la gente tarda varios años en obtener. Y lo más importante: podemos regresar a México cuando queramos.

En los últimos diez años he conocido a cientos de personas, predominantemente pacientes, pero también colegas, que han huido de sus lugares de origen en condiciones realmente difíciles. Guerra, hambre, tortura, muerte, sufrimiento y trauma son la realidad de la que escapa un vasto número de migrantes que llegan a este país. He conocido personas que huyen, por ejemplo, de Sudán del Sur, Afganistán o Irak, donde vivían cosas inimaginables; y que fueron capturados por las autoridades fronterizas de Australia para ser trasladados a campos de refugiados donde permanecieron años en condiciones subhumanas. Años después, fueron reubicados en alguna ciudad australiana donde iniciaron una vida caracterizada por la discriminación y el aislamiento del resto de la sociedad. De manera similar, he trabajado con médicos que dejaron atrás guerras, sufrimiento y familias enteras a las que no volverán a ver.

Las condiciones en las yo dejé México son muy distintas, pero, a pesar de las facilidades que tuve, integrarme a otro país ha sido un proceso sumamente arduo y que nunca acabará: mientras viva aquí siempre seré un migrante.

Joaquín Pereyra Macías [Continúa en página 95]

Luis Rodrigo Reynoso

[ETIOPÍA]

Debo admitir que mientras estuve en Etiopía muchas veces me pregunté cómo y por qué llegué ahí. Aún ahora, cada que aparecen nuevas lecciones y perspectivas en la vida me lo cuestiono. Debo admitir que esa misma pregunta me la hice una y otra vez mientras estuve es Etiopía; y aún me la sigo haciendo cada que van apareciendo nuevas lecciones y perspectivas en la vida.

Pero dejando de lado lo espiritual y metafórico, trataré de recordar ciertos eventos que para mí fueron señales.

En el capítulo anterior mencionaba que en un congreso escuché el discurso de cuatro médicos etíopes. ¡Wooow! Inmediatamente después busqué «*Ethiopia*» (así en inglés) en el buscador de Google. ¡Mi cerebro empezó a hacer sinapsis, me emocioné y comencé a hacer planes! ¿Cómo puedo llegar ahí? ¿Qué necesito? ¿Qué idioma se habla? ¿De verdad no habrá cirujanos plásticos en Etiopía? ¡Naaaah!, ¡ni de chiste! ¿Cómo puedo llegar ahí?

Lo primero que se me ocurrió fue conseguir el número telefónico del fundador de aquella organización no gubernamental. Palabras más, palabras menos, le escribí un mensaje de texto donde le hice saber mis deseos más profundos.

> «Me interesa ser parte de su proyecto de labio y paladar hendido en Etiopía. Recientemente estuve en una capacitación en la sede de su fundación, y la plática que ahí recibimos me motivó e inspiró. Creo que si no tienen cirujanos plásticos allá, yo estaría dispuesto a capacitarme, a empezar desde cero, como mandadero, oficinista o lo que sea. Me encantaría ser quien dé seguimiento a los pacientes operados en ese país y quien, el día de mañana, pueda estar al frente de dichos procedimientos. Estoy a seis meses de terminar mi especialidad en cirugía plástica reconstructiva y estética y quisiera dedicar mi vida a este proyecto. Le pido me oriente para poder continuar su misión y hacer realidad mi sueño».

Esperé con ansiedad a que mi dispositivo me notificara que el mensaje ya había sido leído, pero pasaron algunos días y no recibía noticias. Revisaba, volvía a revisar y nada. Soy muy intenso, así que decidí marcarle por teléfono, pero tampoco contestó. Unos días más tarde recibí una respuesta: «Hola. Gracias por tu interés. Comunícate con mi asistente para que pueda guiarte en el proceso».

No les miento: mi mensaje iba impregnado de todos mis anhelos, así que la respuesta me pareció insípida. Pero no me desmotivé, contacté a su asistente y ¿qué creen? Unos días más tarde recibí su respuesta:

«Gracias. Por el momento solo requerimos donativos. Para pertenecer al grupo de cirujanos plásticos y acudir a alguna de nuestras jornadas es necesario pasar por un proceso de certificación; tendríamos que abrir tu expediente una vez que te llamemos a participar».

—*Ok, thank you.*

En ese momento estaba furioso. Escupí maldiciones que me venían de las vísceras, pero dije, si no es por ahí por otro lado será.

En ese entonces faltaban unos cinco meses para mi boda, por lo que mis padres habían decidido que haríamos un viaje a Las Vegas para disfrutarnos como familia. Ahí en la «ciudad del pecado» tomé un taxi. Luego de los consabidos saludos y frases de cortesía —«Buenas tardes, ¿cómo ha estado?, ¿mucho trabajo?»—, de pronto impulsivamente y sin ninguna razón aparente pregunté al taxista: «¿Usted es de Etiopía?»

Sorprendido respondió: «Has estado ahí o por qué lo dices».

¡No podía creerlo! Lo que sucedió entonces, lo recuerdo como una explosión en mi cabeza: le conté sobre mi plan fallido. ¡Se emocionó! ¡Me emocioné! Me dijo que él mismo me podía poner en contacto con su primo, un nefrólogo que trabajaba en Adís Abeba (la capital de Etiopía), me pidió que le dejara mis datos. Él me motivó a buscar más opciones a y seguir tocando puertas…

Mientras nos despedíamos, me dijo: «Mi pueblo te lo va a agradecer, ¡hay mucha gente que te necesita!» ¡Ah caray! Ese encuentro fue tan inesperado, pero aún debía esperar a que el primo del taxista me contactara para ver si lograría algo.

Más o menos por esa época sucedió otro hecho que, de alguna manera, me encaminaba a Etiopía. Yo pertenecía a un grupo de Facebook llamado International Plastic Surgery Network en el que participábamos residentes y cirujanos plásticos de todo el mundo. En ese grupo encontré un post que decía: «¡Damos la bienvenida a Anteneh Gebru, el primer cirujano plástico de Etiopía!» En seguida lo contacté por las redes sociales e iniciamos una intensa correspondencia.

En uno de sus mensajes de Anteneh me contó:

> «En Etiopía existen seis cirujanos plásticos que han tomado cursos por tres o seis meses en el exterior y practican la cirugía reconstructiva. Pero en Etiopía aún no existe ningún curso. De hecho, yo quiero ser el primer cirujano plástico egresado de mi universidad. Lo estoy intentando, pese a la poca posibilidad de obtener libros. No tengo dinero para seguir estudiando; soy huérfano: mis padres murieron de sida, y con grandes esfuerzos he podido continuar esta carrera.

Les juro que leer esto para mí fue alucinante. Lo veía como un terreno virgen con grandes oportunidades académicas, quirúrgicas y humanitarias. «¡Tengo que vivir y operar en Etiopía!», me dije.

Entonces todo empezó a fluir. En internet hay muy poca o nula información en inglés; y yo no conocía el amárico, que es el idioma que se habla en Etiopía. Este idioma desciende de una lengua semítica, y yo no podía siquiera leer su escritura que parecía estar conformada por jeroglíficos antiguos, por lo que necesitaba un intérprete para contactar a las personas.

Tendré que aprender, me dije. Pero desafortunadamente no encontraba libros ni foros donde pudiera estudiarla. «Habrá que esperar a estar en contacto con ella», me dije. Por el momento, Anteneh me enseñaba algunas palabras cada que podía conectarse, pues como me explicaba en Etiopía las redes sociales están restringidas.

Transcurrieron un par de meses, durante los cuales siguieron rechazando mi ingreso al Hospital Universitario de Adís Abeba. Pero yo continué haciendo planes. «Solo necesito una habitación con baño y comida, del resto nos encargaremos mi futura esposa y yo», así terminaba cada misiva que enviaba solicitando una oportunidad. Finalmente alguien respondió a mi llamado. Recibí un correo electrónico de parte de *Tewodros,* un cirujano que se había especializado en Estados Unidos.

Respondí su correo muy emocionado y, de pronto, ya estábamos platicando por teléfono.

«Llegas a mí en el momento apropiado. Justo estaba buscando a alguien que pudiera ayudarme», me dijo. «Estamos por abrir una pequeña clínica y vamos a necesitar a un cirujano más. Creo que los planetas se están alineando para ambos».

¡Yo no lo podía creer! No exagero cuando digo que casi me estaba haciendo pipí de la emoción. Además *Tewodros (Ted)* me comentó que le encantaba pintar, escribir y tener pláticas profundas, de esas que cambian el mundo. Yo estaba entusiasmado a más no poder.

«Doc, pues usted dirá. *Nosotros* estamos puestos, y digo nosotros porque en marzo me caso. Quisiera tomar un par de semanas para la luna de miel, pero mi intención es que en abril ya estemos con ustedes», dije.

Al fondo se escuchaba a los niños jugar, los cantos de los pájaros y el ruido de aquella ciudad que me parecía enigmática, y a la cual no me atrevía a googlear para no estropear la experiencia que estaba por vivir.

«Vamos a necesitar algunos documentos para realizar los trámites pertinentes», me dijo. «Tengo algunos amigos que pueden ayudarnos a acelerarlo todo. Te estaré escribiendo en estos días, para hacerte saber qué documentos necesitamos».

Eran las tres de la madrugada y recuerdo perfectamente que, tras colgar, entré a la habitación donde Anahí dormía para descubrir que todo ese tiempo ella había estado despierta, escuchando la conversación.

—Anahí, ¡nos vamos a vivir a Etiopía!

Luis Rodrigo Reynoso [Continúa en página 97]

Jack Rubinstein

[Estados unidos]

> «Cuando acabe el mundo, yo quiero estar en Cincinnati porque siempre está 20 años detrás de los tiempos».
> Mark Twain

El *aquí*, en este momento y desde hace diez años, ha sido Cincinnati, en Ohio. Conocido por aquellos que viven en las costas estadounidenses como *«fly over country»* (por formar parte de los estados que se sobrevuelan al viajar entre las principales ciudades de las costas este y oeste).

Para mi familia mexicana, Cincinnati es el lugar cerca de Chicago y la ciudad donde están los nietos, primos y hermanos. Y para los compañeros de la facultad es el lugar donde las vacas pastorean afuera de los hospitales.

Profesionalmente, hablar del *aquí* es más complicado. Principalmente soy cardiólogo clínico, enfocado en ecocardiografía y en pacientes con enfermedades cardiovasculares. Pero en realidad soy investigador, escritor, maestro y mentor.

Durante mi entrenamiento médico en México, me di cuenta de que iba a ser difícil, sino es que imposible, desarrollar mis intereses clínicos y profesionales dentro de los sistemas de salud mexicanos en donde tristemente «la priva mata todo»; es decir, la práctica privada siempre se antepone ante cualquier otra necesidad de los pacientes. Y donde la investigación médica nunca se paga de manera expedita; sino que los investigadores deben pasar por un arduo proceso y empiezan a percibir los apoyos incluso después de haber hecho la investigación. Además el Sistema Nacional de Investigadores suele apoyar a aquellos que han demostrado éxito en el ámbito profesional, pero ofrece pocas oportunidades a quienes empiezan y buscan salir adelante. En fin, en México ni la investigación ni el servicio a la población son remunerados adecuadamente.

Aunque no me di por vencido de inmediato. Trabajé por más de un año para el gobierno de la Ciudad de México pero, claramente, el sistema de salud era inabarcable y más complejo de lo que yo me imaginaba; era imposible cambiarlo sin hacer una reorganización monumental a nivel nacional.

Con esto en mente, busqué un lugar que estuviera más alineado con mis intereses profesionales. Como veremos en el próximo capítulo, el sistema estadounidense para practicar medicina como egresado extranjero (FMG, por sus siglas en inglés) es relativamente claro, pero extraordinariamente difícil.

Para aquellos que buscan entrenarse en Estados Unidos como médicos clínicos, el camino se resume en exámenes y entrevistas. Pero, por otra parte, aquellos que buscan un camino académico dentro del mismo sistema tienen que sobrepasar los mismos exámenes y entrevistas y, al mismo tiempo, lograr un espacio para establecerse como investigador, maestro, o escritor.

El porqué de elegir Cincinnati tuvo qué ver con la necesidad de encontrar un lugar donde pudiera trabajar como clínico y, al mismo tiempo, tuviera la libertad de explorar mis intereses científicos.

Cuando uno busca un lugar para establecerse después de casi dos décadas de entrenamiento, siempre hay valores en conflicto y decisiones difíciles que tomar. ¿Es mejor una ciudad grande y cosmopolita, pero con espacios pequeños para vivir? ¿O debes buscar ganar la mayor cantidad de dinero para compensar los años de pagos precarios como residente? ¿Será que lo más importante es el renombre de la institución? ¿O el clima? ¿O la calidad de las escuelas? ¿O la cercanía con familia? Estos y otros factores deben considerarse, y para mis deseos profesionales la ciudad de la reina (Queen City, como Cincinnati se autonombró) fue perfecta. Gracias a esta ciudad y a los mentores que me reclutaron y protegieron, he logrado establecerme como médico clínico e investigador.

Finalmente, ninguna decisión o ciudad son ideales, y aunque uno analice todas las variables, siempre habrá un elemento de suerte. Para mí, la suerte fue encontrar el prototipo de tranquilidad y amabilidad del Midwest de Estados Unidos, aunado con un gobierno local y estatal responsable y proactivo que ha logrado generar una ciudad con alta calidad de vida en donde mi esposa y yo hemos logrado criar a nuestra familia. Posiblemente la ciudad sea un poco anticuada, pero no tanto como los 20 años de los que habla Mark Twain: las modas tardan algunos meses en llegar, todavía en algunos recorridos al trabajo me encuentro con vacas en el camino, y absolutamente nadie nos va a confundir con Chicago.

Pero, para mi vida —en este momento y desde hace diez años— estas peculiaridades no han sido negativas, más bien han sido idóneas para mi desarrollo personal y profesional.

Jack Rubinstein [CONTINÚA EN PÁGINA 100]

Alberto Saltiel

[ISRAEL]

A lo largo de la vida nos encontramos con situaciones en las que debemos tomar decisiones importantes, mismas que nos ayudarán a lograr las metas que nos proponemos. Cada etapa de nuestras vidas se verá influenciada por dichas decisiones y, en su momento, veremos las consecuencias.

Al crecer como miembros de la comunidad judía en México, siempre estamos ligados al Estado de Israel. Mi primer viaje a Israel lo hice al terminar preparatoria. Tuve la oportunidad de vivir por seis meses en un kibutz (una comunidad principalmente agrícola regida por el socialismo). Durante este periodo aprendí más sobre la cultura, la forma de pensar y la forma de vivir del país. Después de dicho viaje, aprovechaba cualquier oportunidad para regresar, sabiendo que siempre tendremos a Israel como opción; sin embargo, nunca imaginé que radicaría allí.

Durante la carrera de medicina, al pensar en mi futuro, siempre me veía trabajando como especialista en México. Tenía en mente hacer el Examen Nacional de Residencias Médicas, entrar a un prestigiado programa de cirugía general y, posteriormente, hacer la subespecialidad en cirugía vascular, pero poco sabía cuánto cambiarían mis planes.

Durante el internado médico de pregrado, como parte del programa universitario, tuve la oportunidad de hacer rotaciones en el extranjero.

En aquel momento viajé a la ciudad de Be'er Sheva, en Israel, al Hospital Universitario Soroka en el que roté como interno en cirugía general, medicina interna y pediatría. Durante mi estancia, no solo aprendí temas médicos de las distintas especialidades, también aprendí cómo funciona el sistema de salud en Israel, los beneficios tecnológicos para los pacientes y la atención que se brinda en los hospitales. Al ser un sistema de salud social subsidiado por el país, cada individuo tiene acceso a atención médica de alto nivel a muy bajo costo.

Al regresar a México a finalizar el internado, sabía que se acercaba el momento de tomar la decisión que cambiaría mi vida. Al ser Israel un país amenazado constantemente por actos terroristas, en donde muchos ciudadanos se ven afectados y tienen necesidad de atención urgente, con tecnología sumamente avanzada, y tras haber conocido el sistema de salud y la forma de vida, decidí que sería un excelente lugar para especializarme. Pero ¿sería la decisión adecuada?

Es curioso, a veces nos vemos forzados a tomar decisiones sin prever cómo afectarán al futuro, y aunque no parezcan tener relación entre sí, se encuentran vinculadas.

Estaba por empezar el servicio social, todavía a un año de acabar la carrera de medicina y yo ya pensaba en el futuro. Sabía que quería especializarme, en qué y en qué país quería hacerlo, pero aún no sabía cómo llegar hasta allí.

Sin duda, la decisión fue principalmente profesional, pero no puedo negar que existe cierto componente personal. Tradicionalmente en México, uno sale de la casa de sus padres para ir a estudiar o para casarse. Siempre me he considerado una persona muy independiente y como tal, sentía la necesidad de enfrentarme al mundo y probar mi propia suerte.

Tomando esto en cuenta y sabiendo que Israel sería un gran lugar para especializarme, no quedaba más que tomar la decisión.

A lo largo de los meses subsecuentes logré recaudar información suficiente para darme una idea general del proceso necesario para emigrar a Israel a continuar mi proceso de formación profesional, un proceso lleno de trámites y dificultades técnicas.

Alberto Saltiel [Continúa en página 104]

Lorenz Schenk

[ALEMANIA]

Después del internado, hice el servicio social en el Estado de México. Durante la carrera varios sucesos me hicieron pensar en emigrar al extranjero como una opción para el futuro. La seguridad y tranquilidad eran constantes en mi vida y como las decisiones a futuro las tomaba yo mismo, quería que esas constantes continuaran.

Al haber experimentado los grandes cambios en materia de seguridad en el país, y haberme sentido impotente ante ese cambio en la vida cotidiana de la ciudad, veía la vida en el extranjero como una posible respuesta a lo que buscaba. La percepción de la inseguridad ya no era lejana, los asaltos los vivía en carne propia, así como el secuestro y la violencia. El dolor de no poder calcular el riesgo y pensar que en cualquier momento podría ser yo el que no regresara a casa, me hicieron tomar la decisión de dejar el país. Tras una relación de varios años, había llegado el momento de casarme. La idea de que mis hijos no pudieran crecer en un lugar seguro me comía aún más la cabeza. Mientras estaba en el proceso de aplicar al Examen Nacional de Residencias Médicas, recibí una llamada de un desconocido que me ofrecía las soluciones del examen; esa fue la gota que derramó el vaso.

¿Cómo podía seguir en un lugar donde ya no me sentía cómodo, seguro? ¿Cómo podría estar seguro de que la gente encargada de velar por mis derechos y seguridad no estaba corrompida? Y lo peor de todo era que no había la menor señal de que esto fuera a cambiar.

Analizando mis posibilidades, todo apuntaba a Alemania: conocía el idioma y la forma de vida, tenía familia y conocidos que podrían ayudarme a hacer más fácil el cambio. Mi prometida también venía de ese microcosmos: madre alemana y padre italiano, nacida en México.

Una serie de correos electrónicos y contactos con diversos hospitales alemanes me dejó ver que era muy difícil encontrar un plaza de trabajo y, sobre todo, entender el sistema alemán a distancia.

Al terminar el servicio social y con mi boda en puerta, un domingo lleno de frustración por no saber qué hacer ni hacia dónde me dirigía, recurrí al viejo sistema de sentarme a tomar una cerveza con alguien que me conociera muy bien. Después de exponerle todas mis dudas a mi hermano del alma, Rolf, él me dijo: «Vete a Alemania y desde allá ves qué hacer. Sino sale nada, te regresas». Esa noche llegué muy tarde a casa, mis padres ya dormían. Los desperté y decidido les dije: «Mañana me voy a Alemania». La respuesta fue que esperáramos a la mañana para hablar.

Al día siguiente mi madre me despertó y me acompañó a comprar un boleto de avión. En menos de una semana y sin saber cómo, conseguí traducir y apostillar todos mis documentos oficiales. Una semana después estaba en Alemania, entregando mis papeles en el Ministerio de Cultura, que es la dependencia encargada de homologar los estudios.

Entregué mi currículum al menos en 30 hospitales. Y finalmente me presenté en un hospital en el norte de Alemania que habían mostrado interés en mí. Podía iniciar la especialidad en ortopedia en cuanto mi título fuera homologado.

Pasaron algunas semanas, durante las cuales —gracias a una amiga de la familia— pude quedarme en las cercanías del hospital, pero no había respuesta del Ministerio de Cultura. El tiempo pasaba, la boda se acercaba y las finanzas ya no me cuadraban.

Tomé la decisión de esperar la respuesta del Ministerio en el sur de Alemania, en el pueblo de mi padre, donde en ese momento vivía mi hermano con su familia. Ahí logré entrar a trabajar a una fábrica de bebidas.

Pasaron los meses y yo ya estaba desesperado, pues con cada llamada al Ministerio de Cultura venían nuevas exigencias. La más difícil de sortear fue entregar el plan de estudios de la carrera de medicina traducido al alemán. Tras mil llamadas y correos electrónicos, lo conseguí en español, pero me faltaba traducirlo, mandarlo a apostillar a México, regresarlo a Alemania y entregarlo al Ministerio.

La traducción fue lo más difícil, sobre todo lograr que tuviera sentido, ya que, por ejemplo, en México el título que se obtiene es de médico cirujano; pero en Alemania solo se es cirujano después de hacer la especialidad en cirugía. Al ver esta traducción, automáticamente pensaban en mí como un cirujano en funciones, cosa que no podía ser más errónea: yo apenas había salido del servicio social y no tenía experiencia laboral.

Pasaron los meses y aún no había nada. Ninguna respuesta del Ministerio; así que el hospital me ofreció entrar como practicante, y estar presente en el día a día del hospital. Eso me agradó, ya que, con los ahorros de mi trabajo en la fábrica de bebidas, podría subsistir un par de meses sin preocupaciones.

Entonces me di cuenta de que mi nivel de alemán eran más bien pobre en cuanto a gramática y escritura. Además yo estaba familiarizado con el bávaro, que es un dialecto que se habla solo al sur del país, pero en el norte —donde estaba el hospital— no es muy bien visto. Aún así estaba feliz de estar más cerca de mi meta.

En los siguientes meses me casé durante un viaje relámpago a México, y renté un departamento que pertenecía a la abuela de una amiga, y en poco tiempo logré estabilizarme, pero aún no había respuesta de parte del Ministerio de Cultura. Casi un año después, varias cartas a diferentes instancias y un par de llamadas muy agresivas a funcionarios que hacían gala de lo complicada que es la burocracia en todo el mundo, logré saber que mis papeles se encontraban en el escritorio de un funcionario que llevaba seis meses enfermo, y que a la brevedad sabría más sobre mi caso. Dos días después recibí un permiso de trabajo provisional y los requisitos para ejercer como médico en Alemania.

Por fin estaba aquí, era reconocido y podía empezar algo. El próximo paso era encontrar un lugar en cirugía general, pues debía pasar 18 meses trabajando, ya sea doce meses de cirugía general y seis meses de medicina interna, antes de poder aplicar a un examen de comparación y recibir mi título alemán.

Lorenz Schenk [CONTINÚA EN PÁGINA 107]

Ilan Shapiro

[ESTADOS UNIDOS]

Una de las cosas que han marcado mi vida fue ver a mis padres y las conexiones que creaban con su entorno. Ver a mi madre dedicada a la enseñanza y a mi padre en su relación con la naturaleza fue algo que me formó.

Mi padre practicaba buceo, así que una de las una de las actividades que inicié a temprana edad fue el buceo. Convivir con la naturaleza sin utilizar palabras, ver el mundo desde lo más básico me fascinó. La convivencia grupal y las idas a acampar me han obligado a buscar siempre nuevos horizontes, entendiendo el principio de comunidad.

Este camino no se quedó debajo del agua y he tenido el gusto de poder sumar los valores de mi familia como base importante de lo que soy. Todo comenzó con mis padres. Mi papá era el maestro Jacques Cousteau, que ejercitaba su mente y cuerpo para enseñarnos nuevas técnicas; y mi mamá era nuestra maestra de la vida, que desarrollaba un sistemas pedagógicos enfocado en el bienestar. Ambos representaban la escuela donde acudía y me daban espacio para experimentar y crecer. Por otra parte, mis abuelos paternos y maternos, tenían en su mirada y vida la fuerza de haber creado oportunidades con un trabajo de vida. En su mayoría fueron la primera generación en México y eso traía tanto ventajas como desventajas. Todos los eventos familiares se calcaron en mi alma como memorias de unión, fraternidad y, sobre todo, de continuar por el camino del bien.

Todos tenemos alguna lucha interna, las mías fueron mi peso y mi forma de aprender. De niño no tenía un peso sano para los estándares de los médicos, pero que en definitiva era muy sano para mis abuelas. De eso me di cuenta a temprana edad: no podía correr, participar o escalar como otros de mis amigos. No me gustaba ver cómo otros niños podían subir a los árboles, y yo tenía que quedarme a cuidarlos desde abajo. Poco a poco entendí la importancia de la alimentación y el ejercicio, y las ventajas de ser y estar sano.

De mis bases físicas, comparto otra de las dificultades que me han dado la posibilidad de entender el mundo de una manera mucho más divertida y didáctica, pero que por mucho tiempo no fue así. Mi comprensión e inteligencia emocional siempre fueron altas, pero en el momento que tenía que descifrar el código escrito, sudaba. No entendía por qué no me gustaba nada hacer ese esfuerzo porque, en definitiva, sí me gustaba leer. Al pasar de los años entendí el termino dislexia, y cómo esta influía en mi forma de entender el mundo.

Dentro de mi formación, no puedo dejar de mencionar lo significativo que fue para mí pertenecer a los scouts. Comencé desde temprana edad como Lobato, y llegué a ser parte de los líderes de la organización. Esta experiencia fue clave para entender la importancia de trabajar en equipo y de unir diferencias para lograr un objetivo en común. De los ocho a los 22 años fui parte de este movimiento, y solo tuve que cortar ese camino debido a la Universidad. Simplemente ya no podía estar tan presente como me gustaba. Anhelo el momento en el que mis hijos puedan tener esa libertad y aprendizaje comunitario, guiados por jóvenes con valores. A mí me marcó y desde entonces, cuando me paro frente a cualquier grupo para compartir mis ideas, puedo relacionarme con mayor empatía con mis interlocutores.

Toda mi vida les comenté a mis padres que quería ser médico internacional. Desgraciadamente la traducción al español de *public health policy* es «políticas de salud pública». Con tan solo catorce años, no podía explicar la diferencia: «Me apasiona la diplomacia y llegar a una solución donde todos ganaran; y me interesan los temas de salud». Pero al exponer esas ideas, muchas veces tenía como respuesta: «O político o médico». Esa ruptura se solucionó al terminar la carrera.

Al comenzar mi camino en la medicina, tuve un encuentro con la odontología. Fue por un periodo breve, pero me di cuenta de que me llamaba más la atención la parte integral de la salud, y la odontología se quedaba muy limitada.

Después de seis meses de cursar odontología regresé a la medicina. Cada uno de los seis años que duró la carrera los disfruté al máximo con un grupo tan especial de personas a quienes hoy los llamo «mis hermanos». Vivimos noches en vela y el tiempo se fue volando. En mi memoria han quedado los líderes y maestros que con su ejemplo me mostraron lo que significa «ser médico». Casualmente la mayoría de los galenos que fueron mis maestros eran cirujanos, pero por desgracia, desde los inicios de mi carrera, no disfrutaba mucho mi relación con el bisturí. A diferencia de los cirujanos quienes suelen tener relaciones circunstanciales con los pacientes, a mí me gustaba buscar relaciones a largo plazo, interactuar con ellos, conocerlos.

Al finalizar la carrera, tenía frente a mí un sueño. Quería ser un médico internacional en *public health*. Entonces tuve la oportunidad de trabajar en la Secretaría de Salud de México, dentro de la Dirección Internacional, donde me ocupé de la relación con un organismo que llevo en el corazón: la Organización Mundial de la Salud.

Al comprender el sistema mexicano, pude compartir mis conocimientos a nivel internacional para fomentar la protección de la salud. Esa experiencia me sigue dando energía para continuar traduciendo esfuerzos locales y sumarlos en el matiz mundial del bienestar humano.

Para perseguir mi sueño de seguir ayudando, «comenzamos» una nueva etapa en el Hospital Mount Sinai de Chicago. Y digo «comenzamos», porque para entonces ya éramos mi mujer y yo. Ella es mi reactor nuclear de energía y juntos emprendimos un nuevo camino.

En Chicago tuve la posibilidad de seguir trabajando para la comunidad hispana. Me impresionaba ver cómo la migración (que se lleva a cabo por diferentes causas desde históricas hasta necesidades económicas) acarreaba distintas problemáticas. Pero los migrantes siempre comparten la misma meta: crear un futuro mejor para sus descendientes. En ese momento hice la promesa de trabajar por aquellos que no tenían voz.

Uno de los momentos que cambió mi vida fue la pandemia de 2009 por el virus H1N1. Debido al miedo, familias completas no se acercaban a los servicios que estaban diseñados para ellos. En ningún momento acepté que eso debería ser lo normal, así que utilicé la radio y la televisión, e hice coaliciones con líderes locales para mandar el mensaje a nuestra comunidad; ésta debería de ser tomada en cuenta y defendida.

A partir de ese momento entendí la importancia de sumar esfuerzos. En mi consultorio podía ver un número limitado de pacientes, pero comencé a comprender que utilizando el megáfono de los medios masivos de comunicación y los medios digitales, podía llegar más allá.

Después de hacer la residencia en Chicago, en un viaje que se sintió eterno, buscamos un lugar donde pudiéramos iniciar nuestra familia. Terminamos en Fort Myers, Florida, donde vivimos por cinco años. En ese lugar comprendí la importancia que tienen el crecimiento personal, la colaboración con la administración y la lucha por la justicia. En mi tiempo libre empecé a crear programas de salud en los que el conocimiento sobre determinantes sociales de la salud y la coordinación de servicios eran clave.

En ese lugar mágico nuestra familia se expandió de tres a cinco miembros, y juntos tuvimos muchas experiencias con la naturaleza. Después buscamos un lugar donde pudiéramos construir nuestro futuro. Una ciudad donde todos pudiéramos desarrollarnos y crecer como familia y como individuos. El debate comenzó cuando empecé a buscar trabajo.

–Entonces Ilan, ¿qué es lo que te gustaría hacer?

Mi respuesta era sencilla: «Innovación, tecnología, pediatría, salud pública, regulación y, sobre todo, quiero seguir construyendo puentes entre diferentes sectores para cumplir con mi misión hipocrática».

Lógicamente la posición que buscaba no era funcional, operacional ni tradicional (que por cierto, ¿qué es funcional y operacional?). Después de pensar que terminaríamos en Chicago, Washington o hasta en Miami, tuve una conversación en un centro comunitario de Los Ángeles. Sin conocer totalmente esa ciudad ni el crecimiento que tendríamos como familia, el trabajo soñado apareció.

Nos mudamos de Florida a Los Ángeles. En ese lugar no teníamos casa ni escuela para los niños, pero sí familia y un centro comunitario donde podría crecer profesionalmente. Todo fue sumando, la escuela primero, después la posibilidad de tener un techo y de poder convivir con nuestros seres queridos; finalmente la tranquilidad de estar en un entorno que nos permitiría crecer.

En esta nueva aventura seguí siendo pediatra, pero enriquecí mi práctica con diversas actividades en las áreas de salud mental, bienestar del empleado, educación y bienestar comunitarios. Todo esto unido con las actividades en medios tradicionales y digitales con el único objetivo de brindar salud a la comunidad.

Ilan Shapiro [Continúa en página 109]

René Sotelo

[ESTADOS UNIDOS]

Una parrillada en Long Island… los puntos se unen

La historia de mi cambio de residencia de Caracas, Venezuela, a Los Ángeles, Estados Unidos, se inicia con una parrillada-*barbecue* en Long Island en el estado de Nueva York. Era julio de 2014 y yo había sido invitado a la casa del doctor Arthur Smith —fundador de la Sociedad de Endourología y originario de Sudáfrica— para una parrillada, a la que los venezolanos llamamos *barbecue*.

Los encuentros médicos en congresos, seminarios, conferencias siempre son una excelente oportunidad para aprender y para compartir conocimientos, cosa que es, debo confesar, junto con la medicina, otra de mis pasiones: enseñar.

Sin duda, estos espacios académicos, además de multiplicar lo que se ha aprendido durante años y que da tanta satisfacción compartir, son una gratísima manera de ver a viejos amigos, conversar sobre tendencias, reforzar vínculos, reencontrarnos con tantas caras conocidas y crear recuerdos.

No obstante, la parrillada de esa tarde fue un punto clave, que desencadenaría la unión de otros puntos. Por primera vez, la posibilidad de trabajar en Estados Unidos se asomó y, aunque en mi mente el proceso no se metabolizó en ese momento, lo que para mí fue una simple conversación cambiaría el curso de mi vida, la de mi familia y la de mi profesión.

El doctor Smith, en su condición de inmigrante en Estados Unidos, conocía a cabalidad las posibilidades que existían en ese país para dar entrada a talentos foráneos; sabía que era posible, no solo lo manejaba en detalle por su vivencia, sino que estaba al tanto de las maneras para dar trabajo a colegas de otros países. Había experimentado a Estados Unidos como un sitio de oportunidades y estaba convencido de que para mí también lo sería. Fue él quien me presentó la opción y con quien hablé por primera vez del tema. Él me lo planteó con firmeza y me dijo que estarían dispuestos a explorar la posibilidad de que yo trabajara en ese país.

Para mí fue una conversación atractiva, sin duda, pero quedó allí. No le di muchas vueltas. La realidad es que dejar mi país no era algo que me hubiese planteado hasta ese momento. Ejercía mi consulta privada, dirigía el Centro de Mínima Invasión que había fundado con el doctor Oswaldo Karan, recientemente —en una clínica de prestigio en el sureste de Caracas— había abierto un punto adicional para atender a más pacientes, además de que dirigía el hospedaje clínico, donde les otorgaba a mis pacientes una experiencia integral de recuperación. Todo funcionaba a cabalidad. Mis días transcurrían entre consultas, operaciones y una o dos veces al mes abría un paréntesis para viajar a dar conferencias y operar como profesor invitado en distintos países. Compartía con mi familia y los fines de semana íbamos a Margarita, esa isla, perla del Caribe, que tanto amo. Desde los viernes en la tarde, mi viaje era mi pausa, mi descanso, mi paz, mi casa. Piedras Blancas, en el pueblo de La Guardia, en Margarita, era ese remanso en el que me reconciliaba con la vida. Todo estaba en su lugar, todo engranaba y funcionaba. La alternativa de volver a empezar y dejar todo atrás era impensable. Pero como dije: esa parrillada cambiaría todo. Arthur abría una puerta que me llevaría a un nuevo mundo.

Alguna vez leí en un discurso de Steve Jobs que, si se mira hacia atrás, hay puntos clave en nuestras vidas necesarios para dar paso a otros, y que solo cuando se unen se entiende y cobra sentido por qué sucedieron las cosas. Nada más cierto. El *barbecue* en Long Island era eso, un punto que llevaría a otro.

Para dar sentido a ese viaje y poder hablar sobre cómo llegue aquí, debo hablar del doctor Andrew Novick, una leyenda de la urología, reconocido por su contribución en investigaciones del riñón y la cirugía reconstructiva renal. Fue *chairman* del Instituto Glickman de Urología de Cleveland Clinic hasta su lamentable muerte a los 60 años.

En mi afán por aprender y por entrenarme, desde muy joven me interesé por la organización de eventos en Venezuela; buscaba la manera de participar y de ser parte activa en todo lo que se hacía en urología en mi país. Entre los grandes invitados a esos congresos, el nombre del doctor Novick resaltaba; él, junto al doctor Inderbir Gill, visitó Venezuela. En uno de estos viajes, el doctor Novick me ofreció visitar y formarme en la Cleveland Clinic. Obviamente acepté ese ofrecimiento.

Muchas veces visité la Cleveland Clinic para entrenarme y llegué a entablar una relación de amistad con el doctor Novick. Iba a verlo realizar cirugía parcial abierta de riñón; incluso años después me ofreció trabajo para ser parte del *staff* de la Cleveland Clinic que abriría en el Medio Oriente. Apenas inició el proyecto, ya reclutaban gente. Él me nombró parte del *board* internacional de la institución y muchas veces la visité como miembro ese *board*. Eso sucedió quince o veinte años atrás.

En esa serie de viajes me entrené con el doctor Inderbir Gill, quien me presentó la cirugía laparoscópica de una forma sencilla. Yo ya había visto a otros médicos operar por laparoscopia, pero debo decir que la forma en que operaba el doctor Gill era más amigable. En ese ir y venir a Estados Unidos para ver operar al doctor Novick, al doctor Gill y su equipo, fue donde nació mi amistad con el doctor Inderbir Gill, *jigri dost*, que en hindi significa "amigo del corazón". Sin duda, otro punto en el camino. Gran amigo, gran maestro y a quien siempre agradezco sus enseñanzas.

Fue Indi Gill quien sorpresivamente —una semana después de haber estado en Long Island, en la casa del doctor Smith —me llamó para decirme que se había enterado de la noticia y que, si estaba considerando irme a los Estados Unidos, evaluara la posibilidad de irme a USC y formar parte del equipo dirigido por él, como *chairman* del departamento de urología de Keck Medicine de USC. Mi sorpresa fue doble: en primer lugar, porque no sabía cómo, en una semana, la noticia había viajado de Long Island a Los Ángeles y, en segundo lugar, porque en escasos siete días la puerta para trabajar en Estados Unidos se abría dos veces.

Hasta ese día mis encuentros con Arthur, en su residencia de Long Island, habían sido sobre todo conversaciones interesantes, de esas que se dan después de los congresos para ir más allá de lo médico y compartir lo personal. Pero entonces se asomó una opción de vida que nunca me había planteado y que yo desconocía que pudiera existir para mí, como médico formado en Venezuela. La llamada de Gill ponía mis pensamientos a otro ritmo. Representaba un punto y aparte en mi andar de todos los días. Pasó a ser una idea que empezó a quitarme el sueño.

Lo que Gill planteaba era cosa seria, pues se iniciaría todo un proceso ante el Medical Board de California, quienes evaluarían si, en efecto, una persona tenía habilidades extraordinarias para ejercer la medicina en el estado de California sin haberse graduado de médico en Estados Unidos. Una vez otorgado ese permiso, podría iniciarse el proceso de emisión de la visa O1. Empezaba un viaje de incertidumbre y apuesta.

Confieso que, a pesar del planteamiento, era algo que veía muy lejano. Estaba sucediendo pero, la verdad, había incredulidad en mí, pues era difícil pasar ese puente: la última licencia de ese tipo la había otorgado el estado de California hacía 72 años a un médico japonés. Era difícil, pero esa posibilidad remota se hacía cada vez más cercana, se asomaba cada vez más para cambiar mi panorama, mi vida y la de mi familia.

En paralelo, la situación crítica de Venezuela se imponía cada vez más. Mis hijas, en la etapa previa a la universidad y adolescentes, por los temas de inseguridad en el país cada vez reclamaban más la posibilidad de vivir su juventud, de salir con tranquilidad, de ser parte de una vida activa de jóvenes. Eso contrastaba, y de qué manera, con las restricciones para protegerlas. Y de pronto la posibilidad de tranquilizar los pensamientos que me robaban el sueño parecían sosegarse. Eran puntos que se encontraban definitivamente.

René Sotelo [CONTINÚA EN PÁGINA 111]

3

Dificultades técnicas.
Trámites, trámites, trámites...

Antonio J. Berlanga-Taylor

[COLOMBIA, REINO UNIDO, FRANCIA]

El idioma

Aprender el idioma y dominarlo es esencial. Aunque no es una dificultad técnica ni un trámite, el idioma es el punto de partida que hace posible todo lo demás. De cualquier manera, se convierte en un trámite que hay que superar en varias situaciones, y es indispensable dentro de la academia y las especializaciones clínicas.

Habitualmente, las calificaciones mínimas a través de exámenes oficiales son criterios de aceptación. Yo tuve la suerte de aprender inglés desde pequeño y rara vez tuve dificultades. A pesar de eso, me di un tiempo para prepararme para obtener el grado necesario en el TOEFL, y hubo que hacerlo más de una vez porque la acreditación solo dura dos años. Nos guste o no, vivimos en una época en la que el inglés se ha convertido en el idioma oficial de la ciencia, el arte y los negocios.

Aceptación a programas de estudio y financiamiento

A mis estudiantes actuales frecuentemente les explico que la entrada a la universidad no es lo difícil. Lo complicado, en realidad, es obtener el financiamiento. Para una maestría o doctorado los costos son altísimos. Los estudios de posgrado son de tiempo completo; de modo que hay que sumar los gastos de vida, de traslado y las cuotas de la universidad. En mi caso tuve la mala suerte de aventurarme en 2008-2009, justo durante la crisis financiera global. Para la maestría obtuve becas del Consejo Británico, del Conacyt y de la SEP. Para el doctorado del Conacyt y la Sociedad de Esclerosis Múltiple del Reino Unido. Hay que buscar, preguntar, aliarse con supervisores y aplicar en muchos lugares. Para entrar a programas de posgrado, pienso que se requieren unos 18 meses de anticipación para prepararse, tomar exámenes, obtener cartas de recomendación, documentos personales, probatorios, etcétera. Todo esto varía de acuerdo con la institución, pero los lugares competitivos suelen cerrar sus puertas nueve a doce meses antes del inicio de los cursos.

La ley y la migra

A mí esto casi no me tocó. Resulta que tengo doble nacionalidad y me salté los trámites de visado para el Reino Unido (y hasta ahora para Europa). Suertudos los que no se bañan. De cualquier manera, reconozco que esto es otra de las grandes barreras en tiempo, costo y frustración para la mayoría. Desafortunadamente, vivimos en un tiempo en el que los migrantes no somos bienvenidos, aunque estemos altamente calificados.

Es curioso porque, al final del día, todos y todas somos migrantes. Recientemente recibí a Luis, un *fellow* postdoctoral a quien estoy supervisando. Él ya tenía un financiamiento asegurado y el apoyo universitario; pero aún así pasó más de cinco meses esperando la visa. Aunque la beca posdoctoral tiene un rubro para trámites, la mayoría de estos gastos se deben de cubrir de manera personal.

Antonio J. Berlanga-Taylor [CONTINÚA EN PÁGINA 113]

Edmundo Erazo

[PAÍSES BAJOS]

Después de resolver el cómo y saber a dónde quería ir, vinieron los trámites. Algunas dificultades técnicas se pueden prever y otras no. En mi caso, debo admitir que fue un proceso relativamente amigable y sencillo. Lo primero fue obtener la carta de aceptación del posgrado. Para eso tuve que aplicar al programa, escribir una carta de motivos, mandar las copias certificadas de mis diplomas y calificaciones, así como la prueba del idioma inglés.

Una vez que fui aceptado, tuve que esperar a que el Erasmus Medical Center iniciará el trámite del visado. Eso fue de gran ayuda, pues cuando acudes a la embajada ya han notificado de tu caso y el trámite está parcialmente iniciado. Cómo en muchos otros trámites de residencia, entregas tu pasaporte y te imprimen un visado temporal; con ese pude comenzar mis estudios sin tener que regresar a mi país. Después me entregaron el permiso de residencia con el que pude permanecer en el país durante el tiempo que duró la maestría.

Algo relevante que se debe contemplar son los trámites que tienen que hacerse ya estando en el país: obtener un número de teléfono celular, una cuenta de banco y un contrato de arrendamiento. Para todo eso, primero tienes que tramitar un número de residencia, pero uno de los requisitos es tener una dirección y, en ocasiones, los arrendadores no rentan a extranjeros sin el número de residencia. O puede que alguien te rente un departamento, pero la dirección no esté autorizada para tramitar el número de registro, por lo que es un gran el reto.

Mi consejo es que pregunten en la oficina internacional sobre las empresas que rentan a extranjeros; eso ayuda. En el caso de que viajes con un contrato de trabajo, normalmente puedes pedir ayuda a tu empleador para encontrar un arrendamiento temporal.

Una de las cosas más curiosas que me encontré es que para aplicar para arrendar un lugar, te piden un estado de cuenta de un banco nacional, pero no puedes tramitar la cuenta de banco si no tienes el número de registro de residencia o un contrato de arrendamiento, por lo que te enfrentas a un proceso posible pero enredado.

En mi caso, encontré un lugar donde el arrendador me aceptó la carta de aceptación de la beca como equivalente de ingresos y donde el departamento sí me permitía registrarme ante el ayuntamiento con esa dirección. Cómo estudiante de posgrado nadie te resuelve esto con antelación, así que lo debes de prever. Esta experiencia cambia una vez que ya te contratan y dejas de ser estudiante. En mi caso, cuando tuve un contrato formal de trabajo en el país, la experiencia fue más sencilla.

Después de hacer la maestría, me ofrecieron quedarme a trabajar en investigación clínica, por lo que tuve que iniciar un trámite nuevo para el cambio de estatus migratorio de estudiante a empleado. Esta esos casos, la mayoría de los trámites los realiza la empresa o la universidad; sin embargo, en el caso de los Países Bajos, tienes que registrarte personalmente en el ayuntamiento de la ciudad para que se actualicen los datos de dirección y pago de impuestos.

Ayuda mucho utilizar las redes sociales o algunas páginas de internet para establecer contacto con compatriotas que ya se encuentren viviendo en el país. Por medio de estas página, yo incluso encontré muebles, electrodomésticos y aparatos electrónicos para amueblar mi departamento. Encontré a una mexicana que iba a regresar a México y nos pusimos de acuerdo para la compra y venta. Esto facilitó mucho mi vida, pues también me dio consejos de dónde encontrar alimentos sin los que los mexicanos no podemos vivir, como las salsas.

En fin, en mi experiencia esto fue de gran ayuda. Claro, debe verificarse antes que la persona a la que contactes sea segura. Pero, en general, la forma en que nos apoyamos entre mexicanos en el extranjero es muy satisfactoria.

En cuanto a los trámites académicos, eso dependerá de la intención de cada uno.

Si lo que deseas es ejercer la medicina, deberás iniciar un proceso para obtener el BIG registratie.

Mi mejor consejo es iniciar lo más pronto posible el aprendizaje del idioma, pues esto será vital para obtener ese registro. El nivel requerido para los trámites es el B2, pero siendo realistas probablemente se requiere un C1, lo que significa que debes expresarte fluidamente, y entender textos complejos y significados implícitos. Para trabajar en el sistema de salud de los Países Bajos, tienes que realizar también el examen AKV sobre conocimientos y habilidades médicas (General Knowledge and Skills Test); además del examen BI-skills que demuestra que tus conocimientos médicos están al mismo nivel que los neerlandeses.

El costo promedio para estos trámites va de los tres a los cinco mil euros, pero esto puede variar dependiendo de la regulación en ese momento. Y el proceso puede tomar de tres a cuatro años.

Edmundo Erazo [Continúa en página 116]

Yoel Korenfeld

[MÉXICO, ESTADOS UNIDOS, COLOMBIA]

Aquí compartiré las dificultades que conlleva emigrar de México a dos países, primero a Estados Unidos y luego a Colombia.

Para nadie es un secreto que el sueño americano es el más popular de todos los sueños. Para mí así lo era. Llegar a la fuente primaria de prácticamente todo el conocimiento; donde se escriben los libros y artículos que devoraba durante la carrera de medicina. Sabía que la cuesta era difícil y la pendiente inclinada, pero eso no me detuvo.

Decidí hacer los exámenes USMLE (United States Medical Licensing Examination) durante la carrera de medicina, porque eso me aconsejaron varias personas y algunos libros dedicados a extranjeros. Durante el cuarto año de la carrera de medicina, junto con otros compañeros, hicimos un grupo de estudio para prepararnos tanto para el USMLE como para el Examen Nacional de Aspirantes a Residencias Médicas. Estudiamos alrededor de diez meses, compramos el programa de libros y videos de Kaplan entre todos y nos reuníamos una vez por semana a revisar los capítulos preestablecidos hasta completar los doce libros. De ese grupo, tres presentamos el USMLE Step 1 y nos fue extraordinariamente bien. Habíamos dado el primer paso de nuestro sueño sin fallo.

En el quinto año de la carrera estudiamos con el mismo método para el USMLE Step 2 CK (Clinical Knowledge) y, al final del año, presentamos el examen. Nuevamente nos fue muy bien. Hasta ese momento todo salía a la perfección.

Las rotaciones son fundamentales para entrar a la residencia en Estados Unidos. Conseguirlas es difícil, sobre todo aquéllas que te permitan experiencias *hands-on* con contacto directo con pacientes. Decidí no realizar rotaciones clínicas durante la carrera, pero tan pronto como terminé conseguí una rotación aún como estudiante en la Clínica Mayo en Róchester, Minesota, en infectología. Fue un mes maravilloso, lleno de aprendizajes y de goce en una de las catedrales de la medicina moderna. Tuve el privilegio de rotar con uno de los expertos mundiales en endocarditis infecciosa y en infecciones de tejidos blandos y congeniamos muy bien. Me dio una carta de recomendación que nunca leí, pero que fascinó a todos los directores de programa y los entrevistadores para los que apliqué para la residencia. Luego hice un mes de rotación como observador en nefrología en el hospital de la Universidad Tufts en Boston con un gran nefrólogo sudafricano que es de los mejores médicos clínicos y profesores que he conocido. Al parecer su carta también fue maravillosa.

Luego vino el escollo que no podía faltar. En Chicago presenté el examen USMLE Clinical Skills. No me preparé mucho porque venía de realizar dos magníficas rotaciones y me confié. Lo reprobé. La mancha negra en mi currículum que quise evitar desde el principio de mi carrera apareció. Sabía que no era el final, pero que tendría que explicar aquella falla en las entrevistas de la residencia. Me preparé bien y la segunda vez lo pasé sin problema.

El plan era hacer dos años de investigación o una maestría. Apliqué a maestrías en salud publica y fui aceptado en la UCLA, pero se abrió la oportunidad de hacer investigación en cardiología preventiva en la Clínica Mayo y decidí tomar esa opción que, si bien no era remunerada, por lo menos no tenía un costo prohibitivo. Apliqué a una beca de Conacyt y me fue otorgada. Fueron dos años de mucho aprendizaje y buenas experiencias en investigación clínica. En ese tiempo terminé de preparar mi aplicación para la residencia y, a mediados del segundo año, la envíe a más de 100 programas, la mayoría de medicina interna y casi 30 de medicina interna combinada con pediatría. Recibí 23 invitaciones para entrevistas y, entre 2008 y 2009, acudí a 17. Conocí hospitales como el Brigham and Women's de Harvard, la Washington Univesity, la Indiana University, la Tufts University y otros hospitales comunitarios. El proceso de aplicar y entrevistarse es costoso, engorroso y demándate. Afortunadamente hice Match en uno de mis programas favoritos: el programa de medicina interna y pediatría de la Universidad de Minesota. El resto es historia. Los cinco años de formación que vinieron, fueron algunos de los mejores de mi vida.

Luego vino la siguiente mudanza. De Estados Unidos a Colombia. El proceso de validación de los estudios de Estados Unidos a Latinoamérica no es más sencillo que el proceso a la inversa. Inicia con el apostillado de todos los documentos en el lugar de origen. En Colombia el ente encargado de validar los estudios en medicina es el Ministerio de Educación. Hay que llevar los documentos a Bogotá y se tardan más de dos meses en revisarlos. En mi caso recibí una respuesta negativa a la validación, porque mi especialidad — medicina interna combinada con pediatría— no existe en el país y tendría que haber hecho seis años en lugar de cuatro para que me la validaran. Tuve que contratar a un abogado especialista en esta área y esperar más de seis meses para la validación. Pensé que nunca lo lograría; chocaba con paredes invisibles todo el tiempo. Incluso pensé en estudiar el tiempo que me faltaba según la norma local. Pero finalmente revalidaron mis estudios y pude empezar a trabajar. Cuando uno se propone algo y trabaja duro lo logra, yo lo he vivido en carne propia más de una vez.

Yoel Korenfeld [Continúa en página 119]

Rafael G. Magaña

[INGLATERRA, ESTADOS UNIDOS]

Cuando —siendo estudiante— una psicóloga me confirmó que mi examen de aptitudes se orientaba a las actividades manuales e intelectuales, sentí que me validaban. Supe que mi elección vocacional iba por el camino correcto.

Al mismo tiempo sentía —y aún siento— desdén por los trabajos que implican cualquier forma de papeleo, además de que soy muy dado a la procrastinación, al igual que muchas personas de mi generación.

Nunca me sentí tan abrumado como cuando apliqué para la visa de estudiante para ir a los Estados Unidos a tomar los cursos cortos que fueron mi puerta de entrada para tomar los exámenes USMLE. Estos cursos me permitieron estar en el país legalmente hasta obtener una plaza de residencia quirúrgica.

Cada vez que terminaba un curso, me inscribía a otro y a otro y a otro. Pero llegó un momento en que se estaban acabando los cursos y yo aún no tenía una plaza de residencia. Sentía que el mundo se me venía encima.

Los intervalos entre un curso y otro, y la aprobación migratoria fueron momentos de mucho estrés, porque no sabía si me renovarían la visa de estudiante. Tenía que acostumbrarme y adaptarme al estrés, ya que mi objetivo era obtener una visa permanente.

Tras varios cursos y exámenes, finalmente obtuve la residencia preliminar con la suerte de que me otorgaron la visa H1. Esta visa le permite al portador aplicar para la residencia permanente en el futuro, con la condición de que algún hospital te patrocine la residencia permanente. La alternativa era la visa J1 (de intercambio académico), que tras seis años, me obligaba a regresar a mi país por un mínimo de dos años, aunque hay algunas excepciones para esa condición.

Disfruté cada año pero, al mismo tiempo, me preocupaba poder continuar con el programa. Sin embargo, cada año me renovaban la visa H1.

El programa era parte de un sistema educativo ya caduco, donde privaba el formato piramidal o la supervivencia del más apto. Nadie tenía garantizado completar el entrenamiento; era necesario hacer un buen papel en los exámenes anuales para ascender al siguiente año; y además, conseguir buenas evaluaciones de parte de cada médico adscrito.

Cada año, con la ceremonia de graduación, cambiaban las esperanzas y expectativas de algunos compañeros y para otros representaba el fin de su carrera dentro de la cirugía; muchos otros cambiaban de rumbo. De todos los residentes que iniciábamos solo unos dos se llegaban a graduar.

Por suerte, para mí cada año podía ser más optimista. Durante el cuarto año de residencia, el programa se expandió a tres jefes de residentes y por ende hubo una plaza más en cada año posterior. Esa fue la oportunidad que yo esperaba para repetir el cuarto año de residencia, no como un residente preliminar, sino como uno categórico. No lo pensé dos veces y acepté la oferta.

Al terminar el programa de cirugía general en New Rochelle, me fui a New York Hospital para continuar mi entrenamiento con la esperanza de especializarme en cirugía para pacientes quemados, además me interesaba la oportunidad de hacer cirugía plástica y así adquirir experiencias por la superposición de especialidades.

Sin embargo, comenzar ese programa representó un mundo de papeles. Ahí fue donde aprendí que las coordinadoras de los programas pueden ser las aliadas importantes que pueden beneficiarte en el futuro.

El periodo en el que esperaba la tan ansiada tarjeta verde, y al estar por caducar mi H1, fue un periodo gris en cuestión de continuidad en el trabajo y en los estudios de posgrado.

En particular el NY Hospital es bastante estricto y amante de la burocracia. Pero con la ayuda de la coordinadora y del director del programa, logré continuar sin interrupción la especialidad en tratamiento de pacientes con quemaduras. Cabe decir que es posible que una carta de la entonces senadora Hillary Clinton pudo ayudar a acelerar mi trámite.

En el NY Hospital estuve dos años, durante los cuales apliqué y por fin recibí invitaciones a programas de residencia en cirugía plástica.

Después de entrevistarme en varios programas, comencé el trámite pare entrar a la especialidad de craneofacial. Pero cada estado tiene sus propios requisitos para obtener la licencia, y en Utah el proceso fue tardado y complicado. Además estas dificultades también se repitieron en el Children's Hospital y en el Intermountain Health Care.

Este fue el único estado en donde el departamento de educación que otorga la licencia estatal me preguntó personalmente los motivos por los que estaba aplicando a una licencia médica en ese estado. Tras explicárselos, fueron muy cordiales y me pidieron como dos millones de documentos; además tuve que tomar cursos sobre prescripciones de sustancias controladas en el estado y otros cursos asociados.

Papeles y más papeles...Sí, este es un gran componente dentro de la carrera y cualquier especialidad de la medicina. Cuando terminé el programa en Utah, ya había aplicado, había sido entrevistado y me habían aceptado en el programa de cirugía plástica en Georgia MCG.

El año que tuve libre lo utilicé para hacer una especialidad en reconstrucción estética mamaria oncológica en Nueva York. Pero nuevamente tuve que aplicar para la licencia en el estado de Nueva York. Por algún motivo, ya estábamos en julio de 2008 y, a pesar de mis múltiples llamadas para tratar de acelerar mi trámite en el departamento de educación, aún no había llegado mi licencia estatal. Por suerte llegó justo a tiempo y así comencé un año de experiencia académica en el que aprendí y disfruté muchísimo.

Durante ese año, llené todos los documentos necesarios para la licencia de Georgia, que era donde haría mi residencia de cirugía plástica.

Entre los formatos necesarios para la licencia estatal, los del programa educativo, los de los hospitales —en especial los formatos para el hospital Veterans Affairs (VA)—, creo que llené el equivalente en palabras a una novela de Tolstoi. Nunca había tenido que llenar tantos papeles ni dar tantas explicaciones, en particular al VA por ser una institución gubernamental.

Mis disculpas a los lectores. Este capítulo parece solo una queja constante, pero para mí fue más doloroso llenar tantos formatos que las largas noches de guardia.

Por último, comparto mis experiencias sobre la vivienda. A veces es fácil de encontrar, otras veces es bastante difícil. Por ejemplo, en Nueva York, el hospital me proporcionaba una vivienda muy accesible, pero en otros sitios era diferente. Mi consejo es que contacten a su predecesor en el programa y le pidan que los ayude con información. Las coordinadoras del programa también son de gran ayuda.

Rafael G. Magaña [Continúa en página 120]

Nissin Nahmias

[ESTADOS UNIDOS]

Lo primero que se debe mencionar es que son varios los trámites que hay que hacer para ir a los Estados Unidos a hacer la residencia médica. Es indispensable buscar la forma de soportar todos los gastos que esto representa, tanto los viajes para las entrevistas, como el costo de la visa, la revalidación de los títulos y de los exámenes, de los Steps hasta que uno cumple con todo el procedimiento.

Estos trámites se dividen en tres secciones:

1. Conseguir la visa. 2. Revalidar el título. 3. Aprobar los exámenes para finalmente obtener el certificado del ECFMG.

Conseguir la visa

Para conseguir la visa hay que entender que, dependiendo de tus posibilidades y de la institución a la que vayas a pertenecer, puedes aplicar a diferentes tipos de visado. El más común es la visa de intercambio de estudiante o visa J1 que, como su nombre lo indica, te obliga a regresar a tu país de origen al término de tu entrenamiento. Gracias a Dios yo soy mexicano y con un vuelo de tres horas llegaba a mi país, porque recuerdo que tuve dos compañeros, uno iraní y el otro paquistaní, que sufrían mucho para volver a sus países. Hay algunas excepciones que te permiten permanecer en el país con este tipo de visa, como cuando existe necesidad de médicos o cuando te ofrecen que trabajes en una área del país que no tiene médicos. Otra opción que es más complicada para la institución es la visa H1B o de trabajador temporal. Esta tiene la ventaja de que si tienes familiares o te casas con un ciudadano estadounidense, no requieres regresar a tu país de origen, y te permiten aplicar a la Green

Card. Entre otros trámites, tuve que conseguir una carta que decía que a México le convendría que fuera a entrenarme en Estados Unidos.

Revalidar el título

Revalidar el título requiere que la mayoría del trabajo se haga en México: conseguir sellos de apostillado, traducciones.

Aprobar los exámenes para finalmente obtener el certificado del ECFMG

Es fundamental aprobar los exámenes USMLE Step 1, Step 2. Y el CSA (*clinic skills*). Sin estos requisitos ni siquiera se toma en cuenta al candidato y menos si este es extranjero.

Después de estos trámites viene el proceso del Match, donde a grandes rasgos un candidato busca una institución para ingresar; y las instituciones seleccionan a los candidatos. Recuerdo que estos procesos requieren de gran capacidad emocional y entereza, porque cuando no eres seleccionado la primera vez, debes buscar qué instituciones no lograron obtener candidatos y qué posiciones nuevas se abrieron; y entonces debes darte a la tarea de hacer llamadas, mandar correos y buscar cómo ingresar. Evidentemente muchos extranjeros son rechazados, porque las instituciones dan preferencia a los nacionales; y los extranjeros siempre ocupan las últimas plazas. Pasé momentos muy complicados para lograr la posición en la que me encuentro hoy.

En el último minuto, en el último segundo, con la ayuda de Dios y gracias al apoyo de mi familia y mis amigos, entré a una posición.

Nissin Nahmias [Continúa en página 122]

Joaquín Pereyra Macías
[AUSTRALIA]

Una lección importante que el proceso de migración me ha enseñado es que la burocracia es un problema universal. Para poder practicar psiquiatría en Australia he tenido que completar trámites que involucran a tres países: México, Estados Unidos y Australia. Aunque la burocracia en México es difícil de navegar, la de otros países no se queda atrás. En diversos países y organizaciones es común enfrentarse con gente que no disfruta su trabajo, por lo que te dificulta o alarga los procesos. En otros países también cierran la ventanilla a las dos de la tarde en punto; y la señorita —de la que depende el papel que cambiará tu vida— se queda sentada tras un escritorio comiendo el equivalente cultural a una torta de tamal, diciéndote que tendrás que esperar un mes más para completar el trámite porque llegaste tres minutos tarde. En más de una ocasión he tenido que esperar meses o hasta años sin saber muy bien a quién contactar para agilizar un trámite, lo cual me ha enseñado que una alta tolerancia a la frustración es indispensable para migrar exitosamente.

Dividiría los trámites en tres grandes grupos: trámites para adquirir la visa y eventualmente la ciudadanía australiana, trámites para practicar medicina en Australia con restricciones y trámites para ser validado como psiquiatra sin ninguna restricción. Los tres grupos han sido extenuantes y frustrantes, pero la falta de apoyo por parte de alguien que ya hubiera pasado por lo mismo hizo particularmente difícil todo el proceso.

Uno de los grandes retos que he enfrentado es haber sido el primer psiquiatra mexicano en Melbourne, y probablemente en Australia. Ser pionero significó que no hubo alguien que me guiara en el arduo proceso burocrático de migrar. Para obtener la visa tuve la orientación y guía de personas que habían completado el proceso; sin embargo, para lo relacionado con mi carrera no tuve referencias de alguien que hubiera caminado los mismos pasos.

Por fortuna me he encontrado con gente dispuesta a ayudarme aun sin conocerme. Recuerdo en particular un trámite que no se me ocurría cómo resolver. Después de varias semanas encontré por internet un abogado español que vivía en Sídney y que me podía ayudar. Entre correos, llamadas telefónicas y envío de documentos por paquetería, el abogado completó un trámite bastante largo sin cobrarme un solo centavo. Al finalizar el trámite me dijo con su acento español: «Mi pago va a ser que cuando llegues a Australia nos tomemos una cerveza en el Opera House». Estando aún en México le mandé un regalo como muestra de mi agradecimiento. Un par de años después, en una visita exprés a Sídney, lo contacté y nos fuimos a tomar la cerveza que había pedido a cambio de sus servicios. Este es solo un ejemplo entre muchos en los que he tenido que resolver trámites relativamente fáciles y otros que me hicieron pensar que nunca alcanzaría mi meta.

Sin duda alguna, los exámenes para homologar mis estudios de México han sido especialmente frustrantes. Recuerdo que, al darme cuenta de que solo diez por ciento de los candidatos extranjeros aprobaban los exámenes clínicos de psiquiatría en la primera vuelta, consideré seriamente comprar un boleto para el siguiente vuelo a México y tirar todo por la borda. Pero la satisfacción de aprobarlos hizo que el triunfo fuera particularmente grato.

También he vivido trámites que me hacen sonreír cuando los recuerdo; por ejemplo, validar mi licencia de manejo. Aunque yo tenía quince años manejando en México, cuando llegué a Australia tuve que hacer nuevos exámenes para obtener una licencia australiana. Mucha gente me recomendó tomar clases de manejo, así que decidí seguir sus consejos. Las clases se enfocaban en aprender a operar un coche del lado izquierdo de la calle, lo cual fue divertido. Mi instructor de manejo, un señor chino de unos 60 años me tomó como su discípulo a lo largo de una semana. Quizá la diferencia de edad lo hacía pensar que tenía la estatura moral para ampliar sus áreas de enseñanza. El maestro aprovechaba las clases de manejo para aconsejarme sobre temas tan diversos como la cultura australiana, los mejores lugares de la ciudad para conseguir sexoservidoras o sustancias psicoactivas y, por supuesto, sus aventuras sexuales con alumnas previas.

Pasaron doce años desde el día en que me planteé, por primera ocasión, la meta de practicar psiquiatría en Australia, hasta el día en que pude practicar sin limitación alguna. Esto se traduce en doce años de trámites, exámenes, traducción de documentos, contactar diversas agencias, viajar a otras ciudades a completar trámites, cientos de emails y mucho dinero. Supongo que, para llegar a la situación en la que estoy actualmente, debo haber completado un mínimo de 50 trámites. ¿Me arrepiento? No. ¿Lo volvería a hacer si hubiera sabido lo que implicaría? Lo dudo mucho.

Joaquín Pereyra Macías [Continúa en página 123]

Luis Rodrigo Reynoso
[ETIOPÍA]

Antes de viajar a Etiopía para tomar el puesto como cirujano llegó lo sabroso del asunto: el papeleo. Tuve que confrontar la burocracia y no dejar que me afectaran la infinidad de noes que iba a recibir. Creo que en ese proceso es donde se ponen a prueba tu temple y comienzas a convertirte en experto en el tema. He tenido la oportunidad de vivir en otros países, y puedo decir que llenar todos los formatos y documentos es siempre un dolor de *hue... sos*. No solo es por el desconocimiento de los trámites, sino por la poca empatía que tienen las personas que están a cargo de dichos procedimientos.

Aparentemente en Etiopía el papeleo no era tan estricto pero, por supuesto, hubo que hacer traducciones oficiales de cada uno de los documentos a enviar, con sus respectivas firmas notariales. Casi nos pedían la bendición del obispo. No había más remedio, llené cada uno de los documentos con mi mejor letra, lo más limpio y ordenado posible, y también tratando de ser amigable. Así lo exigía mi trastorno obsesivo compulsivo, y así era como debía hacerse.

De mis respuestas a esos formatos dependía el boleto de entrada a Etiopía, así que fuimos extremadamente cuidadosos. Que si un par de copias más, que si podíamos mandar mejores fotos...Detesto el acartonamiento de las fotos oficiales, no entiendo por que en esas fotos no nos dejan sonreír.

Recuerdo que cuando finalmente completé todo el expediente (checado y revisado cuatro veces), le pedí a Anahí que lo llevara a la oficina de mensajería más confiable. Ese día yo había salido de casa, como de costumbre, a las seis de la mañana y le había dejado a mi prometida una nota con los datos para hacer el envío. Mi día transcurrió entre cirugías como de costumbre, y cada tanto revisaba mis mensajes. De pronto me llegó un mensaje de Anahí.

«Luis, ¿estás seguro de que la dirección está bien? En tu nota no viene el nombre de ninguna calle, tampoco un número. Me parece que faltan datos importantes, si no, ¿cómo va a llegar esto?»

«*Dr. Tewodros near Gerji, infront of Unity College, next to the Korean Hospital. Addis Abeba, Ethiopia*». Todos los datos estaban correctos, no existía ninguna otra referencia, no había nombre de la calle ni número. La dirección estaba más que completa: «No le falta nada a esa dirección», le dije. «Ahí puedes darte cuenta más o menos a dónde vamos».

Así que envié todos los documentos: títulos universitarios, constancias de cursos, TOEFL, carta de intenciones, cartilla de vacunación, solicitud al gobierno etíope para desempeñarme como cirujano y la carta compromiso de parte de Tewodros para otorgarme una beca de 700 dólares para mantenernos en dicho país.

Yo no tenía idea sobre cómo era el estilo de vida en Etiopía, mucho menos la economía, pero Ted me había dicho que el monto de la beca era suficiente para que Anahí y yo nos mantuviéramos sin problemas. Además, él se encargaría de acondicionar la clínica para que ahí pudiéramos vivir cuando llegáramos. Pero pensando que en un futuro pudiéramos rentar un sitio propio.

El tiempo transcurría y no recibíamos noticias. Solo nos decían que el trámite se encontraba en proceso. Pasaron dos, tres meses y nada, solo había incertidumbre. El doctor Ted me escribió recomendándome no comprar aún los vuelos, ya que para que la clínica estuviera lista faltaban aún otros dos o tres meses. Finalmente me dijo que si quería, comprara los boletos y que entrara al país como turista. Ya después podríamos arreglar todo el asunto migratorio, los permisos de trabajo, las licencias y demás.

—¡No sé diga más!

Mi respuesta entonces más o menos fue esta: «Doc, si todo sale según lo planeado, estaremos llegando al aeropuerto de Adís Abeba el 11 de abril de 2018. ¿Hay algo que considere importante o necesario llevar? ¿Se le ofrece algo de este lado del mundo?»

Ted me pidió llevar toda clase de suturas, ya que las pocas que tenían las conseguían en el mercado negro, ya que su gobierno no permite las importaciones. Él viajaba a Estados Unidos dos veces al año y era cuando aprovechaba para surtirse de material.

Logré juntar más de mil suturas de diferentes tipos, con caducidad, sin caducidad. Con detallitos de empaque, lápices de cauterio, placas de electrocauterio, mi portaagujas favorito, unas tijeras finas, unas pinzas de precisión, lupas para microcirugía, trajes quirúrgicos...También empaqué unas botas de lluvia (en Etiopía llueve durante tres meses seguidos, y el inicio de la época de lluvias coincidía con nuestra llegada), un tequilita para agradecerle a Ted su gesto de bienvenida, y algunos productos culinarios mexicanos como mole, harina para hacer tortillas, chiles jalapeños en escabeche y alguna que otra golosina picosita que sabía que mi esposa extrañaría.

Ya estábamos preparados para iniciar la aventura, pero había otro detalle: ¡Mustafá! Quizá los amantes de los animales puedan entender que nuestra intención era llevar a nuestro gato con nosotros. Ya nos habían advertido que en Etiopía no existía ni la arena ni alimento para gatos. En un principio eso no nos importó: algo encontraríamos para que comiera y con un rinconcito para que orinara bastaba. Sin embargo, cumplir los requisitos para que nuestro gato viajara se volvió tedioso y excesivamente caro, así que decidimos aplazar su viaje hasta ver cómo fluía todo. Teníamos un boleto redondo, con fecha de regreso en seis meses. Quizá en ese momento, podríamos traerlo con nosotros.

Luis Rodrigo Reynoso [CONTINÚA EN PÁGINA 125]

Jack Rubinstein

[ESTADOS UNIDOS]

> «Saben de dónde proviene esa palabrita. *Buró* del francés *bureau*, en español quiere decir, escritorio y *cracia* del griego *cratos* que significa, *poder*.
> En otras palabras, es decir, ustedes ejercen el poder desde los escritorios».
> <u>Discurso de Cantinflas sobre la burocracia</u> en la película *El ministro y yo*.

La burocracia tiene mala reputación en todo el mundo y, en particular, en países en vías de desarrollo como México, en donde todos nos hemos enfrentado con dificultades para llevar a cabo trámites gubernamentales que son controlados y, frecuentemente, bloqueados, por burócratas. Lo he vivido desde ambos lados del escritorio: en instituciones gubernamentales y hospitales privados. El sistema mexicano que dejé hace 20 años no era un sistema con el que yo podía lidiar y con esa mentalidad busqué diferentes horizontes.

La burocracia estadounidense también tiene una mala reputación. Por ejemplo, los trámites para sacar una licencia para manejar en el BMV son frecuentemente caricaturizados, como ocurrió en la película *Zootopia*, donde el encargado de la ventanilla en la oficina de licencias es de hecho un perezoso. Ciertamente, a nadie le gusta lidiar con la burocracia, pero el sistema necesario para practicar medicina en Estados Unidos es relativamente claro y al mismo tiempo extraordinariamente difícil.

Iniciemos con los USMLE, que son los exámenes obligatorios para todos los estudiantes de medicina (estadounidenses y FMG) que quieran participar en una residencia o practicar medicina dentro de los Estados Unidos. En la década de 1990 solamente existían dos pasos para este examen, el básico (Step 1) y el clínico (Step 2); pero hoy en día son cuatro exámenes en total. El año que yo apliqué para la residencia, fue el primer año que los cuatro pasos fueron requeridos.

El primer cambio consistió en una división del Step 2 (que consta de un examen escrito y un examen con pacientes simulados), e inicialmente solo afectó a los FMG, pero ahora se aplica a todos los aspirantes.

Finalmente, el Step 3 se puede tomar después de iniciar la residencia, pero antes de poder practicar medicina. El costo total de estos exámenes es de aproximadamente cinco mil dólares más el costo de los libros y cursos de entrenamiento que son indispensables.

Para los FMG, los cursos y libros son indispensables, no solo por el contenido de la materia, sino por las diferencias que tienen los entrenamientos en el sistema mexicano y en el estadounidense donde, desde muy jóvenes, se entrena a los estudiantes para exámenes estandarizados. Incluso existe el término *test taking skills* que se refiere a la capacidad de obtener mejores resultados en los exámenes; no necesariamente por tener el conocimiento de la materia, sino por aprender (y entrenarse) las habilidades requeridas.

En mi experiencia he aprendido que entre más libros de preparación y más cursos específicos tome —previo a las pruebas—, mejores serán mis resultados; pero, a pesar de la inversión en tiempo y dinero, aún estoy lejos de ser un experto en presentar exámenes.

Una vez superados los exámenes iniciales, uno tiene por delante una vida entera de pruebas que te permiten obtener y mantener las certificaciones médicas en la especialidad y subespecialidades. Este proceso inicia cuando terminas la residencia y se repite, por lo menos, acabando la subespecialidad. De hecho, hasta hace unos años, el examen se repetía cada diez años hasta que uno se retiraba.

Este proceso fue el motivo de una amplia discusión entre la comunidad médica que cuestionaba la dificultad del examen, los gastos excesivos y el desgaste emocional que representaba. Como resultado de estas controversias, los examinadores (que funcionan de una manera semiregulatoria) están en un proceso para disminuir la frecuencia de las pruebas subsecuentes, y reducir su dificultad. Tristemente, estos cambios aún no se han aprobado, y quienes ya iniciaron el proceso del USMLE, no tienen más opción que presentar los exámenes (salvo muy pocas excepciones).

Con respecto del USMLE, una inquietud que surge en casi todas las conversaciones tiene que ver con las calificaciones: ¿Qué se considera una buena calificación? La respuesta no es fácil y depende, en gran parte, de la especialidad que uno busca. Mis recomendaciones para los FMG es tomar los cursos, comprar y memorizar los libros, y hacer cuantos ejercicios de preguntas y respuestas puedan. Pero también aconsejo no dejar pasar mucho tiempo entre la facultad de medicina y los exámenes.

Una parte positiva del proceso es el hecho de que todos los trámites del USMLE se encuentran en un sitio de internet; así como los trámites necesarios para aplicar a las residencias y subespecialidades se encuentran en otro sitio de internet.

En esta parte del proceso tendrás la oportunidad de enriquecer tu historia académica con detalles pertinentes y distinguirte con cartas de recomendación y publicaciones que demuestren tu capacidad de análisis y la calidad de tu trabajo más allá de los resultados del USMLE. En mi caso, mi interés por la investigación mejoró sustancialmente mi aplicación, ya que los resultados en el USMLE no sobresalían por sí mismos.

Después de presentar los exámenes y llenar los formatos en línea, viene la parte divertida: la entrevista. Una vez que revisan las aplicaciones, los directores envían las invitaciones para las entrevistas.

Estas entrevistas son como citas a ciegas y todos tienen opiniones al respecto de cómo sobresalir en ellas. Después de haber pasado por un sinfín de entrevistas, y de haber sido en distintas ocasiones juez y parte, ofrezco las siguientes sugerencias.

Vestimenta: Utiliza un traje azul oscuro y una camisa lisa (seas hombre o mujeres). Si sientes la necesidad de distinguirte por algo diferente, limítate a una sola pieza; pueden ser unos calcetines llamativos, un pin de alguna sociedad o a lo mejor un corte de pelo ligeramente llamativo. Este no es el momento para darse a conocer por estar a la moda.

Tarea: Sin pretexto alguno, debes de haber «hecho la tarea» antes de llegar a la entrevista. Investiga cuál es el equipo de futbol de la ciudad, cuál es el interés científico o clínico del director del programa, cómo se llama el asistente. Al igual que en una cita a ciegas, entre más información tengas, mejores serán los resultados.

Prepara «respuestas enlatadas» (*canned responses*)**:** En Estados Unidos, a los estudiantes se les instruye para⁻ preparar «respuestas enlatadas»; es decir, respuestas preparadas previamente para contestar a preguntas típicas («¿Por qué te gusta esta especialidad?» «¿Cuál ha sido tu paciente más complicado?») y preguntas relacionadas con tus particularidades («¿Por qué tuviste una mala nota?» «Qué hiciste durante un año sabático?»). Practicar estas respuestas y pulirlas antes de la entrevista es tan importante como presentarlas como argumentos brillantes y «frescos», tal como si fueran un platillo especial en un restaurante con estrellas Michelin.

Jack Rubinstein [CONTINÚA EN PÁGINA 129]

Alberto Saltiel

[ISRAEL]

Cada vez que hablaba con algún israelí sobre el proceso de migración, validación de estudios, exámenes estatales y aplicación a residencias me decía que me tomaría meses de trámites y burocracia eterna, y mi respuesta siempre era la misma: «Soy de México. No hay país con más burocracia que el mío»; pero vaya que estaba equivocado.

Como extranjero, existen dos posibilidades para hacer una especialidad en Israel: la primera opción es la llamada «residentes extranjeros» y la segunda es adquiriendo la ciudadanía israelí. Por supuesto que en ambos casos se deben traducir al hebreo todos los documentos académicos, incluyendo título, cédula, historial de materias cursadas en la universidad, etcétera, y apostillarlo todo. Dicha traducción solo es válida si es hecha por un notario reconocido en Israel.

Residentes extranjeros

Esta opción está dirigida a todo aquél que quiera venir a Israel a hacer una especialidad sabiendo que, al concluirla, regresará a su país de origen. Existen varias limitantes para los residentes de esta categoría; sin embargo, los beneficios son múltiples y muy atractivos. De tal manera que hay un porcentaje respetable de residentes en el país que son considerados residentes extranjeros.

Para entrar a este programa, basta con aplicar directamente a la especialidad seleccionada y ser aceptado por el director del programa. Como residente extranjero no existe (hasta el momento en que este capítulo fue escrito) la necesidad de presentar un examen de revalidación o examen nacional. Sin embargo, un residente extranjero es reconocido como médico única y exclusivamente por el hospital sede y no a nivel nacional. Dentro del hospital, tiene los mismos beneficios y derechos que cualquier otro residente, pero fuera de éste, no es reconocido como médico. Es decir, no tiene la posibilidad de recetar medicamento a pacientes fuera de esa institución.

Otra de las limitantes como residente extranjero es la cuestión del sueldo base y las horas extras. Dichas horas incluyen guardias, horas laborales fuera del horario establecido y, en caso de los cirujanos, cirugías que se llevan a cabo fuera del horario matutino. Históricamente, los residentes extranjeros —a diferencia de los residentes ciudadanos— no cuentan con un sueldo base, y solo reciben como sueldo las horas extras. Existen algunos hospitales en los que se les brinda un sueldo base similar al de los residentes israelíes, aunque un poco menor, debido a que la deducción de impuestos también es distinta. Debido a esto, muchos hospitales piden que los candidatos reciban una beca de su país de origen y así puedan cubrir sus gastos.

Finalmente, al completar el programa académico de la especialidad, el residente extranjero no presenta el examen final de residencia, pues no recibirá la licencia israelí de especialista. Esto quiere decir que no tiene permitido laborar como especialista dentro de Israel. Para recibir una cédula debe regresar a su país de origen, revalidar el título de especialista y presentar los exámenes del colegio de su respectiva especialidad. Si al cabo de la especialidad, el residente decide que quiere seguir su vida en Israel, debe completar el proceso como ciudadano.

Ciudadano israelí

Aquí es donde las dificultades técnicas y la burocracia comienzan. Lo primero es volverse ciudadano. Esto es un proceso independiente y desafortunadamente no disponible para cualquiera. Debido a que los requisitos cambian constantemente y a que el proceso se lleva a cabo por parte de la Sojnut (Agencia Judía para Israel), no profundizaré en el tema.

Una vez que recibes la nacionalidad israelí, tras un proceso llamado *aliyah* (/a-li-ya/), puedes aplicar al examen nacional de licencia médica. Este examen es el equivalente al USMLE estadounidense, pero con un formato totalmente distinto. Todo trámite se hace en conjunto con el Ministerio de Salud y la asociación médica israelí. El examen se lleva a cabo dos veces al año y consta de dos secciones de 110 preguntas de opción múltiple cada una. Para aprobar, es necesaria una calificación mínima de 65.

Una vez que se aprueba el examen, solo queda aplicar al programa específico de interés y ser aceptado. La duración de la residencia varía entre cuatro y seis años, dependiendo de la especialidad, pero no se limita a ese tiempo. No existe la jerarquía anual del residente, sino que se debe cumplir con la currícula específica y dos exámenes de residencia. El Shlav A (paso A) es un examen de opción múltiple que se rinde una vez que hayas cursado por lo menos la mitad de la residencia. Se lleva a cabo a nivel nacional una vez por año y la calificación mínima aprobatoria es nuevamente de 65. El Shlav B (paso B) es un examen oral con distintos sinodales que se debe presentar al final de la residencia. Las calificaciones posibles son «aprobado» o «reprobado», y se lleva a cabo nacionalmente dos veces por año. Una vez aprobados ambos exámenes y habiendo cumplido con todos los requisitos de la residencia, recibirás la cédula de especialista en Israel.

Si un residente extranjero quisiera quedarse en Israel al finalizar su residencia, deberá aprobar el Examen Nacional de Licencia Médica, el Shlav A y el Shlav B y así poder recibir cédula de especialista en Israel.

Alberto Saltiel [Continúa en página 132]

Lorenz Schenk

[ALEMANIA]

Los trámites fueron más sencillos una vez que tuve el permiso de trabajo. Pasé doce meses muy duros en cirugía, haciendo guardias interminables y añorando un fin de semana libre que solo llegaba cada tres semanas. Después cambié a medicina interna, a un nuevo hospital, con un nuevo jefe y nuevos compañeros. Tuve la suerte de tener a colegas y enfermeras que me ayudaron a aprender el sistema y a mis jefes, quienes me contagiaron con la pasión de la medicina interna: el sueño de hacer la especialidad en ortopedia había quedado enterrado. En ese hospital aprendí con los pacientes día a día, y tuve cada vez más responsabilidades. Después de presentar un examen profesional en Alemania, pude ser reconocido como médico con derecho a ejercer, y siete años después terminé la especialidad en medicina interna.

La primera dificultad como ya lo mencioné fue el idioma. En mis primeros años en Alemania no había muchos médicos extranjeros, así que no había clases de alemán especializadas para médicos.

Redactar la documentación y los informes para que los médicos de cabecera continuaran con el tratamiento de los pacientes con nuestras recomendaciones, fue muy difícil. Al principio tenía que repetir cada informe varias veces, y debido a la cantidad de pacientes, el trabajo se acumulaba.

Aprender sobre la marcha los tecnicismos y abreviaturas de las especialidades por las que roté, sin duda fue tedioso. Me costaba trabajo entender cosas que, en realidad, ya sabía, pero cuyos nombres no lograba ubicar en español o en inglés. Con el paso del tiempo fue cada vez más sencillo, hasta que me sorprendí soñando en alemán, algo que nunca me había pasado. También comencé a pensar en alemán y, a partir de entonces, los informes y la comunicación con mis colegas y pacientes fue mucho más fluida. Recordé que, en la primaria, al regresar de pasar el verano en Alemania con mis abuelos, mi maestra de alemán me decía: «Ahora pasaremos todo el año olvidando el bávaro y recordando el alemán».

Lorenz Schenk [Continúa en página 134]

Ilan Shapiro

[ESTADOS UNIDOS]

¿Papelería? Cuantos árboles vi caer en este camino para documentar lo documentable. He dividido mi experiencia con los trámites en dos partes: primero la parte migratoria y, después los quehaceres clínicos para revalidar seis años de sudor y enseñanzas.

Desde muy temprano en mi carrera, sabía que quería continuar ayudando a mis connacionales en Estados Unidos. Veía que las comunidades de migrantes estaban igual de desprotegidas; pero que todo se agravaba por las diferencias culturales e idiomáticas.

La parte migratoria la dejaré al final. A continuación presento los pasos que en mi experiencia se deben de seguir en la búsqueda de una residencia médica.

Revalidar documentos

a) Todos los documentos se tienen que traducir al inglés múltiples veces. En mi caso la ECFMG (la organización que valida los documentos para médicos graduados internacionalmente) mandaba comunicados a diversas instituciones mexicanas para confirmar las traducciones. Muchas veces este ir y venir de información hacía que se perdiera tiempo.

b) Importantísimo: Registra los nombres de cada una de las dependencias a donde hagas llegar tus documentos, las fechas en que los entregaste y el nombre de las personas que los recibieron. Esta documentación muchas veces es irremplazable y no puedes darte el lujo de que algo se extravíe.

c) Investiga quién es la persona dentro de tu institución académica designada para este tipo ayudarte en este tipo de trámites. Es clave tener comunicación constante con esa persona.

d) Si eres amante de las gráficas te recomiendo el sitio https://www. fsmb.org/siteassets/usmle-step3/pdfs/pathway-to-licensure.pdf

Ahí encontrarás toda la información referente con los trámites necesarios para la Educational Commission For Foreign Medical Graduates (ECFMG).

Hacer los exámenes

Esta fue la parte que más tiempo me llevó, pero también fue la menos estresante del proceso. Creo que lo único difícil es entender cuándo y cómo aplicar.

Encontrar una residencia y solicitar las visas

El hecho de encontrar una residencia médica y comenzar con la parte migratoria es toda una ciencia. Para cada país es un dolor de cabeza diferente, pero en los Estados Unidos es casi como hacer un doctorado. Las leyes cambian tan seguido que, al entrar, tienes que entenderlas si quieres hacer una subespecialidad. Puedes escoger múltiples visas, pero lo más importante es el lugar donde vayas a presentarte, y ser aceptado es algo que tienes que prever en este proceso. También son muy importantes los planes que tengas a futuro para permanecer o no en Estados Unidos. Ese es un trámite muy personal y delicado, y yo recomiendo platicar con un abogado que te ayude a hacer un plan.

Evaluar el contrato de trabajo

Quería hacer una breve reseña sobre un tema que nunca será relevante en la residencia o en la carrera, sobre la evaluación del contrato de trabajo. Ese documento es sumamente importante y debes leerlo con cuidado y pedir a alguien que sepa sobre el tema que también lo lea.

Tu contrato debe incluir, además de tu salario, todos los beneficios a los que eres acreedor.

Ilan Shapiro [Continúa en página 135]

René Sotelo

[ESTADOS UNIDOS]

Desde que surgió la posibilidad de venir a Estados Unidos, el primer impacto fue emocional, obviamente, pero a medida que pasaba el tiempo y que la posibilidad tomaba forma, aterrizar la idea se convirtió en poner en blanco y negro una serie de trámites, diligencias y procesos legales. Se trataba de poner en orden todo lo que implicaba una mudanza: salir del país, cambiar de estructura, de casa, de ambiente, de cultura, de modos, de sabores, de afectos, de paisajes, de instituciones y de legalidad. Era considerar una mudanza para cada miembro de la familia, cada una en su dimensión, pero todas con denominadores comunes: sentimientos encontrados, grandes expectativas y muchos papeles y documentos que organizar.

Sin embargo, en el proceso de formalización y sistematización, quizá por tratarse de una institución médica, el método estaba inmerso y eso hizo mucho más sencillo todo el camino.

Una cosa llevó a la otra y el hito en el trayecto era la identificación por parte de The California Medical Board Division of Licensing de las habilidades extraordinarias que, en mi carácter de médico extranjero, debían ser reconocidas para otorgar el permiso que me permitiría ejercer la medicina, considerando la posibilidad de practicar cirugías sin haber presentado o logrado los *steps* requeridos por el estado de California, según lo indica la sección 2 168 de sus estatutos.

Si bien había un interés tácito por parte de la Universidad del Sur de California de contratarme como parte de su *staff*, era el estado de California el que debía determinar si eran válidas mis credenciales. Eso complicaba las posibilidades y, si bien era cien por ciento posible —como me lo habían adelantado quienes mostraron interés por mi trabajo—, no dejaba de ser una cuesta empinada e inusual, de manera que los trámites debían, como todo, comenzar por el principio.

Documentación, publicaciones, *papers*, reconocimientos en el extranjero, certificación de las veces que operé en otros países como profesor invitado, entrevistas que pudieran demostrar mis credenciales ante la División de Licencias de la Junta Médica de California, todo ello sumado a la formalidad de la consignación de documentos que solicitaban, significó un gran esfuerzo de tiempo, horas de sueño y mucho orden.

La entrega, la revisión y el proceso duraron unos diez meses, casi el año. Ese fue el tiempo que le tomó a ese comité revisar la calificación de mis credenciales para otorgar el permiso especial. Una vez revisadas dichas credenciales y otorgado el permiso, la Universidad del Sur de California procedió a ser mi *sponsor* para darme una visa O1 e iniciar el proceso de trabajo en Estados Unidos.

A mi familia le dieron la visa O3. En el medio, tuve que hacer unos tres viajes para entrevistarme con los líderes de Keck Medicine de USC; tuve que elaborar una extensa presentación, que tomó meses, para proyectar mi visión sobre cómo abordaría el proceso desde mi posición una vez que fuera parte de #USC. Además, junto con mi esposa, buscamos la que sería nuestra nueva casa, el colegio de los niños y nuestro nuevo hogar.

René Sotelo [CONTINÚA EN PÁGINA 138]

4

Lo esencial para adaptarse

Antonio J. Berlanga-Taylor

[COLOMBIA, REINO UNIDO, FRANCIA]

Tenacidad incorruptible

Entre 2004 y 2015 viví en tres países diferentes, en doce lugares y en unas 23 casas. Y yo creo que pedí más de mil favores, muchos de los que todavía debo. A partir de 2015, bajé el ritmo y he vivido en dos países, tres ciudades y tres casas. Supongo que con esto quiero decir que la flexibilidad, el deseo de conocer y un poco de aguante son ingredientes esenciales para para poderse adaptar a la vida en el extranjero.

Tequila, *teatime*, un tintico… y Boeuf Bourguignon y macarrones para rematar

Aunque el idioma es lo primero, entender la cultura es esencial para sentirse en casa. Acercarse a la historia, los hábitos y en especial a la comida son bases fundamentales para entablar una relación más personal con colegas y futuras amistades.

Esas oportunidades son al mismo tiempo retos. En el Chocó, por ejemplo, hacen un exquisito sancocho de pescado. El río Atrato corre a lo largo del centro y norte del departamento y provee todo el pescado necesario. Durante los meses que estuve por allá comí todo tipo de platillos deliciosos preparados con pescado blanco. Muchos de esos pescados los pesqué yo mismo en mis días libres junto con Meri, logista de Médicos del Mundo y mi jefe de pesca. Al principio estaba encantado. Desayuno: pescado frito; comida: ¡sancocho!; cena: arroz de coco, patacones y pescado blanco. Había tantas variantes de guisados como pescado. Así es por allá, y yo no perdí tiempo en adentrarme en la cultura y comida tanto como pude. Lo único es que estábamos tan lejos de todo que, a veces, los suministros de la capital departamental no llegaban y los mercados locales no se daban abasto. Las opciones eran muy limitadas. Al cabo de unas semanas yo ya soñaba pescado. Seis meses después ya no podía comerlo a pesar de lo sabroso que es. Tampoco me quejo mucho porque, menos mal, el río proveía y siempre teníamos comida.

El idioma

Repito un poco lo mencionado anteriormente dado su importancia, pero aquí más desde el punto de vista cultural.

El idioma es sin duda lo más importante en mi opinión. No poder comunicarse limita lo que podemos hacer, pero además suma mucho estrés a las expectativas de aprendizaje, productividad y diversión que podamos tener como migrantes.

Como turista, con aprender algunas palabras y frases clave, y sonreír usualmente es suficiente para que alguien con cierta paciencia trate de comunicarse con nosotros y nos ayude. Para el trabajo por supuesto que las cosas son diferentes; indiscutiblemente se requiere tener fluidez. Por algún lugar se empieza y perder el miedo, aceptar que cometeremos errores y la práctica, finalmente nos llevarán a poder comunicarnos y a trabajar en alguna lengua extranjera. Es lo que ahora he vivido con el francés y, aunque no lo necesito para el trabajo, en este momento aprenderlo es un placer y me ayudará a abrir puertas para el futuro.

Regresando a Colombia, allá tuve oportunidad de aprender algunas frases en embera, el idioma originario de la región del Chocó. Eso me permitió preguntar y entender signos y síntomas básicos en la consulta médica, además de que pude establecer una relación más cercana con los pacientes y con la comunidad.

La cultura académica y médica

Durante la maestría me di cuenta cuánto no sabía sobre la investigación científica. Aprendí desde cómo escribir mejor hasta las grandes diferencias que pueden existir en la práctica médica. En particular entendí la importancia de la escritura, no solo en inglés y de manera académica, sino a las buenas prácticas y la habilidad para escribir con claridad.

Durante la carrera de medicina en la UNAM recuerdo haber escrito solo un ensayo, ¡uno durante seis años! Jamás discutí con alguien cómo exponer mis ideas, cómo plasmarlas en papel para ser criticadas y cómo argumentar. Espero que esto haya cambiado en la educación médica mexicana: la escritura es fundamental para demostrar y exponer nuestras ideas. Es difícil aprender a escribir y para mí es un reto constante que disfruto. Como de costumbre, lo mejor es la práctica y estar abiertos a la crítica constructiva.

La presión del *publish or perish*

«Publicar o perecer» es un desafío que de joven no contemplé adecuadamente. Me tomó mucho tiempo entender lo real que es esto dentro de la ciencia británica.

En Inglaterra la seguridad laboral es cada vez menos común. Las instituciones educativas enfocadas en la investigación funcionan como si fueran hoteles. Si uno trae financiamiento externo, entonces las puertas están abiertas y tienes acceso a oficinas, laboratorios, recursos humanos y equipo científico. Sin financiamiento externo mi contrato no solamente está en riesgo, sino que desaparece. Actualmente muchos de los puestos tienen contratos solo a término fijo. Esto tal vez no sea tan diferente del ámbito laboral en otros sectores, pero en la investigación crea incentivos para la productividad a corto plazo y presiones personales importantes de las que poco se hablan.

En cuanto empecé la vida en pareja y adquirí responsabilidades financieras, comprendí lo dura que puede ser esta circunstancia. No hay una solución sencilla, es el sistema actual, y mientras trabajamos en cambiarlo es importante estar conscientes, tener expectativas realistas y, tristemente, estar preparados para esperar las oportunidades correctas, cambiar el rumbo de las líneas de investigación o inclusive cambiar de área o trabajo.

Antonio J. Berlanga-Taylor [CONTINÚA EN PÁGINA 147]

Edmundo Erazo

[PAÍSES BAJOS]

Ser un expatriado puede ser un proceso muy solitario, pero es relativamente fácil encontrar un punto en el que te sientas cómodo con lo esencial. Mi consejo para adaptarte es que no te conformes y explores todos los aspectos de tu nuevo lugar de residencia. Eventualmente conocerás personas de tu país. Incluso en las tiendas donde venden productos mexicanos puedes conocer a algunos paisanos. En el trabajo también es agradable interactuar con las personas más empáticas con tu circunstancia o que estén pasando por situaciones similares a la tuya.

Después vendrán las comparaciones: «En mi país esto era más fácil», «somos más amigables», y muchas cosas más que quizá nunca habías pensado.

En el mundo natural, adaptarse representa un periodo en el que un rasgo, comportamiento o incluso una estructura anatómica evolucionan; me parece que así es la adaptación cuando estás fuera de tu país. Al principio del proceso buscarás sentirte cómodo, tocar base con lo que te resulte familiar, y establecer un punto de referencia para saber hacia a dónde evolucionar, hay gente que lo logra y gente que no.

Durante mi experiencia fuera, me encontré con todo tipo de compatriotas: aquellos que se quejaban todo el tiempo del clima, de la forma de comer de los locales, de las costumbres, y buscaban rodearse de gente con la misma opinión. Encontré a los que se desprendían totalmente de sus raíces y adoptaban otro estilo de vida. En conclusión los hay de todos los matices.

Esto también aplica sobre los diferentes tipos de actitudes que reflejan los nativos, hay buenas experiencias y malas. Hay gente amable que te da la bienvenida y hay quienes no les importa si existes. Hay los que tienen una idea preconcebida de lo que es ser mexicano o que piensan que hablamos «mexicano» en lugar de español. Yo siempre tuve una grata experiencia en los Países Bajos.

Hablando de los Países Bajos, adaptarse puede ser complejo. Mi mejor consejo es «no pelearse con la lluvia». Yo venía de la Ciudad de México y estaba acostumbrado a transportarme en auto y a usar la bicicleta solo por diversión. En Róterdam sucede exactamente lo contrario. Te transportas en bicicleta y sales a divertirte en auto. Durante el verano todo parecía perfecto, pero cuando llego la época de lluvias todo cambió: odiaba la sensación de nunca estar completamente seco.

Sales listo para trabajar y a la mitad del camino empieza a llover y no hay mucho que puedas hacer. No tienes tiempo para dejar la bicicleta y tomar el transporte público.

Pero al mismo tiempo sabes que llegarás a tu destino con la ropa mojada. Eventualmente aprendes algunas estrategias para evitar mojarte que te hacen la vida más sencilla.

Después intenté cambiar mi forma de ver la lluvia, la entendí como algo inevitable y busqué cómo evadirla. Existen aplicaciones para conocer el clima o las que monitorean las nubes, están los impermeables, los ponchos y los paraguas. Bueno, los paraguas no son realmente una opción porque en Róterdam el viento los voltea y los rompe.

Al final tendrás que aceptar que un día acabarás empapado. Yo decidí que el tema de la lluvia era un proceso similar al de vivir en un país extranjero: sabía que sería confortable encontrar gente con la que compartiera rasgos culturales, culinarios o de lenguaje, pero eventualmente terminaría «empapado» de la otra cultura; y aceptarlo y disfrutarlo es increíble.

Puedes tomar lo que consideres bueno, puedes festejar tu identidad nacional y compartir, puedes ser de muchas formas. Vivir en otro país puede ser una gran aventura donde aprenderás cómo las personas hacen las cosas de forma diferente y cómo también todos necesitamos de los nuestros.

Aprender que todo puede transportarse en bicicleta; que no importa dónde estés, mantenerte atento al clima, determina parte de tu día; que tienes que visitar cuatro tiendas diferentes para comprar lo que en México encontrabas solo en una; todo ha sido una gran experiencia para mí.

En mi opinión, al vivir en otro lugar puedes decidir conocer la cultura de ese país, o puedes hacer un compromiso e intentar adaptarte para tener la mejor experiencia y enriquecer tu vida.

Edmundo Erazo [CONTINÚA EN PÁGINA 149]

Yoel Korenfeld

[MÉXICO, ESTADOS UNIDOS, COLOMBIA]

Llegar a un lugar nuevo o a uno del que te fuiste hace mucho es siempre difícil. La adaptación cuesta. Hay que tener paciencia y darle tiempo al tiempo. No hay forma de hacerlo rápido.

En mi trasegar he cambiado de rumbo varias veces. De Bogotá, Colombia, a la Ciudad de México (1999); luego a Ensenada, Baja California, para el internado (2005) y de vuelta a la Ciudad de México (2006). Luego siguió Róchester, Minesota (2007); luego Mineápolis, (2009) para finalmente volver a Colombia, a la ciudad de Medellín (2014). Cada cambio tuvo sus retos y sus dificultades. Todos incluyeron mucha paciencia y entender que con calma todo se resuelve.

Recuerdo mi primer gran cambio: trasladarme a México. En teoría debería haber sido una adaptación sencilla; llegaba a casa de mi papá, a un lugar conocido al que viajaba cada año, pero fue el cambio más difícil de todos. Dejar a mi madre, a mis hermanos y toda mi vida atrás me provocó una fuerte depresión. Fue un inicio amargo que pronto se tornó en una aventura emocionante. Aprendí mucho de esa experiencia. Aprendí que la felicidad se encuentra solo si se busca. Que uno no debe quedarse estático esperando que las dificultades se resuelvan solas, sino que siempre debes realizar los cambios que sean necesarios para sentirte cómodo y no tener miedo a lo desconocido.

El siguiente reto de adaptación fue al llegar a Estados Unidos para la especialización. Las dificultades eran muchas: comunicarme en un idioma diferente al español, encontrar una buena oportunidad de investigación que incluyera alguna forma de sustento y, finalmente, lograr la meta de entrar a una residencia competitiva, el sueño mayor. Recuerdo las primeras semanas en Róchester. La completa soledad en la que me encontré ya que por varios meses estuve solo, sin conocer a nadie, hasta que logré traer a mi perro Gaón y luego también vino mi novia de México a vivir con nosotros. La adaptación al inglés, sobre todo al lenguaje técnico lleno de siglas, fue complicada. Considero que me tomó aproximadamente seis meses para entender una charla completa. Estar sentado en una conferencia y no entender qué se dice, es muy estresante, pero con el tiempo, la práctica y la perseverancia se logra. Luego es muy gratificante estar en conferencias tan interesantes e incluso poder interactuar a la par con los angloparlantes.

En conclusión, la adaptación se da siempre que uno persevere y no se rinda. Mi consejo es no desfallecer ante las adversidades.

Yoel Korenfeld [CONTINÚA EN PÁGINA 150]

Rafael G. Magaña

[INGLATERRA, ESTADOS UNIDOS]

Mudarme de país fue algo que planeé desde que inicié la carrera. Quería vivir en Nueva York y tenía en mente lo que quería hacer. En el pasado mi familia había migrado dos veces y sabía que este sería un gran cambio.

Cuando llegué a Nueva York, me pareció un lugar abrumador. Enorme en todos los aspectos. Sentí el peso de mi decisión y sabía que tendría que estudiar muchísimo, ya que la competencia por las plazas en la residencia quirúrgica era francamente intimidante.

Cuando llegué a los Estados Unidos a preparar los exámenes de USMLE (United States Medical Licensure Examination), mientras tramitaba la visa de estudiante, tuve que encontrar un lugar para vivir en Nueva York. Con persistencia, suerte y gracias a la ayuda de algunos amigos que ya radicaban ahí, logré encontrar pequeño departamento por un buen precio.

Por primera vez, desde que hice el curso en la Joe Blasco's Make up School de Los Ángeles, me encontré solo. Diario hablaba con mi familia en México, quienes tanto me habían apoyado; pero aún así fue una temporada muy estresante: no solo era el cambio de país, sino el choque cultural que se siente desde que uno aterriza en el aeropuerto.

Los encuentros diarios con personas de diferentes culturas, pero sobre todo las estafas a las que te enfrentas cotidianamente (desde para rentar un departamento, transportarte o comprar lo que sea) convierten a esta ciudad en una verdadera jungla.

Pero la diversidad de compañeros en el curso era interesante y conforme pasó el tiempo, empecé a tener amistades. Creo que para mí, el tiempo de adaptación fue alrededor de seis meses. Tener un grupo de amigos me ayudó mucho a adaptarme, ya que todos nos encontrábamos en una situación similar, y entre todos nos ayudábamos a estudiar para los exámenes. Algunos compañeros venían de Latinoamérica y otros de otros lados del mundo.

Ya con un lugar donde vivir, una rutina y un horario de clases que duraba todo el día, poco a poco empecé a sentir que los exámenes eran menos difíciles y aceptaba el reto con alegría. Además conocí a una chica muy linda con la que estudiaba, y nos volvimos novios. Eso, en definitiva, me ayudó a sentirme menos solo. De ser una época difícil, se convirtió en una experiencia memorable por la que ahora siento nostalgia.

Creo que, cuando buscas migrar, es muy importante tener algún contacto antes de llegar a tu destino. En mi caso ese contacto fue Steven Cruz, el director del programa. Él me ayudó mucho y me dio muchos consejos para realizar los trámites, pero también para solucionar problemas más cotidianas como dónde hacer las compras, etcétera.

Rafael G. Magaña [Continúa en página 151]

Nissin Nahmias
[ESTADOS UNIDOS]

Para adaptarse lo esencial es, en primer lugar, una actitud muy positiva y espíritu aventurero para iniciar una nueva etapa en la vida. A mí siempre me ha gustado viajar y eso me ayudó. También hay que tener un sentido de organización y logística para planear tus gastos y para conocer el lugar al que se llega. Yo conocí Filadelfia caminando por las calles, visitando cada museo, edificio y sala de conciertos de la ciudad.

En ese tiempo aprendí que estaba muy cómodo conmigo mismo, y que no me molestaba estar solo. Además tuve la fortuna de que en el hospital había una comunidad latina que siempre tenía alguna actividad planeada. En otras palabras es bueno estar solo y es mejor estar acompañado, es bonito conocerte a ti y a los demás.

También se debe aceptar que no importa cuántos planes tengas, las cosas seguramente no van a salir como tú lo deseas. Es más, lo más probable es que la mayoría de las veces salgan de manera completamente diferente.

Así que lo mejor es no tomarte la vida tan en serio, respirar y aprender a desarrollar un muy saludable sentido del humor.

Finalmente, es muy importante entender que mantener las relaciones sociales requiere de atención constante; con tu familia, tu novia, y todas las personas que se quedan en tu país. Recomiendo hablar con ellos por lo menos una vez a la semana y estar al tanto de lo que sucede en sus vidas y que ellos estén al tanto de ti.

Nissin Nahmias [Continúa en página 154]

Joaquín Pereyra Macías
[AUSTRALIA]

Además de lo evidente como flexibilidad, creatividad, resiliencia, determinación y algo de dinero, tres cosas me han resultado fundamentales para el éxito en el proceso migratorio: tolerancia a la frustración, tolerancia a la incertidumbre y un poco de suerte.

Cuando vivía en México y cursaba la especialidad en psiquiatría, compré una lavadora que por su tamaño y funciones hacía necesario modificar la instalación de mi hogar para poder darle el uso adecuado. Consulté con tres plomeros para instalar la lavadora, pero todos llegaron a la misma conclusión: mi casa no estaba acondicionada para que esa lavadora operara de manera adecuada. La recomendación que todos me dieron era cambiarla por una más pequeña. El cuarto plomero era un poco más experimentado y sabio que los tres anteriores. Le dije que los otros plomeros me habían indicado que la lavadora no se podría instalar en mi casa, a lo que él respondió: «No joven, ¿cómo no se va a poder? A los otros les dio flojera o no querían, no tenían el tiempo, no sabían cómo hacerlo o no se querían ganar el dinero. Pero de que se puede, se puede. En esta vida todo se puede».

En el proceso migratorio, en innumerables ocasiones he escuchado las mismas palabras: «No se puede». «¿Australia? Está lejísimos, no vas a poder». «¿Practicar medicina en otro país? Imposible, tendrías que estudiar medicina nuevamente». «¿Pasar los exámenes clínicos? Hablas inglés con acento, jamás aprobarás». «¿Trabajar en ese hospital? Ni lo pienses, ahí no emplean doctores extranjeros». En ocasiones, cuando alguien me ha dicho que algo no es posible, recuerdo la respuesta de aquel plomero: «De que se puede, se puede, joven», desde instalar una lavadora hasta trabajar en el hospital soñado. Desde luego hay metas que toman mucho más tiempo, esfuerzo y determinación que instalar una lavadora, pero al final la actitud necesaria para triunfar es la misma. En mi opinión, rehusarse a aceptar un «no» como respuesta es el atributo más importante para triunfar en el proceso migratorio. Esto también se traduce en una alta tolerancia a la frustración.

Me hice consciente de la segunda cualidad: tolerancia a la incertidumbre, cuando estuve del otro lado de los exámenes clínicos, es decir como examinador. Los exámenes clínicos que presentan los médicos en Australia están estandarizados y hay criterios estrictos para valorar las capacidades clínicas de los aspirantes de manera objetiva. En el caso particular de la psiquiatría, uno de los criterios para evaluar a los candidatos es su capacidad para tolerar la incertidumbre. Los mejores candidatos no se apresuran a tomar decisiones o a llegar a una conclusión; es decir, toleran la incertidumbre. Invariablemente, el resultado para el paciente es mejor cuando el médico es estoico en los momentos de incertidumbre, y tiene la capacidad de esperar a tener toda la información necesaria para tomar la mejor decisión.

Recuerdo a una paciente con 36 semanas de gestación que fue admitida en el pabellón psiquiátrico bajo mi cuidado, debido a un episodio de psicosis secundario a consumo intravenoso de metanfetaminas. Su historia de prostitución y alto consumo de drogas durante el embarazo, aunado a psicosis resistente a tratamiento, me hacían pensar que la muerte del producto durante la hospitalización sería inevitable, y que tendría consecuencias legales para mí. Durante la prolongada hospitalización de la paciente, en varias ocasiones me sentí perdido y desesperanzado, las opciones terapéuticas se habían acabado y los síntomas solo empeoraban. Eventualmente, la paciente mejoró y el bebé nació sin mayor complicación. La trabajadora social que los apoya me ha referido que actualmente la madre está estable y el bebé fue adoptado por una buena familia. En mi opinión, tolerar la incertidumbre fue crítico para ofrecer el mejor cuidado a la paciente. De manera similar, esta cualidad ha sido elemental para enfrentar numerosos desafíos en las áreas médica, burocrática, familiar y social.

Finalmente, en cuanto a la tercera condición cabe decir que, aunque el 90 por ciento de mi éxito para migrar se ha basado en el trabajo duro y la determinación, un poco de suerte siempre ayuda. No puedo negar que, aunque pocos, ha habido triunfos que no tienen mayor explicación que haber corrido con un poco de suerte en el momento preciso.

Joaquín Pereyra Macías [Continúa en página 155]

Luis Rodrigo Reynoso
[ETIOPÍA]

Una vez que llegamos a Etiopía todo fue «empezar desde cero». Se lee fácil. No era la primera vez que cambiaba de país de residencia, pero en este viaje el cambio era a otra escala, casi como entrar en otra dimensión.

Anahí y yo decidimos venir con los ojos cerrados: no investigamos si el lugar donde viviríamos contaba con todos los servicios, si había alimentos suficientes, no previmos todo lo que podría pasar. Pero creo que fue lo mejor que pudimos hacer. Yo intuía que éste sería una especie de viaje al pasado, que me haría sentir realmente vivo.

En Adís Abeba, más que en ningún otro momento de nuestras vidas, diariamente sentíamos que estábamos construyendo y transformando nuestro presente.

En Etiopía el capitalismo está aún en pañales. Existen carencias en todas las áreas, en todos los sectores imaginables. La atención al cliente en los comercios es deficiente, y hay poca infraestructura de las ciudades. Recién ahora empiezan a construir edificios; contratan expertos, pero de pronto abandonan la obra, van y vienen. Hay en general mucha mano de obra barata, no especializada, que no sabe lo que hace y que no se compromete.

¿Y en el sector médico? ¡Trabajo sobra! ¡Especialistas faltan! A diario operamos solo con anestesia local. Para las cirugías mayores solo hay una enfermera anestesista, la *veintiúnica* en todo Etiopía; así que adaptamos las operaciones a sus horarios. En Etiopía, con sus 109 millones de habitantes, sobran dedos de una mano a la hora de contar a los anestesiólogos; los medicamentos están muy limitados y no hay insumos; debido a la burocracia es difícil importarlos. Una mascarilla es reciclada unas 100 veces; he vuelto a utilizar cubrebocas de tela (no los veía desde el taller de cirugía en la facultad).

Interrogo, investigo, tengo mucha curiosidad. Dicen que al sur del país, en la frontera con Somalia, cada día mueren 500 niños de cólera; la enfermedad se expande rápidamente y el pronóstico es que pronto llegue a nuestra ciudad. Al personal de los orfanatos y centros de asistencia que visito, le brillan los ojos cuando saben que soy médico, y que quizá podemos hacer algo en conjunto: los niños, residentes, usuarios de esos centros nunca han sido valorados por un médico.

No importa dónde ni para quién trabajes, la realidad es que el sistema de salud en Etiopía es casi nulo, por no decir que inexistente. Por ahí de pronto aparece en las calles un puesto de detección de VIH o una campaña de salud financiada por alguna fundación u organización internacional. Pero incluso esas iniciativas son todo un tema: la gran mayoría solo busca los reflectores. Piden dinero, aparecen en las noticias, satisfacen su ego, llenan sus bolsillos. Después ayudan, pero ayudan un par de semanas, necesitan justificar su existencia con números, pero no les dan seguimiento a los pacientes, y por lo tanto si realizan alguna cirugía no pueden constatar que haya sido exitosa.

—*Números, ellos sólo necesitan números.*

La población tiene muchas cicatrices, literal y metafóricamente hablando. Escarificaciones y tatuajes que se han hecho en antiguos ritos tribales; estas marcas son las principales razones para la consulta estética y reconstructiva.

Recién empiezo a entender algunas palabras, a repetirlas, pero sé que me tomará años perfeccionar la pronunciación, ya que hay sonidos que jamás había escuchado en ningún idioma. La única palabra que es idéntica en español y en amárico es *tripa*. Lo descubrí luego de probarlas (aquí mi «yo vegetariano» ha desaparecido). De la escritura, ahí la llevo…Ya me sé ¡un par de letras! ¡Están bien perras! Perdón, ¡complejas!

¿Qué tan radical puede ser un cambio? Recuerdo que antes de partir de México pensaba: «¡Lo tenemos todo! ¡No nos hace falta nada! ¡Es momento de cambiar!»

Y *puuum*, de pronto ya estábamos en este peculiar y enigmático país. Aquí los servicios públicos (agua potable, alcantarillado, alumbrado público) son prácticamente inexistentes. Aquí recolectamos el agua de lluvia en grandes recipientes para anticiparnos la escasez; los apagones son cosa de todos los días y algunos pueden durar hasta dos días. Debemos de congelar botes con agua pues es la única forma de preservar los alimentos.

Para secar la ropa debemos de ser cuidadosos y mantenerla lejos de los vecinos, ya que unos pantalones de mezclilla pueden convertirse en una tentación y en motivo de discordia.

Burtukan —la señora que nos ayuda con la limpieza de la casa— ha tenido que rescatar nuestra ropa de manos ajenas. A doña Naranja (¡sí!, esa es la traducción de Burtukan) le entendemos tres palabras, pero ella se emociona mucho cuando puede ver en nuestra televisión una telenovela turca doblada al amárico, y todos los días lleva botellas y botellas de agua de la llave a su casa.

—¿Qué tan radical puede ser un cambio?

Para contestarnos esa pregunta hemos tenido que formulárnosla no una, sino varias veces cada paso que damos, cada instante que presenciamos, cada experiencia que tal vez jamás comprenderemos pero que sin lugar a duda en conjunto nos van mostrando el camino.

Aquí tengo que dejar el teléfono en la ventana, esperando para tener señal y mandar un par de mensajes. El servicio de internet es deficiente y además en este país tiene numerosos filtros y censuras. De alguna forma lo mismo pasa en México, aunque supuestamente gozamos de libertad de expresión, nos damos cuenta de que no cuando algunas verdades ocultas salen a relucir.

Aquí, donde un plato de fresas y plátanos con crema —todo bien *pinshi* fresquito— me hacen el hombre más feliz, y donde los instantes son más significativos que nunca. Aquí, donde me he dado cuenta de que un cambio puede ser tan radical como tú lo permitas! ¡Gracias de corazón!

—*¡Sal de ahí!*

Considero que lo esencial para adaptarse es aprender a soltar, desaprender; adaptarse para transformarse y así las situaciones irán fluyendo, y podremos sentirnos más cómodos con un nuevo estilo de vida.

Luis Rodrigo Reynoso [CONTINÚA EN PÁGINA 158]

Jack Rubinstein

[ESTADOS UNIDOS]

«La realidad es una ilusión, aunque una muy persistente».
Albert Einstein

La paradoja de Teseo propone, en una de sus variables, que nadie cruza el mismo río dos veces, ya que el río cambia y la persona cambia. Miles de años después Einstein cambió el mundo y además le dio un giro relativista al concepto, pero la idea es la misma. Las personas —y el mundo— cambiamos constantemente.

Con frecuencia me enfrento con dos representaciones de este concepto. Por una parte escuchó la afirmación: «Pero yo soy así». Y por la otra parte escucho que dicen: «Pero no sé qué soy (o qué quiero hacer)». Ambas frases nacen de la misma idea errónea de que somos o deberíamos de ser de ser de cierta manera.

Regresar a México es como cruzar un río diferente, pero frecuentemente los que se quedan atrás ven a la persona que dejó México y no la persona en que se convirtió.

En México las cosas cambian, pero lentamente. Fuera de México y, particularmente dentro del ambiente médico, las circunstancias cambian rápidamente y para mantenerse relevante, reinventarse y reivindicarse uno tiene que estar preparado.

Los primeros años que estuve en tierra extranjera me marcaron de forma similar a mis primeros años de vida. Sentía como si cada día, un pilar de mi vida cayera, y uno nuevo (diferente y extraño) se construyera en su lugar.

Una de mis primeras mañanas postguardia presenté ante el grupo a un paciente que admitimos la noche previa. Conforme presentaba el «*A and P*» (análisis y plan), el adscrito me cuestionó el porqué de cierta decisión. De acuerdo con mi entrenamiento en México, mi respuesta fue: «Porque el doctor Fulano de Tal así lo indicó». Sin embargo, en lugar de recibir la aprobación del adscrito y del grupo, me topé con caras entre confundidas y sorprendidas. No recuerdo la respuesta exacta del adscrito, pero en resumen me explicó: «Aquí no se hacen las cosas porque un doctor "lo dijo"; aquí se hacen las cosas basadas en evidencia. Si no tienes evidencia, no se llevan a acabo. Esas sabias palabras fueron una gran enseñanza y, por lo general, me han servido bien tanto en mi práctica médica como en la vida. Y digo por lo general, ya que muchos no aprecian la búsqueda de la evidencia para tratar pacientes y mucho menos en la vida cotidiana.

Platicando con compañeros mexicanos, me doy cuenta de que en México también se empieza a transitar de una medicina basada en la *eminencia* a otra basada en la *evidencia*.

La inercia del «así lo hacemos» o del «así lo hacía mi maestro/amigo/padre» es resistente y difícilmente revocable en el ambiente médico, y más aún cuando uno cuestiona la falta de la evidencia detrás de opiniones políticas o creencias religiosas. Lento, pero seguro, todos cambiamos.

Otro pilar que colapsó rápidamente fue mi perspectiva de lo que hace un *buen* doctor. Durante mi entrenamiento me concentré en memorizar la mayor cantidad de información y enfocar mis intenciones en el estilo de examinación de cada médico o maestro, pero las corrientes del momento iban por diferentes caminos.

En lugar de memorizar verdades aparentemente inamovibles, me topé con maestros que me enseñaron cómo aprender a aprender, cómo analizar artículos científicos, cómo y cuándo cuestionar la información y, lo más importante, cuándo modificar el manejo de mis pacientes.

Estos cambios en el ámbito profesional fueron tan significativos, que no se limitaron a mi trabajo con pacientes y se desbordaron hacia mi vida personal. Conceptos religiosos y políticos que por muchos años defendí a capa y espada se volvieron difíciles de justificar. Las primeras ideas que cayeron fueron aquellas sustentadas por el pilar de la *eminencia sabia* (también conocida como sesgo de la autoridad). Estas ideas eran relativamente fáciles de desacreditar. Cuando alguien me daba por respuesta: «Porque Fulanito lo dijo», mi mente enseguida sabía que esa era una verdad que debía ser cuestionada. Otros conceptos e ideas colapsaron conforme mi acceso a la información aumentaba y cada vez se volvía más fácil confirmar o refutar ideas, propuestas y conceptos. A veces lo único que requería era una búsqueda rápida en línea mientras que, en otras ocasiones, eran necesarios libros y meses de estudio; pero tarde o temprano acabé cambiando casi todas las ideas con las cuales me identificaba como médico y como persona.

Entre tantas transiciones me he visto confrontado por la gente que me rodea. Me acusan, con amplio fundamento, de ser un *flip flopper*, de no tener un valor por el cual vivir o de caer por la novedad del momento. No están equivocados, les explico, es casi una rutina que si alguien cambia de opinión, los demás lo verán de forma diferente.

Pero hoy en día, como médico y como científico —y uno hasta podría decir como humano— no queda más opción. La vida de mis hijos será sustancialmente mejor que la de mis padres e irreconocible para mis abuelos. Esto se debe a gente que está dispuesta a cuestionarse el *status quo*, gente que ve a la realidad como una ilusión y su existencia como el flujo de un río que cambia constantemente. En el ambiente médico y científico, ésta es la gente que cambia el mundo.

Jack Rubinstein [CONTINÚA EN PÁGINA 160]

Alberto Saltiel

[ISRAEL]

No es fácil mudarse al otro lado del mundo, a un país con una cultura totalmente distinta y un idioma completamente diferente. Es de suma importancia llegar con la mente abierta, dispuesto a explorar y a aprender. Lo primero, y completamente esencial pero no indispensable, es el idioma. Sin duda, una gran parte de la población habla inglés, pero no todos. Israel es un país lleno de inmigrantes de todas partes del mundo, así que en cualquier momento puedes toparte con alguien que no sepa hablar inglés. En definitiva, hablar el idioma nacional favorece la comunicación y el entendimiento. El no poderse comunicar crea estrés y malentendidos. Recuerdo que cuando llegué a Israel no hablaba fluidamente el hebreo y eso me dificultó ciertos trámites; incluso abrir una cuenta de banco o adquirir una línea de teléfono móvil fue toda una hazaña. Una vez que el idioma no sea una limitante, podemos hablar de lo que sigue.

Israel es un país sumamente complejo en cuanto a su cultura. Existen tradiciones multinacionales que han acompañado a todos los inmigrantes a lo largo de los años y se han vuelto parte de la cultura nacional, pero lo que identifica culturalmente al israelí es su forma tan peculiar de vivir al día. Recordemos que, desde su creación, Israel es un país que se ha visto afectado por el terror y la guerra. De tal manera que sus ciudadanos han aprendido a valorar lo que tienen en el momento, pues no saben qué pasará mañana. Viven al día, gozan cada instante. Salen, disfrutan, ríen, sueñan y luchan por sus sueños sabiendo que todo puede desaparecer en un abrir y cerrar de ojos. Esto genera cierto nivel de estrés que se traduce en agresividad. El israelí es apasionado por naturaleza. No me refiero a una pasión física, sino a una pasión mental y verbal. Hablan alto, se involucran en conversaciones con desconocidos para dar su opinión, incluso si esta no es requerida, gritan. Pero dicha pasión es lo que también empuja al país a sobresalir, a crear y a crecer. Así, aprendí que en Israel si no se levanta la voz no se avanza.

Los amigos juegan un gran papel en la adaptación. Cuando llegué a Israel, llegué solo. Afortunadamente tenía un grupo de amigos que había conocido en aquel viaje al kibutz que hice en 2004 y, seguían viviendo aquí. Ellos se habían mudado a Israel de distintas partes del mundo a lo largo de los últimos diez años y ahora habían formado un núcleo. Para mí llegar a ese núcleo ya establecido fue indispensable, y me permitió adaptarme lentamente. Evidentemente no siempre se cuenta con esta ventaja, así que uno de los factores más importantes para adaptarse es la cualidad de socializar y buscar nuevas amistades.

Finalmente, no olvidar nuestras raíces juega un papel importante y abre muchas puertas en el extranjero. Sí, todos quieren tomar tequila con un mexicano. Al crecer en México, nunca me consideré aficionado al tequila pero en mis últimos años allá, aprendí a apreciar mucho el mezcal. Estando en Israel, no hay evento en el que no me ofrezcan un tequila o en su defecto, el tequila lo pongo yo. Cada viaje a México o cada visita de algún mexicano siempre está acompañado de un par de botellas de tequila o mezcal para tener en casa y poder ofrecer un trago con sabor a México.

Adaptarse a cualquier lugar siempre es un reto con altibajos, independientemente del país. Habrá días más difíciles que otros. Crearás nuevas historias, conocerás gente nueva y expandirás tus horizontes. Así que, hablando, conviviendo y tomando, adaptarse no será un problema.

Alberto Saltiel [Continúa en página 162]

Lorenz Schenk

[ALEMANIA]

Cuando llegué a este país me sentí aterrado: sabía que estas no eran unas vacaciones, y que me quedaría aquí, cumpliendo mis metas, por un tiempo indefinido. Mi vida dependía de mí y de las oportunidades que se presentaban a 600 kilómetros al norte del pueblo donde estaba mi familia.

Con dos maletas en el aeropuerto de Düsseldorf, me imaginé lo que sintieron mis padres cuando salieron de sus casas a descubrir el mundo: alegría, excitación por lo desconocido y temor por no alcanzar sus metas.

En un principio tenía mucho temor de no encajar y de no encontrar la tranquilidad que buscaba. La afinidad con los latinoamericanos se hizo presente. Con mexicanos, argentinos, uruguayos había algo en común que era evidente en fiestas y reuniones. Luego llegaron antiguos amigos, algunos de ellos compañeros de la niñez que también emigraron y con quienes me reencontré. Una vez que tuve un grupo de amigos, me sentí en casa.

En Renania del Norte, donde vivo ahora, hay un gran porcentaje de inmigrantes. Esa multiculturalidad hace que experimente la riqueza que significa poder compartir mi mesa con personas de todo el mundo, y ver cómo los mexicanos son siempre bien recibidos.

En la actualidad trabajo en varios hospitales, y siempre que llego a uno nuevo y me preguntan de dónde soy, con orgullo digo: «Soy mexicano». Tan solo esa frase te abre la primera puerta y rompe el hielo en el primer contacto.

La ciudad donde vivo es pequeña en comparación con las grandes ciudades de México; sin embargo, me ofrece todo para sentirme cómodo. Red de carreteras, transporte público y seguridad.

Al principio, tenía una especie de paranoia; muchas veces sentía que me seguían o que me asaltarían en la calle. Con el tiempo esas sensaciones se disiparon. Ahora salimos de noche y regresamos caminando a casa. Nos preocupa llegar a casa antes de que el sueño nos venza en una esquina, pero realmente no nos da miedo ser víctimas de agresiones o delitos.

Mi hogar ahora está aquí. Es verdad que aún siento añoranza por la comida mexicana y los tacos al pastor, pero he dejado de extrañar otras cosas. En menos de lo que te das cuenta no solo ya estas adaptado. Mi hogar ahora está aquí. La familia, los amigos y la seguridad hacen que me sienta completo.

Lorenz Schenk [CONTINÚA EN PÁGINA 164]

Ilan Shapiro

[ESTADOS UNIDOS]

¡Entiende, el control total no existe! Lo más importante que encontré en los cambios (México --> Miami --> México --> Chicago --> Florida --> Los Ángeles) y la adaptación fue ser flexible. En un principio la mente busca estabilidad, y trata de encontrar las figuras, colores y sabores a los que está acostumbrada. Y levitamos hacia esa esquina de normalidad, a la que yo llamo «anestesia local». Pero no recomiendo quedarse ahí. Debes avanzar en el proceso e iniciar una nueva aventura. Puedes empezar de cero si así lo decides, sin arrepentimientos, solo oportunidades.

Dentro de los cambios que se experimentan al migrar yo he visto las siguientes etapas:

La luna de miel

Luchaste por llegar a ese lugar o simplemente el destino te llevo ahí. Una vez instalado, la cotidianidad te lleva por acciones continuas y a hacer una rutina diaria. Estás emocionado por lo que viene y, digamos, que la objetividad no está tan presente. Estás viviendo el sueño en este momento, y ahí es cuando tienes que absorber todo el conocimiento.

Sinceridad

Después de la luna de miel (que puede durar de semanas a meses), la vida objetiva comienza a emerger. Por más que uno quiera obtener ese sentido de protección maternal de lo conocido, todo se diluye con la realidad. Se empiezan a ver grietas en el sueño, un par de miedos y preocupaciones comienzan a molestarte y te empiezas a cuestionar que estás haciendo ahí. La nostalgia empieza a estar presente a toda hora. Sin que lo sepas, te acercas a la siguiente etapa (que es mi preferida).

Estar presente

Llega un punto donde los miedos, pasiones, energía y sueños se amalgaman. Y te das cuenta de que lo más importante no es lo que fue o lo que será: ¡Lo más importante es estar presente! Todo cambia tan rápido, la energía, la vida y el tiempo; terminamos desperdiciando mucho espacio mental en caminos que nunca se van a transitar. Aquí hay un par de consejos para hacer este proceso lo más rápido posible.

1. Todo es nuevo.

2. El cuidado personal es imperativo.

> **Come descendente:** Yo lo llamo la dieta especial del doctor Shapiro que consiste en limitar todo aquello que nos dé calorías extras (y como mexicano esto significa papitas, dulces y tequila).

> **Mantén una rutina:** El ejercicio, dormir y tener una relación virtual con la familia es muy importante.

> **Muévete:** Es muy importante. Como médico se me hacía una contradicción el hecho de recomendar una cosa y hacer otra.

3. Manejo del estrés: Todos lo sufrimos. De hecho, un poco de estrés es bueno; nos hace más ágiles y nos ayudó a sobrevivir por miles de años: corrimos más rápido cuando el león estaba detrás de nosotros. Pero debemos tener mucho cuidado con el estrés tóxico, que puede derivar en depresión, en ansiedad y en un miedo que nos pueden consumir. Hacer de la meditación y de las actividades religiosas parte importante de mi rutina, me ayudó para estar alineado con mi presente. La mejor inversión que tenemos es nuestro cuerpo y mente (alma), si estamos alineados, vamos a ser más eficientes y felices. La clave y mi mejor consejo es no olvidar que la única constante en la vida es el cambio.

Ilan Shapiro [Continúa en página 165]

René Sotelo

[ESTADOS UNIDOS]

La adaptación es un proceso difícil, cuesta. Es un cambio total. Es una fase que pasa desde el cambio diario del ambiente físico a una realidad más dura: darte cuenta de que no conoces a nadie.

Es, sin duda, un proceso que duele, que te enfrenta a nuevas realidades en todos los sentidos pero, como todo proceso, es un camino de evolución. La mudanza implica adaptaciones de todo tipo, desde cómo sientes el aire en la nueva ciudad, lo que ves, lo que comes, una nueva lengua que te recuerda que no estás en el lugar donde vivías y, por supuesto, enfrentarte a un nuevo entorno laboral que de manera inmediata te aterriza y te recuerda que tu vida cambió.

Uno de los mayores retos como profesional es admitir que los grupos de trabajo de referencia quedaron atrás y que los parámetros diarios en la faena médica, los nuevos equipos están por descubrirse, y será en ese reconocimiento en donde se iniciará la adaptación.

Extrañas a tu equipo, tus facilidades de trabajo que, aun cuando no eran perfectas, eran las que conocías; y eso era lo mejor, pues estabas en tu zona de confort. El tema emocional más importante es ser totalmente desconocido y desconocer además ese monstruo de hospital. Se suma otra realidad y es que estos sistemas no están preparados para recibir a médicos que no hayan sido entrenados en Estados Unidos, porque es poco frecuente.

Trabajas con anestesiólogos, con colegas y con un equipo con quienes discutes todos los casos. Ese primer proceso es difícil. Cuesta, porque constantemente te recuerda que no perteneces, que eres nuevo, que hay un esfuerzo extra que no puedes obviar. Se impone entonces adaptarte y darte a conocer. Lo que antes era natural porque todos te reconocían, ahora se invierte, pues la tarea está en darte a conocer, en hacerte visible.

Lo segundo es que estás en un hospital de altísimo nivel académico donde hay médicos con mucha preparación y prestigio y, aunque el hospital capta pacientes de manera natural, muchos vienen dirigidos a los médicos de toda la vida de la institución, a los especialistas locales, de manera que, nuevamente, la realidad te recuerda que las lecciones de *marketing* deben formar parte de tu día a día; que usar herramientas de promoción personal para que las personas sepan qué haces y en qué te diferencias no solo es esencial para la sobrevivencia temprana, sino determinante para pasar de ser el Doctor Who —sutil manera de recordarme que mi apellido no era común ni yo conocido— y convertirme en el doctor Sotelo.

La realidad me decía, minuto a minuto y día a día, que debía desarrollar una red y conexiones sociales para que mi cara, mi nombre, mi trabajo y mi identidad fueran reconocidos. Eso era esencial para adaptarme y avanzar.

A esto se sumó un tema de ego, ¡oh, poderoso sentimiento que entorpece tanto!, sobre todo cuando vienes de un sistema de prestigio y reconocimiento en un país y en una región.

Y de repente llegas a un lugar donde eres totalmente desconocido, en el que una simple llamada telefónica para dar una instrucción médica se hace relevante y salta para decirte a gritos que no te conocen, que aún no hay suficientes razones para identificar quién eres y sentir tranquilidad de tu mano, lo cual es natural y lógico, pues aún no se ha generado la confianza necesaria en ese nuevo grupo, que apenas te da la bienvenida.

Es en ese momento cuando te das cuenta de que tu nombre, al principio, pasa a ser ese Doctor Who que mencionaba, y esa sensación de no identidad, de no pertenencia te invade; más aún cuando llegas a cierta edad y simplemente te das cuenta de que estás en el punto de volver a empezar.

Resuena entonces el hilo telefónico en tu cabeza, en donde todo empieza con un «*hello, good morning, this is doctor Sotelo speaking, could you please...*» y nuevamente, una y otra vez, se vuelve automático, cual mensaje uniforme de un centro de atención telefónica, escuchar: «*Doctor Who?*».

Como resultado, el sentimiento de sobrevivencia y las ganas de dejar de sentirte invisible se imponen y las herramientas de mercadeo para gritar quién eres —a través de elementos visuales— son determinantes. Dos elementos formaron parte de mi atuendo desde entonces: el primero fue, naturalmente, la bata médica con mi nombre en el pecho, alumbrando como luz de neón.

El segundo lo convertí en un elemento promocional de identidad: un morral que mandé a hacer también con mi nombre. Dos escudos sencillos que me protegían del anonimato y daban la mano de manera suave y segura a quienes se me acercaban. Poco a poco pasé a ser una especie de «valla» ambulante, pero con buenos resultados; todos me veían y aprendían poco a poco a llamarme por mi nombre. Sotelo comenzaba a sustituir al Doctor Who, lo cual agradecía y me hacía sonreír. Hacerme sentir era parte del trabajo y del día a día.

Sin duda, una de las mayores dificultades para mí fue adaptarme a la forma de la práctica médica. Yo había venido a Estados Unidos a observar, a reforzar técnicas quirúrgicas, a adquirir destrezas y nuevos modos de realizar cirugía robótica, pero desconocía el tema administrativo necesario para hacer las historias clínicas electrónicas, el proceso de los consentimientos informados...

La medicina debe ser documentada y además deben considerarse todos los temas legales detrás del acto médico. Toma tiempo aprender y llegar a ese punto donde te sientes tranquilo porque estás seguro de que documentaste lo necesario.

Al principio, se está muy alerta de lo que se escribe o se deja de escribir; se tiene una conciencia particular para plasmar los hallazgos que, aunque negativos, son relevantes para dejar sentado que se examinó al paciente. Ese es un sentimiento de angustia que te acompaña por cierto tiempo, pero justamente es la repetición la que te ayuda y te devuelve la calma. Es solo con el tiempo que el sosiego, en ese sentido, se retoma y se hace permanente. El tiempo, ese compañero silente pero implacable que a veces ayuda tanto es, en definitiva, la mejor palanca para lograr el cambio.

No se trató solamente de aprender cómo funcionan el hospital y los procesos asociados a las historias médicas en Keck. Fue también aprender cómo funciona el sistema de salud en los Estados Unidos. Se tiene que entender cómo funcionan las aseguradoras para entender dónde están exactamente los pacientes que pertenecen a ciertas redes, qué beneficios tienen. Es necesario identificar esos beneficios para hacerlos tangibles para el paciente y lograr —desde la posición de médico— engranar a todos los actores. Este es un tema complejo que debe aprenderse y dominarse para asegurar que todo encaje y funcione.

Otro elemento significativo radica en que, aunque se desconozca el nuevo sistema y los mercados sean distintos, si tienes una trayectoria, sabes que hay recetas que son iguales y entonces puedes aplicar la estrategia y avanzar en el camino con lo captado y lo sumas a lo que traes, lo que eres.

El factor latino y caribeño también empezó a ser una palanca diferenciadora y de enlace, pues había facilidades de conexión que, aunque en la cultura estadounidense son distintas de las nuestras, también eran bien recibidas. Eso ayudó en la adaptación, como también fue un soporte el sumarme a los médicos latinos que forman parte de Keck Medicine de USD, ocho en total, de una plantilla de mil médicos.

El español como medio de comunicación también me ayudó, ya que el cincuenta por ciento de las personas en la ciudad de Los Ángeles lo hablan. Eso sin duda es un gran aliciente que te reconforta, a pesar de que para mí el idioma inglés era otra batalla por conquistar, pues tenía que pasar del manejo técnico médico a utilizarlo para comunicarme con los pacientes y con el otro cincuenta por ciento de la población de la ciudad angelina.

Los pacientes están acostumbrados a otro tipo de relación médica. Nuestro cálido estilo latino es bien recibido. Pero es muy importante saber que, por su cultura, los pacientes reaccionan de una manera distinta y esperan información también de una manera diferente. Son pacientes con un nivel cultural médico generalmente mucho más elevado, más acostumbrados a buscar información médica y, por lo tanto, se les debe dar más información.

En el proceso de ajuste entra también la disciplina y el esfuerzo extra ante la presión académica de generar publicaciones de todo lo que se hace. Si bien esta práctica era algo que hacía con frecuencia en Venezuela, lo hacía *por placer*, porque lo quería hacer, pero yo decidía el ritmo en el camino y, aunque sigo disfrutándolo, la tensión aumenta cuando se hace por *deber*, porque es parte de las responsabilidades, porque deben presentarse cuentas a final de año para determinar cuál ha sido la productividad académica y fijar renovaciones de contratos o cualquier incremento en los beneficios.

En Latinoamérica generalmente se empieza a trabajar en un centro y probablemente te desempeñes en ese lugar de por vida. Aquí se revisa cuán productivo has sido, cuánto has aportado a la academia y, con base en ello, eres estimulado, sin duda, un elemento estructural en la carrera de todo médico que conduce a niveles de excelencia en los que me complace participar y que agradezco.

Algo que sin duda me ha ayudado a habituarme a Los Ángeles y al Keck Medicine, y que rescato de las bondades del trabajo en equipo, es la sectorización, la especialización. En Venezuela manejaba todos los temas de la urología, pero aquí en #usc me he dedicado exclusivamente a la cirugía robótica y el resto de las patologías las refiero a mis colegas, que han desarrollado mayor experticia en otras áreas. Este es un tema que orienta a la excelencia y te impulsa a centrarte y a disfrutar esas áreas en las que has desarrollado más destrezas. Con esto puedo sentarme a disfrutar exclusivamente lo que hago. En mi caso, mi relación con el robot me permite entrar en ese estado de *flow* en el que el tiempo pasa inadvertido. Mi compromiso, una vez frente a él, se mimetiza con la acción de operar, de ofrecer un impacto positivo a cada uno de mis pacientes. Esa pérdida del sentido del tiempo, una vez que empiezo a operar, también la agradezco y ha sido una gran aliada para mi particular proceso de adaptación. En Estados Unidos, esa singularidad de orientar de manera tan sofisticada la especialización me ha dado, como profesional, un sentido de avance, de perfección y a la vez de descanso que aprecio.

En general, puedo decir que el sentido de pertenencia fue progresivo, me tomó unos dos o tres años. La adaptación se va dando en la medida en que conoces gente, cuando por los resultados de tus operaciones empiezan también a conocerte y reconocerte. Vas descubriendo y conectando con gente en la ciudad, estableciendo vínculos y *haciendo familia*. Cuando te mudas no conoces a nadie. Cuando inscribimos a nuestros hijos en el colegio y nos preguntaron a quién debían llamar si pasaba algo, colocamos el número de teléfono de una secretaria del trabajo, porque no teníamos familia alguna a quien referir. Te das cuenta de lo solo que estás, te das cuenta de los lazos y la red de apoyo que has dejado atrás, de la familia cercana que dejaste.

Involucrarme como director del departamento internacional de Keck me obligó a contactar y a conocer a especialistas de otras áreas; iniciar el posgrado de gerencia me obligó también a relacionarme e interactuar con nuevas y más personas. Conocer cada vez a más y más gente, desarrollar esa red interpersonal con la que puedes en un momento determinado contar es lo que realmente te da sentido de pertenencia y te hace avanzar.

Extrañar los sabores, la comida y las formas de todos los días. Ese era otro elemento importante: haber dejado todas las facilidades que tenías. El Hospedaje Clínico que había desarrollado y desde el que dirigía gran parte de mi operación en Venezuela, el consentimiento y la comodidad que eso representaba en todos los sentidos: la sopa gustosa caliente y a tiempo, ese plato que te provocaba y que con tanto cariño te hacían, la disposición de los muebles a tu gusto y a tus anchas, la galería de bromelias que alegraba tus ratos de descanso y que había sido dispuesta de manera tan particular para agradar la vista, recuerdos que siempre están y que te obligan a buscar sustitutos temporales y similares en tu nuevo hogar.

El nuevo ambiente que se impone sobre la ciudad conocida y que dejas es también algo que impacta y a lo que hay que acostumbrarse. Y, de repente, te das cuenta de que estás en una continua búsqueda para identificar elementos en la ciudad que tengan similitud con lo que ha sido tu casa. Yo veía en algunas montañas el parecido con el Ávila, lo buscaba. Esa gloriosa y monumental forma que decora Caracas y da los buenos días de tan especial manera a todos quienes allí se despiertan.

Trataba de ir al mar y de encontrarme con los atardeceres que me recordaban mi casa en Margarita. Descubrir Amara Café fue como encontrar un rincón de Caracas en Los Ángeles. Comer la arepa, escuchar el acento venezolano en las mesas del lugar. Te das cuenta de que eres un ciudadano de aquí y de allá, y que a ratos tus recuerdos vuelan a donde siempre pertenecerás, sin dejar de considerar la angustia que te genera pensar en los afectos, los negocios que sigues teniendo en tu país y las condiciones sociopolíticas y económicas que atraviesa.

Un elemento que sin duda me ayudó en la adaptación y que fue particularmente interesante fue identificar que la comunidad armenia venezolana en esta zona de la ciudad es muy importante. Conozco muchos armenios venezolanos.

Encontrar a una maestra responsable de revisar el proceso de adaptación fue curioso y de mucha ayuda. Cuando se enteró de que éramos venezolanos, nos apoyó sobre cómo navegar y conocer el sistema educativo en Los Ángeles. Así, pudimos seleccionar el colegio correcto para los niños.

Fue importante también conocer a otra profesora. Ella me presentó al decano, originario de Holanda pero que vivió muchos años en Maracaibo —la ciudad petrolera por excelencia en Venezuela—; y también fue ella quien me introdujo a Amara Café, ese espacio gastronómico que se ha vuelto mi casa y refugio y al que siempre voy cuando quiero respirar y sentir la venezolanidad en las maneras de la mesa, en los sabores que se disfrutan, en la melodía particular del español que se habla en Caracas, en las formas que se ven y se sienten. Hemos hecho tan nuestro este lugar, que ya hasta hay una arepa que se llama «Doctor Sotelo». Una vez más, nuestras maneras y el tiempo se vuelven anclajes que te refuerzan en el proceso de lograr pertenencia e identidad.

René Sotelo [CONTINÚA EN PÁGINA 167]

5

Qué dejé en mi país

Antonio J. Berlanga-Taylor

[COLOMBIA, REINO UNIDO, FRANCIA]

El caos

Dejé atrás el caos. Aunque nos cueste trabajo admitirlo, o ya no lo notemos, México es caótico. La inseguridad, la corrupción y las desigualdades causan grandes ineficiencias, confrontaciones y mucha frustración.

Colombia lamentablemente es similar. En Colombia trabajé en una zona de conflicto armado. Ahí las cosas estaban tranquilas hasta que se soltaba el terror. Algunos muertos después, según nos contaba la comunidad, regresaba la tensa calma. En el Reino Unido y en Francia la cohesión, la estabilidad social y la seguridad personal son altas. Ningún lugar es perfecto y hay muchas cosas criticables tanto en un lado como en otro. Lo que sí, y me duele decirlo, en México vivir es duro.

Como alguna vez me dijo un bobby londinense[2]: «Tú mira a la derecha y a la izquierda antes de cruzar la calle, nosotros nos encargamos de todo lo demás». Y aunque en Londres también hay historias de violencia, en general pienso que tiene razón.

El mole, la novia y la familia

Al salir de México tuve que dejar atrás a la novia y a la familia. La novia no fue tan difícil porque, cuando empezamos la relación, los dos sabíamos que yo me iría, así que no hubo drama. Creo que fue más difícil para mis padres. Hace poco entendí que para mí fue muy fácil emprender la aventura, pero para quienes se quedan es mucho más difícil. Yo tenía mil distracciones, pero mis padres no. Y el ser mamá y papá no se quita: ellos siempre estarán preocupados por mi bienestar. Soy muy afortunado por contar con su apoyo y amor.

Cuando sí he caído en el drama ha sido después de algunos meses de estar abrumado con el trabajo, con sentimientos de aislamiento y con el estrés de tratar de adaptarme a un nuevo lugar, trabajo, idioma y cultura.

Junto con la familia pongo a mis amistades. Cuando emigré, varios de mis amigos ya se habían dispersado y de hecho un par ya vivía en el extranjero para cuando yo terminé el servicio social. Para mí los cuates representan no solo apoyo fraternal, también son una válvula de escape. Estar sin ellos y ellas agudiza los sentimientos de aislamiento y amplifica la frustración de no encontrar con quien comunicarnos a un nivel más profundo, a pesar de tener fluidez en la lengua. Estar lejos, persiguiendo sueños, es emocionante y trae grandes beneficios y experiencias; lo triste y difícil es que también tiene consecuencias: falté a bodas, nacimientos y momentos importantes de mi familia y amigos.

---

[2] Nota de la Redacción: Denominación popular que reciben los agentes de la policía londinense.

Por ejemplo, cuando falleció mi abuelo, no pude visitarlo ni acudir a su funeral. Yo era joven, y el estar lejos lo hizo más doloroso. No fue hasta siete años más tarde que pude cerrar ese ciclo y logré despedirme de él. Ahora, en la pandemia de COVID-19, las cosas son peores y, de alguna manera, hay que tratar de estar preparados para despedirnos a distancia.

Hablando de otro tema, otra cosa que dejé atrás fue por supuesto la comida mexicana. No por nada la cocina mexicana fue declarada Patrimonio Cultural de la Humanidad por la Unesco. Los tacos de cualquier esquina son mucho más baratos, sabrosos y están mucho mejor servidos que algunos platillos de restaurantes a los que he tenido oportunidad de ir en Europa. La gran creatividad e inteligencia británica lamentablemente no produjo una cocina ni remotamente cercana a la mexicana. Otra belleza que pasé por alto en su momento fueron las playas mexicanas. Ya superada la fascinación por lo extranjero me di cuenta de algunas de las grandes cualidades que tenemos en México. Todos los lugares tienen su belleza, pero México está por supuesto en mi corazón, y ¡que lindo es!

Antonio J. Berlanga-Taylor [CONTINÚA EN PÁGINA 169]

Edmundo Erazo

[PAÍSES BAJOS]

Dejar México fue difícil. En mi caso significó dejar el hospital donde me sentía como en casa tanto profesional como personalmente, y donde tenía buenos amigos y colegas. Creo que todos los que somos médicos en algún momento creamos una conexión con la casa que nos entrenó, como internos, residentes o subespecialistas.

Después de graduarse vienen ideas de dónde quisiera uno quedarse a trabajar o practicar la medicina. Profesionalmente yo dejé de trabajar con quien fue mi maestro de medicina interna. Para mí él es un mentor más que un maestro y posteriormente se convirtió en mi amigo. Pero todos buscamos dedicarnos a lo que más no llama la atención, y yo siempre quise hacer investigación y busqué la forma de hacerlo en Europa. Pero al tomar decisiones siempre renunciamos a otra cosa, no solo en lo profesional, sino en todos los ámbitos.

Yo dejé en México a mi familia y a veces pasaron años sin poder visitarlos. En particular, la pandemia de COVID-19 ha hecho aún más complicado visitarnos. Renuncias a que la gente con quienes creciste (amigos, colegas) te tengan presente. Si no estás constantemente ahí, la gente continúa y el tiempo no se detiene porque tú te fuiste. Eso es algo que debes entender: uno a veces siente que el tiempo se detuvo en México y que en algún momento, al regresar, todo estará tal y como lo dejaste.

Pero así como dejé personas y experiencias en México, gané experiencias al llegar a los Países Bajos. Al aventurarme a lo desconocido gané amigos, me enfrenté a retos y, sobre todo, pude alcanzar mis metas personales. Uno toma riesgos en la vida y decide con qué puede vivir y con qué no. Yo sabía que podría vivir fuera de mi país y lejos de mi familia, pero no con la idea de nunca haber intentado buscar mi pasión de hacer investigación clínica en otro país.

Edmundo Erazo [CONTINÚA EN PÁGINA 171]

Yoel Korenfeld

[MÉXICO, ESTADOS UNIDOS, COLOMBIA]

México es y siempre será mi segundo hogar. Nací y crecí en Colombia, así que siempre me he sentido muy colombiano. Pero cuando llegué a vivir a México, rápidamente me puse la camiseta verde y siempre me he sentido muy mexicano. Así que cuando me fui, primero a Estados Unidos y luego a Colombia —en donde vivo ahora—, lo que más he extrañado de México es a México en sí mismo: su cultura, la comida, la gente, los lugares.

Soy egresado de la UNAM y siempre me sentiré muy orgulloso de ser Puma, así que una de las cosas que más extraño es la universidad. Obviamente extraño también mucho a mi familia: mi papá, mis hermanos, mis tíos y primos. En Colombia estaba mi madre, pero ella falleció en 2018, y en Medellín solamente tengo a mi esposa y a su familia.

Una de las cosas más difíciles de emigrar es dejar atrás a la familia, y aunque la tecnología facilita el contacto, nunca es lo mismo que verse seguido y compartir momentos.

En México también dejé amigos que me hacen mucha falta. Las amistades establecidas en el periodo de la universidad son relaciones que duran para siempre. La distancia las dificulta, pero no me ha impedido seguir en contacto con mis amigos más cercanos.

Yoel Korenfeld [Continúa en página 173]

Rafael G. Magaña

[INGLATERRA, ESTADOS UNIDOS]

Desde que tengo memoria, nunca he estado en un sitio el suficiente tiempo como para integrarme completamente. Esto se debía en gran parte a las obligaciones laborales de mi padre, quien como médico militar tenía que cambiar de regimiento con frecuencia: durante mi niñez viví en la Ciudad de México, en Ixtepec y Puerto Escondido, en Oaxaca; en Cerro Azul, Veracruz; y en Delicias, Chihuahua.

Después de esa época, mi padre inició una residencia en neurocirugía en Inglaterra. Allí también cambiamos de residencia varias veces. De Londres a Stoke on Trent, de ahí a Wakefield y a Swansea en Gales. Creo que mi manera de ver estos traslados y todo lo que implicaban eran poco usuales para un niño.

Así que nunca sentí que perteneciera culturalmente a Inglaterra y, al regresar a México, tuve un choque cultural que me hizo sentir igual. Así que cundo fui a Estados Unidos, la capacidad de adaptación no fue fácil, pero no era un concepto ajeno para mí.

Asistí a la preparatoria y a la Facultad de Medicina en la Ciudad de México. Durante esos años aprecié cada vez más a mi país y creció mi cariño por su historia, su cultura y costumbres. Por primera vez formé lazos de amistad que fueron muy valiosos durante mi juventud.

Pero después de esa etapa sentí que quería hacer cambios en los ámbitos académicos y cultural. Deseaba estar en un lugar en que pudiera encontrar personas de diversos orígenes pero con historias semejantes a la mía; y Nueva York era ese lugar.

En México dejé a parte de mi familia y a mis amigos. Siento que yo estaba listo para un cambio y que, a pesar de la incertidumbre que representaba el viaje, también había muchas oportunidades de ganar experiencias y aprendizajes.

En retrospectiva, a pesar de que en ese momento asumí feliz el reto del cambio, no me di cuenta de que la vida sigue. Aunque lleves en el corazón a la familia, está físicamente lejos, pero la vida continúa. Uno no está consciente de todo eso a los 26 años.

Mi situación migratoria y de residencia no me permitió estar cerca de mi familia en momentos críticos e importantes. En esa época perdí a dos tíos y a un primo muy queridos. También falleció mi adorada abuela Nayma Habib, de quien lamentablemente no pude despedirme. Esas pérdidas aún pesan en mi corazón. Emigrar trae consigo muchas oportunidades, pero también un costo emocional difícil de cuantificar.

En México dejé toda una vida: amistades forjadas a lo largo de mi adolescencia, novias que ahora recuerdo con cariño y nostalgia. Además me despedí de mi familia sin imaginarme que a algunos no los volvería a ver. Dejé también mi gusto por aquellas cosas que hacen único a mi país: las artes, la cultura, la comida y el folclor.

En México dejé la certidumbre a cambio de oportunidades y la esperanza del progreso personal. Siento que he cumplido la mayor parte mis objetivos, otros eran solamente deseos poco realistas.

Por otro lado, llevaba años pensando salir del país. Después de todo, hasta ese momento, todos los traslados que hice estuvieron fuera de mi control. Sentí que era mi turno de tomar acción y hacer lo que siempre había querido, tanto en el ámbito profesional como en el personal. ¡Así que me lance!

Por frívolo que parezca, uno de mis más grandes placeres en la vida es la comida. La cocina en México es diversa, extensa y compleja. Los platillos más interesantes de los que tengo memoria representan en sí mismos un capítulo de mi vida en México: desde las quesadillas que vendían atrás de mi preparatoria, los grillos fritos que comía en los veranos en Oaxaca, los chamorros y los tacos del parque Tlacoquemécatl, en la colonia del Valle, donde viví durante tantos años.

El último año que estuve en México fue particularmente difícil. Fue mi año de internado quirúrgico en los hospitales Adolfo López Mateos y en el 20 de Noviembre. Ahí viví momentos de aprendizaje que fueron más allá de lo quirúrgico; fueron lecciones personales acerca de mis alcances académicos y técnicos como cirujano. También eso dejé en México.

Pero también dejé atrás a los que considero sistemas educativos y laborales abusivos e injustos. Sabía que no podría continuar con un segundo año en un sistema por el que no sentía admiración alguna; y esperaba con ansias y emoción terminar mi internado.

Para colmo de males, durante ese año, por primera vez una novia terminó abruptamente conmigo para salir con alguien más. Mi ego no toleró ese hecho, y para empeorar la situación tenía que cumplir con las guardias AB, lo que acabó con cualquier vida social a la que podía aspirar en ese momento.

Poco antes de emigrar permanentemente a los Estados Unidos, mi exnovia regresó conmigo, pero ya no fue lo mismo. Finalmente ese noviazgo no era tan importante como yo pensaba, así que me despedí de esa chica.

¿Que dejé en México? Dejé una parte de mí y de mi corazón.

Rafael G. Magaña [CONTINÚA EN PÁGINA 174]

Nissin Nahmias

Este capítulo es de los más emocionales para mí. En México dejé todo lo conocido, lo familiar, lo que hasta ese momento fui, dejé los lugares de mi infancia y juventud, a los amigos y años de convivencia que ya no volverán.

Dejé la convivencia cotidiana con mis padres, y la ciudad donde crecí. México es dinámico, cambiante; pero el México que vive en mis recuerdos es estático. Siempre que cambias de residencia guardas una idea de lo que tu hogar representaba y de la gente que dejas atrás. Cuando regresas te das cuenta de que todo ha cambiado, que los lugares evolucionan y las personas también, los amigos crecen, tienen nuevas familias, se mudan...Por eso cada vez que regreso a la Ciudad de México, para mí es una ciudad nueva, tiene algo familiar, y en ella hay gran parte de mí, pero al mismo tiempo es una ciudad distinta.

Nissin Nahmias [Continúa en página 175]

Joaquín Pereyra Macías
[AUSTRALIA]

Recuerdo que salimos de México un jueves por la tarde. Varios amigos y familiares fueron al aeropuerto a despedir a mi pareja, Emilia; y a mí solo fueron a despedirme mi mamá y mi hermano. Estaba tan feliz de dejar un trabajo que aborrecía, y tan emocionado por la aventura que teníamos por delante, que el dolor de despedirme se enmascaró con felicidad, nerviosismo y anhelo. Al paso del tiempo, y habiendo vivido tantas, hoy puedo decir sin temor a equivocarme que las despedidas se han convertido en una de mis vivencias más desagradables. Cuando vine a Australia por primera vez, no había notado que despedirme de alguien significaba no verlos por mucho tiempo, a veces años, y entender lo mucho que me distanciaba de mis seres queridos ha sido doloroso y emocionalmente desgastante.

Con frecuencia me preguntan qué es lo que más extraño de México. La respuesta es fácil: a la gente. Esto se definió con la llegada de mi hija hace cuatro años. Aunque antes de su nacimiento me dolía despedirme de mi familia, cuando ella nació las despedidas se hicieron más difíciles. Dicen que la crianza es una tarea de comunidades enteras y no criamos a nuestros hijos solos, sino con la ayuda de familiares, amigos y la sociedad en general. Aunque tuvimos un poco de ayuda familiar cuando nació mi hija, nos quedamos sin apoyo cuando cumplió cuatro meses. Creo que nunca había extrañado tanto a mi familia, particularmente a mi mamá, quien nos ayudó mucho tras su nacimiento y cuya partida me dejó un gran vacío.

Ahora, me pasa algo curioso, en ocasiones optaría por no ir a México porque anticipo la despedida tan dolorosa que preferiría evitarla por completo. Esto representa un dilema interesante, porque cuando estoy en Australia extraño muchas cosas de mi país que cuando estoy allá me cuesta disfrutar, pues sé que el placer será temporal.

Además de la familia, los amigos también se quedan y continúan con su vida. Ellos se siguen viendo y acumulan experiencias de las que yo ya no formo parte. Ahora, cuando los veo, comparten anécdotas que no entiendo o con las que no me relaciono. Duele entender que cada vez estás un poco más alejado de tus raíces.

Pero no solo mi gente se quedó en México, también se quedó la facilidad para comunicarme y entender profundamente la cultura que me rodea. Se quedaron las fiestas con los amigos y la fiestas de sus hijos (que me duele perderme más que las de mis propios amigos); se quedaron los abuelos y los primos y primas de mis hijos; se quedaron amigos y familiares delgados, con pelo y sin hijos; se quedó mi padre aún saludable y completamente independiente; se quedaron mis contactos y la facilidad de resolver algunas cosas con una llamada telefónica; se quedaron las vacaciones en lugares paradisíacos, relativamente baratos y con clima perfecto a la mitad del invierno; se quedó el clima constante de la Ciudad de México; se quedó la valiosísima ayuda de personas que asisten con la limpieza del hogar y que, en muchos países, Australia incluido, es inexistente; se quedó el cine bueno, bonito y barato; se quedaron los restaurantes con área de juego para niños (cuya importancia para comer con tranquilidad jamás hubiera imaginado); se quedaron las sobremesas; se quedaron los mariachis; se quedaron las tortillas de buena calidad, el queso Oaxaca, la barbacoa, las gorditas y la cerveza barata; se quedó un horario mucho más compatible con el del resto del mundo; se quedó una oferta increíble de actividades culturales de la más alta calidad; se quedaron los buenos conciertos; se quedó un país y una cultura totalmente surrealista; y se quedó una ciudad caótica pero llena de vida en la que es imposible aburrirse.

También dejé otras cosas: dejé un país donde la corrupción a todos niveles está normalizada; dejé una sociedad que considera que las leyes están hechas para romperse, y un país en el que las normas son vistas como sugerencias. Dejé una ciudad en la que tanto yo, como todos los miembros de mi familia cercana y la mayoría de mis amigos, hemos sido víctimas de la violencia; dejé el miedo constante a ser asaltado y el temor a usar el transporte público; dejé de practicar deportes de alto riesgo, como manejar, andar en bicicleta y caminar por las calles de la Ciudad de México; dejé a los *viene-viene;* dejé la contaminación, el Hoy no circula, la verificación, la tenencia y el predial; dejé los temblores, la preocupación sobre la paridad peso-dólar y la ansiedad ante el siguiente gasolinazo; dejé un sistema de salud absurdamente jerárquico en el que los médicos residentes creen que es normal ser abusado por sus superiores y trabajar 36 horas continuas a cambio de una salario miserable; dejé un sistema político podrido y corrupto; dejé un sistema de salud mental sumamente arcaico y, finalmente, dejé un país que jamás hubiera podido enfrentar una pandemia de manera exitosa.

Como dice una buena amiga, nunca vas a tener todo lo bueno ni todo lo malo, ni en México ni en Australia, el secreto es valorar lo que sí tienes en donde estás, no lo que dejaste, porque eso no es más que fantasía.

Joaquín Pereyra Macías [Continúa en página 176]

Luis Rodrigo Reynoso

[ETIOPÍA]

Desde que se presentó la oportunidad de emigrar a Etiopía, me ilusioné mucho. El hecho de pensar que me enfrentaba a algo desconocido me brindaba cierta satisfacción. Pero saber que estaría rodeado de tribus representaba para mí un gran estímulo. De cualquier forma no tenía mucho tiempo para pensar en todo aquello que dejaba atrás.

Aunque debo reconocer que, por mi largo historial como nómada, he aprendido a desapegarme. Si bien puedo empacar mi vida entera en una maleta de 23 kilogramos, existen infinidad personas que añoras, pero que es imposible llevar contigo: familia y amigos. Y siempre te queda la esperanza de que cuando regreses nada haya cambiado.

Un rasgo que compartimos los mexicanos que emigramos es la nostalgia por la comida. Cuando viajo llevo conmigo pasta de mole, tortillas, jalapeños, polvo de chiles, salsas, dulces tradicionales de tamarindo y chile en todas sus presentaciones. Y este viaje no fue la excepción. Lo hago por mí y ahora por mi esposa (quien por primera vez vive fuera de Guadalajara); pero también porque me gusta mostrar un poco de nuestra gastronomía a nuestros anfitriones. Además de la comida, en esta ocasión empaqué mis prendas favoritas, las más cómodas y funcionales, cuatro trajes quirúrgicos y toda la cantidad posible de suturas, medicamentos, lápices y parches para cauterio, y cuanto material pudiera servir. Una maleta de más de 23 kilogramos fue ocupada por materiales e insumos quirúrgicos donados solidariamente por colegas del área de salud que nos apoyaban en esta gran decisión.

Mi esposa y yo vendimos uno de nuestros autos y el otro lo dejamos a consignación con la esperanza de que su venta nos permitiera tener algunos ahorros, por si se presentaba una emergencia. Desocupamos el «manicomio», nuestro nido de amor, lo que nos hizo darnos cuenta de cómo, inconscientemente, nos habíamos llenado de pertenencias y recuerdos.

Pero lo que es más doloroso es dejar a la familia y a los amigos. Sin duda, cuando emigras, siempre tienes el anhelo de volverlos a ver, a abrazar, y poder contarles todas tus anécdotas. Puede decirse, sin embargo, que la situación familiar para mi esposa y para mí, era la ideal: con nuestros padres vivos y sanos, y con la certeza de que nuestros hermanos estarían cerca de ellos pudimos hacer el viaje con cierta tranquilidad.

Así que sin pensarlo dos veces, organizamos una pedida de mano muy a mi inusual, presentamos a ambas familias, les comunicamos nuestras intenciones para casarnos bajo un ritual maya —muy en contra y con todo el pesar y las lágrimas de mi madre, ferviente católica—, para además avisarles que luego de casarnos habíamos decidido vivir en Etiopía, la reacción de ambos padres traducida por sus expresiones faciales es una de esas cosas en la vida que no tienen precio, mis suegros principalmente, mis padres pudiera decir que ya estaban acostumbrados. Pero no, mi madre todavía llora ante cada uno de mis viajes, saca su agua bendita y comienza a repetir en voz alta: «En nombre del padre, del hijo y del espíritu santo, Sagrado Corazón del buen camino, llévalos sanos y salvos a su destino». Al menos dos veces son de rigor, y podría seguir dándote bendiciones hasta que escurrieran las gotas por tu frente, pues nunca son suficientes, he llegado a acumular hasta ocho bendiciones antes de una partida.

También dejamos a Mustafá, nuestro gato. Habíamos hecho todos los preparativos para llevarlo con nosotros, incluso habíamos pagado su cuota de viaje. Sin embargo, la falta de alimento y arena para gato, la inexistente atención veterinaria (nos habían informado que de necesitar un veterinario para nuestro gato, debíamos viajar a Kenia), así como el poco respeto que en país se tiene hacia las mascotas nos hicieron desistir.

Decidimos que era mejor que nosotros exploráramos el lugar antes de resolver si Mustafá pudiera viajar más adelante. Un par de amigos se comprometió a llevarlo en caso de que fuera posible, y mientras tanto se quedó en casa con Nananina, mi suegra, quien hasta la fecha me guarda resentimiento, ya que recién había tapizados sus muebles.

Así, con cuatro maletas —donde no llevábamos el molcajete porque no pudimos— y muchos sentimientos encontrados, dejamos nuestro natal México. Cuando la incertidumbre invadía mi mente, yo recordaba la canción de Facundo Cabral y reafirmaba que era tiempo de irnos: «No soy de aquí / ni soy de allá. / No tengo edad / ni porvenir / y ser feliz / es mi color de identidad».

Cuando el miedo oprimía mi corazón, escuchaba el mandato de Abraham: «Abandona tu tierra natal y la casa de tu padre y ve al país que yo te indicaré, haré de ti una gran nación, te bendeciré y por ti se bendecirán todos los pueblos de la tierra».

—¡Gracias México!

Luis Rodrigo Reynoso [Continúa en página 181]

Jack Rubinstein
[ESTADOS UNIDOS]

> «Pobre México, tan lejos de Dios y tan cerca de Estados Unidos».
> Atribuido a Porfirio Díaz, pero probablemente escrito por Nemesio García Naranjo

Para mí visitar a México es una regresión y al mismo tiempo una oportunidad para reevaluar mis decisiones de vida. Las repercusiones personales y sociales de vivir en el extranjero son claras y a veces dolorosas. Dejar atrás a mi familia significó no estar presente en momentos clave de sus vidas, incluyendo las muertes de mi abuelo, padre y suegro. Estas pérdidas vinieron con oportunidades de crecimiento personal, no cabe duda pero, haciendo un balance, aún no me queda claro si tomé la decisión correcta con relación a mi vida personal.

En contraste, las repercusiones profesionales han sido indudablemente positivas. Mis visitas a México —la más reciente con motivo de la muerte de mi padre— me dejan claro que desde el punto de vista del entrenamiento médico y científico no hay comparación entre los Estados Unidos y México.

A este capítulo lo guía la pregunta: «¿Qué dejé en México?»

Dejé un sistema de entrenamiento francamente punitivo para el residente. Un sistema arcaico, jerárquico y agresivo, enfocado en tratar de romper al joven doctor a través de trabajo de talacha, guardias de castigo y horarios que bajo otras circunstancias se considerarían crímenes de guerra. Este sistema se mantiene inflexible y se fundamenta en un principio que solo los veteranos defienden: «Si yo lo sobreviví, ellos lo sobrevivirán», ignorando el sesgo de supervivencia y sin el menor respeto a la humanidad que los médicos en entrenamiento merecen.

¿Qué dejé en México? Dejé un sistema de salud público en donde los residentes y los adscritos trabajan por un salario precario, uno de los más bajos del mundo. Un salario que obliga a todos los médicos a priorizar la práctica privada y a pacientes asegurados para sobrevivir económicamente.

¿Qué dejé en México? Un sistema de salud privado donde los médicos de mayor edad controlan la entrada y salida de los doctores más jóvenes.

Ellos, usando su posición de poder, compiten con otros médicos y bloquean a otros para que no asciendan, y así no quedarse sin trabajo. Estos pleitos por mantener a los pacientes y referirlos solo a sus aliados resulta en seguridad para el médico, pero en el descuido del paciente.

¿Qué dejé en México? Un sistema de investigación científica y médica artrítico, no por falta de capacidad intelectual ni por falta de imaginación científica, más bien por falta de visión política y sustento económico. La investigación de avanzada requiere que se estimule y apoye la ciencia en todos los sectores, desde la escuela primaria hasta los laboratorios en los institutos nacionales. Esto es imposible cuando la beca del investigador de más alto nivel dentro del Sistema Nacional de Investigadores corresponde al salario semanal de un técnico en Estados Unidos.

¿Qué dejé en México? Mi esperanza de que el sistema de salud mexicano pueda salir adelante.

Jack Rubinstein [CONTINÚA EN PÁGINA 184]

Alberto Saltiel

[ISRAEL]

México es y siempre será mi casa. Nací y crecí en un país hermoso que me encanta y que extraño todos los días. Al dejar el país, dejé una cultura increíble llena de calidez y de tradición. Dejé mi casa, la comodidad de mi rutina y todo aquello que gozaba en mi país. Dejé los tacos al pastor, las carnitas, las micheladas, la cochinita pibil, los chiles en nogada, los altares de Día de Muertos y a los viene-viene de la calle. Dejé los tamales y el atole de la doña. Dejé al pueblo mexicano que ayuda a su prójimo sin pensarlo dos veces. Dejé al mexicano que sonríe ante la adversidad y encuentra soluciones a su manera.

Dejé la seguridad y tranquilidad mental de todo lo que conozco. La facilidad de hacer mi día a día automáticamente. La posibilidad de ir a la tiendita a comprar la pieza que necesito para arreglar algo en casa. Dejé la sensación de libertad. Si, claro, Israel es un país libre y yo sigo siendo libre, pero al dejar México, hasta que me adapté por completo a Israel, dejé la libertad de moverme sin limitaciones. En México no me sentía restringido por el idioma, la cultura o el conocimiento nacional. Sabía moverme libremente por la ciudad e incluso por el país y, al llegar aquí, no podía hacerlo.

Siempre he sido una persona muy sociable y gran parte de la dificultad de migrar es dejar a la gente con la que has crecido. Dejar atrás todas las pláticas, las conversaciones en silencio, las miradas y las complicidades es, sin duda, una de las cosas más difíciles. Ellos son con quienes crecí, con quienes viví múltiples experiencias, fracasos y logros, risas, sonrisas, lágrimas y pleitos. Esas son las amistades que me acompañaron en el proceso de convertirme en quien soy y dejarlos atrás siempre es difícil. Afortunadamente no se olvidan y solo es la distancia la que nos separa.

La parte más difícil de migrar y lo más valioso que dejé en México sin duda es a mi querida familia. Crecí en un núcleo familiar estrecho, en compañía de tíos, primos y abuelos. Dejé atrás las comidas familiares, los festejos y las cenas de Shabbat (cena de viernes por la noche). Dejé la posibilidad de ver crecer a mis sobrinos y disfrutarlos. Es difícil vivir nuevas experiencias, logros, retos y fracasos y no poder compartirlos en persona con tu familia.

Afortunadamente hoy en día la tecnología nos ayuda y hace que la distancia sea más corta. Hoy podemos gozar de la familia, ser parte de los festejos y compartir nuevas experiencias virtuales y, aunque no es lo mismo, podemos disfrutarlo y sentirnos cerca. Lo que dejamos atrás al migrar tiene mucho valor y mucho peso, pero lo que adquirimos hace que el sacrificio valga la pena.

Alberto Saltiel [Continúa en página 187]

Lorenz Schenk

[ALEMANIA]

Cuando dejé México me costó despedirme de los amigos que me conocen desde la infancia y de sus familias que también son mi familia, especialmente de sus padres que durante toda mi vida me enseñaban y reprendían. De ellos aprendí infinidad de cosas que valoro y agradezco.

Por ese entonces en México se escuchaba mucho sobre la fuga de cerebros; y no faltó quien me pidiera que me quedara porque mi país me necesitaba. Esas palabras las tengo en mi mente desde entonces, y parte de mí sentía que al irme traicionaba a México, el país que les dio a mis padres un hogar y que ahora resguarda sus restos. Sin embargo, la vida empezó a cambiar tan rápido que yo no logré asimilar lo que pasaba a mi alrededor. Mi infancia y adolescencia las viví al máximo, pero para ser honestos mi hogar ya no me daba seguridad y comencé a vivir con miedo. Así que, al terminar la carrera, sopesé todas las posibilidades, los pros y los contras, y la mejor decisión fue salir del país. Fue la única que me ayudó a encontrar la tranquilidad que buscaba, pero nunca le he cerrado la puerta a la posibilidad de regresar algún día a mi país.

Mi familia entendió y apoyó mi decisión. Mis padres y hermanos habían emigrado en distintas etapas de sus vidas. Emigrar es algo que, creo, se lleva en la sangre: mis abuelos venían también de familias de migrantes. Y de mis padres ya han leído la historia.

En ese momento mis amigos de la universidad estaban enfocados en sus propias carreras y trabajaban por salir adelante, al igual que yo, así que tiempo libre era lo que menos teníamos.

Lorenz Schenk [CONTINÚA EN PÁGINA 188]

Ilan Shapiro

[ESTADOS UNIDOS]

Con lágrimas en los ojos comienzo este capítulo. No sé si debe a la reflexión sobre mi vida y la contemplación del pasado. Para mí, México significa refugio, crecimiento y experimentación. La base de lo que soy fue formada en la Ciudad de México, un país en formación, con muchos contrastes y desigualdad.

Por más de 25 años viví experiencias y vivencias en México. Comenzaré contándoles sobre mi familia, amigos y después sobre otras cosas que están presentes en mi corazón, pero que tuve que dejar al salir al mundo.

Familia

La familia es una de esas cosas que dejé y que más extraño. Vengo de una familia con muchos vínculos e historias y con la que convivía cada semana. Extraño los debates de fin de semana para decidir a qué parte de la familia visitaríamos, o más importante aún, con quiénes pasaríamos las cenas de los viernes. Extraño a mi familia directa, tíos y amigos, las cenas llenas de pasión y comida. Si bien siento que por una parte estoy alejando a mis hijos de sus raíces, por otra parte ellos son *mexi-can*. Para mi formación fue importante compartir con mi familia en nacimientos, graduaciones, cumpleaños y festividades; pero también acompañarnos en los momentos difíciles, o cuando alguien fallecía. Todo esto formaba parte de un ciclo completo de risas y llantos que, desgraciadamente (o gracias a D-*os*), para mis hijos vivirán de diferente manera.

Amigos

¡Cómo extraño las actividades que comenzaban a las nueve o diez de la noche! Y pensar que ahora cenar a las seis y media me parece tarde. Dejé muchos amigos en el camino, para algunos la gasolina simplemente se acabó, otros nos abandonaron muy rápido. En un principio, para pertenecer a grupo de amigos solo hacía falta hacerse presente. Hoy esa lista no necesita nada, esa lista simplemente *es*.

Y lo increíble es que, al momento de llamarnos o encontrarnos, es como si no hubiera pasado el tiempo, parecería que aún vivo a la vuelta de la esquina y que solo fui por unas botanitas. Este mismo ciclo hizo mucho más breve el cortejo en entre amigos en Chicago, Florida y finalmente en Los Ángeles, lugares donde el beneficio ha estado en la calidad y no en la cantidad de nuevas amistades.

Memorias

Dejé mis amados scouts. Durante al menos quince años de mi vida formé parte de una organización que me dio muchas herramientas y herman@s de quienes aprendí habilidades de liderazgo y manejo de grupos, capacidad de planeación y ejecución, y la conciencia de trabajar por el bien social. Espero que en mi mente no desaparezcan las salidas a acampar, las caminatas interminables y, sobre todo, las historias vividas.

Por otro lado, mi relación con diferentes escuelas en convivios, bailes y festivales fue clave para desarrollar amistades que no serán borradas por el tiempo.

Ilan Shapiro [Continúa en página 189]

René Sotelo

[ESTADOS UNIDOS]

Qué dejé en Venezuela

Es difícil saber qué se deja cuando se emigra, porque la verdad es que uno se lleva consigo las vivencias, las experiencias, los recuerdos, la esencia del país que te hace y que te marca. Junto contigo en la maleta van los lugares, los olores, los sabores, las maneras que te dan identidad; pero es eso mismo, son esas sensaciones de arraigo las que a la vez se quedan en cientos de añoranzas y miles de historias, ancladas en el camino que se forjó y en la huella que se marcó. Se deja una vida y uno se lleva esa vida también, para empezar, para sumar, para avanzar.

En Venezuela dejé mi casa, ese espacio en el que hacía la vida junto a mi familia; dejé años de práctica médica junto a mis colegas, el encuentro con el señor del estacionamiento todas las mañanas, el café servido por la misma sonrisa durante años y los buenos días de caras conocidas. Dejé una galería de bromelias entre las que caminaba si quería hacer una pausa en el día, y los colores naranja, amarillo, morado y fucsia de las cayenas, esas flores tan características de las casonas de La Floresta, zona de Caracas que, durante años, fue también mi casa.

Dejé la tranquilidad de saber que tienes el afecto de la familia, amigos, vecinos y compañeros de trabajo, esa red de personas que se va tejiendo a lo largo de los años y que te da seguridad en tiempos de adversidad, pues sabes que cuentas con ellos cuando los necesites. Sin saberlo, quizá será algo de lo que más extrañes, como también será eso lo que te esforzarás por lograr en cualquier lugar en el que estés.

Dejé las maneras del venezolano, su sentido del humor y de la amistad, la rapidez para entablar una conversación con un desconocido y esa sensación placentera que te da —pasados quince minutos— recibir una tarjeta junto a la mayor honestidad cuando te dicen: «Llámame o te llamo para tomarnos un café pronto porque, de verdad, fue un gustazo conocerte».

Dejé un legado de trabajo, una estructura llamada UNIC (Unidad de Cirugía Robótica e Invasión Mínima) que formé y que sigue prestando servicios médicos e investigando para aportar valor académico entre el grupo de pacientes que logré acumular en décadas de estudio y labor médica. Funciona como una extensión de lo que soy y sigue formando parte de la historia de quienes durante tantos años han puesto su confianza en mí, como su médico y consultor de salud.

Dejé también ese espacio maravilloso que lleva por nombre Hospedaje Clínico, un centro de recuperación para pacientes en procesos postoperatorios, a quienes se quiere consentir de una manera especial y para quienes quieren tomar una pausa antes de volver a empezar.

Dejé mi refugio, Piedras Blancas, anclado en el pueblo de La Guardia, ese mágico lugar que me acompaña siempre en mis recuerdos y que espera mi regreso: mi casa frente al mar Caribe. Quizás una de las cosas de las que más me costó desprenderme y que, a la vez, es la mejor razón para alegrarme cuando vuelvo a su encuentro.

Todo quedó igual, todo está en su sitio para recibirme cada vez que regreso a Venezuela; cuatro veces al año rescato eso que dejé atrás, y sonrío cuando lo vuelvo a encontrar.

René Sotelo [CONTINÚA EN PÁGINA 192]

6

Mi nueva vida y mi familia

Antonio J. Berlanga-Taylor

[COLOMBIA, REINO UNIDO, FRANCIA]

El amor no tiene fronteras

Cuando salí de México tenía la firme convicción de regresar y contribuir con el desarrollo de mi país. Pero al conocer a mi prometida, que es británica, las opciones de regresar disminuyeron considerablemente. Desde entonces decidí contribuir de otra manera: construyendo lazos entre investigadores, recaudando fondos para trabajo en conjunto y para que investigadores e investigadoras de México puedan realizar estancias posdoctorales en el extranjero.

Hoy en día mi familia está compuesta por mi prometida y Tulla, una cachorrita de seis meses que se ha vuelto nuestro centro de atención; además tenemos planes de tener hijos.

Nuestras familias extendidas están distribuidas entre Inglaterra, México y otros tres países. Esto hace que la comunicación con ellas sea difícil y que nos veamos poco. Pero también nos permite vivir otras experiencias, tener la oportunidad de visitarlos de vez en cuando y conocer otros lugares a través de ellos.

En este momento mi prometida y yo vivimos en Francia y, por azares del destino, uno de mis mejores amigos vive a tan solo a unas horas en auto. Debido al coronavirus no tengo oportunidad de verlo mucho, pero estamos más cerca que antes.

Como si hubiera sido ayer

Los últimos trece años han sido increíblemente intensos y recuerdo, como si fuera ayer, cuando trabajaba como médico de servicio social en Hidalgo. Aunque estoy más viejo y cansado, tengo las mismas esperanzas, ilusiones y objetivos. Las cosas, por supuesto, son diferentes. El tiempo no pasa en vano.

Gracias a las experiencias que he tenido tanto a nivel personal como profesional, hoy puedo liderar proyectos, aconsejar a otros y participar de mejor manera en la investigación tanto en México como a nivel internacional.

La incertidumbre laboral y el éxito profesional

Una de las razones más importantes que me llevaron a salir de México fue la búsqueda de mayores oportunidades profesionales. En México, los puestos de investigación son, por lo general, por tiempo indefinido. En el Reino Unido esos puestos han desaparecido en los últimos 20 años y, han tomado su lugar los llamados *fellowships*, financiados de manera externa, frecuentemente por el gobierno o por organizaciones caritativas e incluyen tanto los fondos para la investigación como los sueldos del equipo de investigación.

Inclusive para los puestos permanentes, los periodos de pruebas son largos (de tres años) y habitualmente tienen como criterio obtener fuentes de financiamiento externos. Al comienzo esto no me preocupaba, pero ahora, con responsabilidades financieras, tener certidumbre laboral es muy importante para mí.

Desafortunadamente no hay una solución sencilla, y este es el estado del mercado laboral en Inglaterra. Lo único que queda es disfrutar el trabajo, decidir con el corazón y tratar de tener éxito profesional. Desde que terminé el doctorado he tenido dos *fellowships* (uno junior y ahora uno intermedio), y en este momento debo buscar nuevamente financiamiento. Este ciclo lo he vivido cada tres o cinco años y siempre es igual de estresante. Aun así, representa una oportunidad para reflexionar a nivel personal y profesional, y para rectificar el rumbo que quiero tomar.

De hoy a mañana

En este momento me siento muy agradecido. Escribo estas palabras de pie, frente a mi escritorio, mientras por la ventana veo las montañas del Jura en el este de Francia. En la mañana fui a correr con nuestra cachorrita. Mi prometida trabaja desde casa para la Alianza Internacional de Vacunas, organizando la distribución de vacunas, incluida la vacuna contra el COVID-19. Tengo salud, familia, trabajo y un gran lugar donde vivir.

Antonio J. Berlanga-Taylor [CONTINÚA EN PÁGINA 195]

Edmundo Erazo

[PAÍSES BAJOS]

Mi nueva familia es diversa, tengo amigos de México y de diferentes países. Acostumbrarse a una nueva vida requiere tiempo y paciencia. Al principio me parecía interesante la cultura y todo era nuevo, eso me motivaba a involucrarme más con los nativos e intentar adoptar sus costumbres. Fue importante darme cuenta de que no todos los que somos nuevos en un país, nos adaptamos al mismo ritmo; debes de disfrutar el proceso. Fue así como conocí a mis mejores amigos, mediante tomarme el tiempo y genuinamente disfrutar mi nueva vida.

La suerte también es importante. Yo conocí a mis dos mejores amigos mientras platicaba con otro amigo en un parque. De pronto nos dimos cuenta de que todos hablábamos español y que éramos de México. Mi consejo es intentar no pensar que adaptarse es un proceso de un solo método, y no ver el conocer nuevas personas como una tarea u obligación, sino solo disfrutar el viaje.

Algo que aprendí rápidamente es que no debes aferrarte a una idea preconcebida de lo que «debe» ser tu vida. Debes estar abierto a la posibilidad del cambio y tomar riesgos para obtener la mejor experiencia no solo profesionalmente sino personalmente. Al salir de México, el lugar a donde viajas como primer destino puede que no sea el lugar donde terminarás.

Mi nueva vida es diferente en muchos aspectos con respecto a la que llevaba en México, pero hay cosas que disfruto y valoro: por ejemplo, no tener que pasar hasta dos horas atorado en el tránsito de la Ciudad de México y tener la posibilidad de lograr un balance entre el trabajo y mi vida personal.

Edmundo Erazo [Continúa en página 197]

Yoel Korenfeld

[MÉXICO, ESTADOS UNIDOS, COLOMBIA]

Quizá, en mi caso, se trate más de varias nuevas vidas. La primera en Estados Unidos, en donde establecí grandes amistades con algunos latinos que encontré en el camino, y con colegas de todas partes del mundo con los que hice la residencia. A todos ellos los extraño y los sigo estimando mucho.

Actualmente mi vida se encuentra en Medellín, Colombia. Es una vida tranquila y completa con mi esposa Sara. Por ella cambié mi vida, y fue algo muy acertado de lo que no me arrepiento. Después llegó mi hija Laura, la alegría de mi vida, ella es lo mejor que nos ha pasado.

Medellín es una ciudad agradable de clima perfecto todo el año (salvo algunas temporadas de lluvia que también tienen su encanto). La ciudad tiene aproximadamente cuatro millones de habitantes, es decir, es mediana. Tiene todo lo que una gran ciudad debe tener, pero sus distancias son manejables y la calidad de vida es muy buena. Considerando todas las variables, es quizá el mejor lugar para vivir de todos los lugares en los que he habitado.

En Medellín encontré un trabajo que me encanta en el Hospital Pablo Tobón Uribe, un hospital privado, pero sin fines de lucro que es modelo en Colombia y Latinoamérica por su humanismo y forma de hacer medicina. El trabajo es intenso pero agradable. Si bien mi formación es como internista y pediatra, mi trabajo está hoy más enfocado a la medicina interna y al cuidado de adultos. Trabajo mayoritariamente en hospitalización y también hago algunas horas en consulta externa. No hay mejor experiencia que practicar la medicina para pacientes que son parte de tu comunidad; es una sensación muy gratificante.

Yoel Korenfeld [CONTINÚA EN PÁGINA 198]

Rafael G. Magaña

[INGLATERRA, ESTADOS UNIDOS]

Con incertidumbre, pero con muchos deseos de superarme, comencé mi residencia en cirugía general. La experiencia no era totalmente nueva, ya que ya había hecho un año de cirugía en el Hospital 20 de Noviembre de la Ciudad de México. Conforme pasa el tiempo, la residencia se convierte no solo en el vehículo de entrenamiento y superación, sino también en una especie de hogar donde la familia está conformada por los residentes, estudiantes, maestros, etcétera. Pasé seis años de residencia en cirugía general en Nueva York, y durante ese tiempo hice muchos amigos tanto dentro del hospital como fuera de él, amigos a quienes aún frecuento.

Desde el punto de vista de las relaciones, esos años fueron más o menos estables. Al pasar el tiempo, y con las dificultades para obtener una plaza en la especialidad que quería, tuve que hacer varias especialidades, por lo que me convertí en nómada: cada año cambiaba de residencia mientras buscaba más entrenamiento. Esto me recordaba mucho mi niñez y adolescencia. En cada uno de esos cambios tuve nuevas experiencias, conocí nuevos lugares y personas, tuve nuevas novias, y viví nuevas alegrías y dificultades.

Cuando completé cirugía general en New Rochelle, fui a Nueva York para hacer dos años de cirugía para pacientes quemados. De ahí me mudé a Salt Lake City para hacer un año de cirugía craneofacial. De allí decidí regresar a la Costa Este e hice una especialidad de un año en reconstrucción mamaria. De allí me mudé a Augusta, Georgia para completar dos años de cirugía plástica. Cada vez que regresaba a Nueva York —entre cada una de estas especialidades— visitaba a mis amigos, que siempre estaban ahí para mí, mis amigos «de planta».

En el camino hice muchas amistades y viví muchas experiencias. El tiempo que estuve en Salt Lake City fue de los más difíciles. Por un lado, el director del programa hubiera sido el candidato perfecto para el papel de dictador en cualquier producción cinematográfica; pero al mismo tiempo la gente que conocí allí fue la más amable que había conocido en mi vida. Ese contraste me dejó con sabores amargos y dulces en la boca, pero con una tremenda experiencia académica.

Actualmente vivo en Greenwich, Connecticut, y he estado aquí los últimos cinco años. Creo que esto es lo más cercano que he tenido a un hogar en los últimos 20 años, además tengo la fortuna de que actualmente mi hermano y su familia vivan aquí; además, después de la muerte de mi madre hace cinco años, también mi padre vino a vivir aquí. Estamos juntos, y creo que finalmente estoy en un lugar en el que planeo permanecer para siempre.

Rafael G. Magaña [Continúa en página 199]

Nissin Nahmias

[ESTADOS UNIDOS]

He vivido en Estados Unidos desde 2002, en Florida, Pensilvania, Virginia, Connecticut y Nueva York. Cuando terminé mi especialidad en Virginia, me mudé a Connecticut, me casé, trabajé por varios años en la práctica privada y después para un hospital.

Tuve tres hijos maravillosos: Albert, Stella y Jacob. Sus risas son el *soundtrack* de mi vida.

Desafortunadamente después de innumerables intentos por mantener a mi familia unida eso no fue posible y tras siete años me divorcié. Ese fue probablemente uno de los momentos más duros de mi vida, por la lejanía de la familia y los amigos, pero más por la incertidumbre. Uno se pregunta si el divorcio afectará a los niños, si van a estar bien, si van a resentir tu ausencia, si se van a enojar contigo; en fin, hay muchos cuestionamientos al respecto. Creo que lo más importante es hacerles saber a tus hijos que los amas más que a tu vida y que siempre estarás ahí para ellos.

Mis queridos hijos no tienen ninguna secuela al respecto, lo que sí tienen es una mente muy curiosa y un muy gran sentido del humor, además de ser muy responsables por nuestros perros.

Después de mi divorcio conocí a Hanna, mi actual novia, y a sus tres hijos. Cada fin de semana, entre los dos tenemos la «casa llena». Ahora la soledad es cosa del pasado e incluso me siento raro cuando la casa está en silencio.

Nissin Nahmias [CONTINÚA EN PÁGINA 201]

Joaquín Pereyra Macías
[AUSTRALIA]

Durante ocho años —de 2012 a 2019—, la revista *The Economist* nombró siete veces a Melbourne como la mejor ciudad para vivir en el mundo. Viena, Austria, le arrebató ese galardón en 2018, pero luego en 2019, Melbourne volvió a salir victoriosa.

De hecho, Wikipedia me informa que desde 2002, Melbourne ha sido calificada como una de las tres ciudades que mayor calidad de vida ofrecen en el mundo.

Desconozco el proceso que se tomó para establecer ese *ranking*, pero estoy seguro de que la lista es debatible y la metodología cuestionable. Sin embargo, concuerdo, Melbourne es una ciudad hermosa.

Aquí paso las tardes de verano en alguna de sus playas o enormes parques; la ciudad es limpia y segura, hay infraestructura adecuada, instituciones confiables, un sistema de salud de alta calidad y excelente cultura gastronómica.

En esta ciudad he adquirido algunos malos hábitos: me gusta tomar agua de la llave, ir a albercas públicas y visitar los parques por la noche sin temor a que me asalten. Aunque asumo que existe, nunca he atestiguado o he sido víctima de la corrupción. Melbourne es también una ciudad en la que el 40 por ciento de sus habitantes nacimos fuera de Australia, lo que le da una extraordinaria riqueza cultural.

Pero este no es un lugar perfecto. Australia es un país sumamente caro; por ejemplo, el costo promedio de una niñera es el equivalente a 500 pesos por hora y las guarderías y escuelas privadas son prohibitivamente caras. El sistema legal es menos corrupto que en otros países, pero tampoco es perfecto. A pesar de que muchos lo consideran culpable, Australia recientemente absolvió al cardenal George Pell, la figura de más alto nivel dentro de la Iglesia Católica en ser acusada por abuso sexual a menores, y quien estuvo a cargo de las finanzas del Vaticano de 2014 a 2019.

También hay graves fallas sociales, actualmente existe en todo el país un serio problema con el abuso de metanfetaminas y heroína; la población aborigen está intensamente rezagada y, aunque enmascarados, el racismo y el sexismo son altamente prevalentes.

Los primeros años de mi vida en este país fueron difíciles. Tras un par de años de haber terminado la especialidad y estando en lo alto de la escalera jerárquica de mi trabajo en México, al llegar a Australia tuve que empezar desde abajo. También fue necesario volver a trabajar por las noches, fines de semana y días festivos. El trabajo diario era pesado, con frecuencia salía tarde, me transportaba largas distancias y debía hacerlo en zonas relativamente inseguras. A todo esto hay que sumarle la necesidad de dedicar las noches y los fines de semana al estudio para los exámenes de homologación.

Me queda claro que ningún país desarrollado recluta médicos extranjeros para privar de oportunidades a sus propios médicos. En Australia, los médicos extranjeros ocupamos los puestos que los médicos locales no están dispuestos a llenar. En el primer hospital en el que trabajé en Melbourne, 80 por ciento de los psiquiatras éramos extranjeros. Ese no era un servicio atractivo para los médicos locales porque la carga de trabajo era elevada, la localización poco accesible y los pacientes sufrían desventajas sociales considerables. Para algunos médicos australianos enfrentarse a la porción menos favorecida de la sociedad es un desafío que no están dispuestos encarar de manera regular, lo cual nos abre las puertas a los extranjeros para tratar a ese segmento de la población. En un día típico veía varios pacientes con antecedentes criminales, agresivos y con serios problemas de abuso de sustancias.

En este nuevo país me sentía necesario, pero no valorado. Sentía que estaba aquí porque no había un médico local dispuesto a hacer mi trabajo. A esto hay que sumarle que me estaba adaptando, me faltaba tiempo, estaba cansado y aislado socialmente. Esta fue una etapa ardua de mi vida, y que aún recuerdo con cierto pesar.

Para uno de mis exámenes clínicos tuve un mentor pagado por el mismo colegio que está a cargo de la prueba. Estas tutorías son financiadas por el colegio de psiquiatras con la finalidad de aumentar el bajísimo porcentaje de aprobación en los exámenes. Mi mentor, otro psiquiatra extranjero que había pasado años atrás por el mismo proceso que yo, me daba consejos y me ayudaba a practicar para el examen. Llamemos a este mentor Ravi, un experimentado psiquiatra originario de la India.

El doctor Ravi tenía fama de ser muy competente pero déspota. Mis compañeros se sorprendieron cuando supieron que lo había escogido como mentor. Sin duda su ayuda fue fundamental para aprobar los exámenes. Aunque mi ego no disfrutó de ser su pupilo debido a su prepotencia, lenguaje directo y una tendencia a hablar demasiado de sí mismo, sus consejos fueron clave para pasar los exámenes. Del doctor Ravi aprendí una lección importante; él me dijo: «Si quieres tener éxito aquí, no basta con que seas bueno, tienes que ser mejor que los médicos locales, trabajar más que ellos y pelear mucho más por tener acceso a las mismas oportunidades».

Competir al mismo nivel de los médicos locales fue difícil. Si ellos estudiaban una hora, yo estudiaba dos; si ellos se iban a su casa a las cinco, yo me iba a las siete. Así viví los primeros años en Australia.

Ahora mi vida es muy distinta, en los últimos años he cosechado los frutos del esfuerzo y sufrimiento inicial. Poco después de mi primer trabajo me cambié a otro servicio que ofrecía mejores oportunidades de crecimiento y menos torturas. Después me cambié de trabajo en varias ocasiones, lo cual es una práctica común en este país. He trabajado en diversos hospitales y servicios de salud mental comunitaria. Muchas cosas han mejorado en años recientes. Actualmente no tengo ninguna restricción para trabajar; además, como ciudadano australiano tampoco tengo limitaciones en cuanto a acceso a servicios y privilegios. Y lo mejor de todo, mi carga de trabajo ha disminuido dramáticamente.

En la actualidad, un día habitual se ve mas o menos así: me toma 35 minutos en la mañana llegar a mi trabajo en bicicleta; si hace mucho frío cambio la bicicleta por un viaje en auto de 20 minutos. Empiezo mis labores a las ocho y media de la mañana, veo tres o cuatro pacientes y como mi *lunch* de doce a doce y media. Después paso tiempo en un gimnasio local, ya sea nadando, corriendo o descansando en el sauna hasta las tres de la tarde, que es la hora en la que recojo a mi hija del kínder. El resto de la tarde habitualmente la paso en familia, vamos a un parque, a cenar o jugamos en casa. Hace mucho me despedí del trabajo los fines de semana y de las guardias nocturnas.

Ya que trabajar de nueve a doce es demoledor, tomo siete semanas de vacaciones y atiendo un par de congresos internacionales por año. Además, planeo tomar un año sabático en el futuro cercano.

Ahora trabajo en un hospital en el que nunca me hubieran contratado cuando llegué a Australia. Tras varios años de entrenamiento, aculturación, experiencia y hacerme de una buena reputación «di el ancho» para trabajar en este hospital. Aquí la proporción de médicos entrenados en el extranjero es inversa a la de mi primer trabajo, es decir, entre diez y 20 por ciento. ¿Por qué? Porque los médicos locales compiten para trabajar ahí y, en general, no le darían prioridad a un extranjero a menos que tenga algo bueno que ofrecer.

En cuanto a mi familia, todos están en México, solo mis hijos y mi pareja viven conmigo en Australia. No nos hemos animado a tener perro porque no tenemos quien nos lo cuide cuando salimos de viaje, pero para compensar, mis hijos tienen diez osos de peluche: Camila, Martina, Margarita, Lupita, Toña, Camerino, Poncho, Marcelo, Elpidio y Tomás.

Con el tiempo hemos construido una red en Melbourne. Los amigos que están aquí se han convertido en familia y son nuestra principal fuente de apoyo. Los parientes de México nos visitan y nosotros los visitamos cuando no hay pandemias. Además, la tecnología y la globalización amortiguan el «síndrome del Jamaicón», cuando éste embiste de manera intempestiva.

Joaquín Pereyra Macías [Continúa en página 204]

Luis Rodrigo Reynoso

[ETIOPÍA]

Cada día me pregunto: ¿A dónde vinimos? ¿En qué lugar estamos parados? Cada día siento que nos adaptamos más, pero entre más profundizamos en la cultura y la historia de Etiopía, más nos sorprende y entendemos menos lo que sucede a nuestro alrededor.

Etiopía vivía en total hermetismo con respecto a Occidente, hasta que llegaron los italianos a finales del siglo XIX. Fueron los ellos quienes invadieron el país en 1936, haciendo uso de gas mostaza y del armamento más poderoso de la época. Aniquilaron así a más de 250 mil etíopes y ocuparon el país durante aproximadamente cinco años. La resistencia, apoyada por el gobierno británico, logró la independencia en 1941.

Hasta hace 130 años, en Adís Abeba —la capital del país— solo había chozas de paja y se plantaban los primeros eucaliptos importados de Australia.

Hace apenas 40 años, hubo una sangrienta guerra contra el fascismo que puso punto final a la dinastía salomónica que gobernaba el país. Conocida como la campaña del Terror Rojo, esta represión cobró la vida de 500 mil mártires, quienes fueron torturados con aceite caliente, colgados vivos amarrados de pies y manos. Hoy el Museo memorial de los mártires del Terror Rojo exhibe los horrores de esa guerra con un objetivo que ha quedado inscrito en el memorial: «Nunca más».

Recorrer hoy las calles de Adís Abeba es un espectáculo surrealista: en las calles se pueden de ver cientos de autos soviéticos adornados con flores, que transportan parejas de novios cristianos ortodoxos o musulmanes. Las novias llevan velos o coronas, y los novios gorros de guarnición, ambos visten ropas con exquisitos bordados. Cuando hay una boda, los novios y toda su comitiva se reúnen en el único parque arbolado de la ciudad; ahí beben cerveza, tocan tambores y entonan cantos ancestrales. Aplauden y emiten sonidos tribales de esos que solo es posible escuchar en National Geographic.

Estar en la calle es abrumador: los niños y los jóvenes descalzos, maquillados por el polvo, con una visible desnutrición. Algunos son amigables, otros te acosan cual aves de rapiña, intentan acercarse, venderte un dulce, y de pronto te toman con fuerza del brazo: «Dinero, dinero», «tengo hambre, dame un *birr* (moneda local)». Otros te saludan: «*Aló, aló, my friend*», se acercan con la intención de venderte una revista, y de pronto…ya tienes sus manos hurgando en tus bolsillos, buscando alguna moneda. Ya nos habían advertido de esas situaciones, pero es diferente vivirlas.

La ciudad crece y crece, de manera desproporcionada frente a la calidad de vida. Las carencias son visibles, pero de pronto, a dos pasos estás dentro de un oasis capitalistas; respiras profundo, analizas tu entorno, meditas…¡Estamos viviendo en Etiopía! ¡Si me lo hubieran contado, no lo creería!

Mi esposa me dice que estoy loco, yo le digo que ella lo está más, por acompañarme en esta aventura. Y de pronto, lo inimaginable: ha nacido el Luis etíope. Salgo de casa cada día tranquilamente, después de haber desayunado mangos y plátanos frescos y deliciosos, fresas ultra orgánicas, y el mejor café, el más aromático que jamás haya probado.

Ahora visto como quiero. Un día es una guayabera con pantalones de lino; otro día opto por algo más autóctono. Incluso he ido a trabajar con mis anchos y coloridos pantalones tailandeses. A los pacientes no les importa cómo me visto: jamás descartarían a un cirujano por su apariencia o por no tener su consultorio en la zona de más plusvalía de la ciudad, mucho menos les interesa qué auto conduzco.

¿Por qué? En primer lugar porque no tienen prejuicios. En segundo porque somos muy pocos los médicos en el país. En un país de 109 millones de habitantes y solo seis cirujanos plásticos.

Me habían dicho que aquí habría mucho trabajo, que los quirófanos estaban saturados, que había una lista de espera de aproximadamente diez meses. ¡Todo eso lo pude comprobar! En los tres día destinados a la consulta veo como a 45 pacientes, y hago entre seis y ocho cirugías diarias los tres días de la semana restantes; eso sin contar los procedimientos cosméticos que recientemente estamos introduciendo en la gente.

He venido a Etiopía a aprender a desaprender lo aprendido. Aunque por fuera parece que somos diferentes de los etíopes, en realidad somos iguales. Debajo de sus pieles achocolatadas existen las mismas estructuras musculo esqueléticas, su sangre es la misma y tiene el mismo olor, pero por alguna razón ahora todo me parece fascinante.

—¡Nos quedamos aquí!

Sus cánones de belleza son tan diversos como las tribus que conforman esta nación. Aun ahora muchos de los pobladores tienen escarificaciones y tatuajes en la cara, el cuello y el tórax. A la mayoría se las hicieron durante la niñez, y son parte de sus identidades étnicas. Pero ahora quieren eliminarlas mediante cirugía plástica: no solo porque para tener un trabajo es requisito no tenerlas, sino porque además les recuerdan épocas de genocidios inimaginables.

Pero no solo hago cirugía plástica. Aquí he tenido que realizar resecciones de venas varicosas, creación de fístulas arteriovenosas, colocación de catéteres para filtrar la sangre en casos de riñones no funcionales. Dicen que también tendré que hacer cirugías de hernias, y que el trabajo se incrementará una vez que se concluya un nuevo centro quirúrgico.

Aún recuerdo cuando recién empezaba la especialidad en cirugía general y laparoscopía. Nunca faltaba el maestro, compañero que me cuestionara por no pasar directo a la cirugía plástica: «Total, vas a terminar operando chichis y nalgas». Gracias a mi formación en cirugía general, puedo hacer casi cualquier operación. No es porque me sienta Dios, ni porque crea que pueda acaparar todo el mercado. Simplemente aquí falta personal capacitado para operar.

–Así de diferente es mi vida hoy.

Luis Rodrigo Reynoso [CONTINÚA EN PÁGINA 207]

Jack Rubinstein

[ESTADOS UNIDOS]

> «Quiéranse uno al otro, pero no hagan un enlace del amor;
> mejor dejarlo ser como un océano que marea entre las costas de sus almas».
> Khalil Gibran

Mi perro no me presta mucha atención. A veces se acurruca conmigo en las noches y frecuentemente se echa a mis pies pero, a menos de que le ofrezca un poco de comida, las posibilidades de que siga mis instrucciones son mínimas. A veces me encuentro a mis vecinos y a sus perros perfectamente entrenados que capturan con sus hocicos las pelotas que les lanzan, mientras que mi perro se tropieza con su correa. Viéndolo con sus enormes ojos, genéticamente seleccionados para producir en mí una reacción de amor, no puedo dejar de pensar en mis hijos y en la poca capacidad que tengo para influir en sus acciones.

Mis hijos claramente tienen mayor capacidad de decisión que mi perro, pero en comparación con el nivel de autoridad que generaciones pasadas tenían sobre sus hijos —particularmente dentro de una comunidad relativamente cerrada—, los míos están al borde de la rebeldía. Podría decir lo mismo de mi esposa: mientras que criamos a nuestra familia, rara vez nos pedimos permiso; más bien nos vamos informado y comparando calendarios para no tropezarnos tan seguido sobre nuestras correas de la vida.

¿Será que mi familia no es más que un producto de la realidad moderna? o ¿será que a través de los años nuestras decisiones lentamente dieron forma al resultado actual? Para responder estas preguntas mi mente científica requiere un grupo de control para hacer la comparación. Esta técnica es el fundamento de la ciencia médica moderna. Para valorar si una medicina funciona se establecen por lo menos dos grupos. A uno se le suministra la medicina y al otro un placebo. El ejemplo clásico en cardiología es el estudio llamado CAST (Cardiac Arrhythmia Suppression Trial). El estudio se basó en la observación clínica de personas que habían sufrido un infarto; aquellas personas que tenían mayor número de arritmias (latidos de corazón erráticos) tenían más probabilidades de morir. Por lo tanto, hicieron un estudio con las medicinas que mejor suprimen estas arritmias para valorar cuál era mejor, pero lo crucial de este estudio fue que incluyeron un grupo placebo (o sea, un grupo que tomó píldoras de azúcar en lugar del medicamento).

Casi a diario leo estudios de este estilo para tratar de entender mejor cómo manejar a mis pacientes. De igual manera considero que sería más fácil si pudiera contextualizar a mi familia en comparación con otras, así como comparo a mi perro con una docena de perros similares en mi vecindario. Claramente si otros perros son bien educados y hacen trucos, mientras que el mío a duras penas puede encontrar su plato de comida en las mañanas, el problema es su crianza y no su naturaleza. Pero ¿contra quién puedo comparar a mi familia? No hay muchos judeomexicanos en el mundo, y mucho menos en Ohio (aunque sí hay un par), tampoco hay muchas familias con padres con estudios de posgrado que hayan emigrado desde México a esta zona de los Estados

Unidos (aunque también los hay). Por lo tanto, no me queda más que intentar valorar mis decisiones familiares a través de otras variables.

Pero regresamos una vez más a la cuestión que surge en cualquier estudio clínico: ¿cuáles son las variables importantes? Por lo general las variables deben ser cuantificables de forma constante y consistente, y además deben ser estables a través del tiempo. El estudio CAST hizo exactamente esto: valorar la utilidad de las diferentes medicinas para disminuir las arritmias. Para hacer una evaluación de vida muchos usan como criterio las ganancias, riquezas, o el patrimonio; o lo atractiva que es la pareja o las calificaciones y logros de los hijos. Pero esto se me hace similar a juzgar a mi perro por la cantidad de trucos que hace, o su capacidad para responder con un ladrido cuando un desconocido se acerca. ¿Es cuantificable? sin duda. ¿Es fácil de medir? también. ¿Es estable a través del tiempo? sí. Pero por alguna razón ninguna de estas variables se me hace pertinente.

Regresando a CAST, y a cientos de estudios clínicos que inundan las revistas médicas modernas en donde se compara una medicina contra un placebo, frecuentemente miden variables sustitutas (digamos arritmias, las cuales disminuyeron con todas las medicinas comparadas en CAST) y rara vez miden variables importantes (como sobrevivencia, la cual aumentó con todas las medicinas en CAST en comparación al placebo). Esto sonaría como un caso extraño de la ciencia, pero es muy común encontrarse que la intervención mejora la variable sustituta, pero empeora la variable importante.

Pienso en esto mientras leo acostado en la cama, y a mi lado se acurruca mi perro o alguno de mis hijos. ¿Alguno podrá cachar una pelota en el aire? ¿Tendrán alguna habilidad especial? ¿Ganarán más dinero que sus compañeros? Probablemente no, pero estas son variables sustitutas. Útiles, pero no importantes. El sentirlos cómodos a mi lado, confiados en que, no obstante, lo que logren, hagan o dejen de hacer, siempre me tendrán a su lado para acurrucarse, esa es la variable incuantificable más importante.

Jack Rubinstein [CONTINÚA EN PÁGINA 210]

Alberto Saltiel

[ISRAEL]

Es difícil referirse a esto como mi nueva vida. Para mí, simplemente es un nuevo capítulo dentro de mi vida, pues la vida está compuesta de distintas etapas y capítulos y, gracias a ello, vamos creando nuestro camino y nos convertimos en quienes somos. Sin duda puedo decir que este capítulo de mi vida ha sido sumamente fructífero.

Llegué a Israel en 2013 y tuve un proceso de integración bastante amable. Tuve la ventaja de tener amigos que vivían aquí, y que me recibieron con los brazos abiertos y me incluyeron en sus vidas. Con este grupo de amigos iniciamos nuevas tradiciones y tuvimos numerosas aventuras. Formamos un equipo de ciclismo de ruta, participamos en distintos eventos, apoyamos diferentes causas con rodadas altruistas y de hecho, fundamos una nueva familia, pues cada uno de nosotros había migrado a este país sin la suya. Con el tiempo cada uno de nosotros fue encontrando su propio camino y formando su propia familia.

En esta etapa de mi vida no sufro el desgaste de pasar horas en el tránsito mientras me traslado de un lugar a otro. Ahora, tengo la suerte de poder llegar al hospital en bicicleta, tranquilo y sin prisas o poder regresar a casa a pie mientras disfruto del aire libre. En esta etapa de mi vida me preocupo mucho menos por la inseguridad o por la contaminación. Disfruto del tiempo fuera de la casa, en espacios abiertos.

He conocido a muchas personas de distintos lugares con tradiciones y costumbres diferentes a las mías y he aprendido mucho de ellos. Ahora, gran parte de mis propias tradiciones y costumbres han sido afectadas positivamente por estas personas. Fortalecí mi orgullo latino, me enamoré del idioma español y ahora me emociono al escucharlo en las calles.

Durante este capítulo de mi vida también conocí a mi increíble pareja y con ella, formé una hermosa familia. Tenemos dos hijos maravillosos, un niño y una niña, quienes llenan la casa de risas, alegría y aprendizaje, y quienes me motivan a crecer y a ser mejor cada día. Estar en un país lejos de casa y formar una nueva familia es un reto importante, pues no se cuenta con el apoyo físico de nuestras familias, pero esto, a su vez, nos fortalece como pareja, como familia y nos une aún más.

Me encantaría poder compartir más sobre este capítulo de mi vida, pero todavía se está escribiendo.

Alberto Saltiel [CONTINÚA EN PÁGINA 212]

Lorenz Schenk

[ALEMANIA]

Mientras estudiaba la carrera me reencontré a una amiga de la infancia, la mujer con la que más tarde me casaría y formaría un hogar. La decisión de dejar México vino acompañada de la búsqueda de seguridad y estabilidad. Después de casarnos, mi esposa me alcanzó en Alemania. Algunos años después nació mi hija, la luz de mi vida y por quien todo lo que hago vale la pena.

Mis suegros siempre fueron un apoyo y unos padres para mí. Al pensionarse decidieron venir a Alemania a una ciudad algo alejada de nosotros, pero al poco tiempo logramos encontrar una casa lo suficientemente grande para que pudiéramos habitarla todos.

Sin embargo, en el matrimonio las cosas no salieron como las planeamos y nos fuimos distanciando. Tras la muerte de mi suegro nos separamos. Fue un tiempo difícil, pero a pesar de nuestras diferencias, siempre hemos tratado de cuidar uno del otro, especialmente pensando en nuestra hija que nos unirá por siempre.

Más adelante me enamoré de mi actual pareja, quien tiene dos hijos, así la familia creció. Actualmente, mi novia, sus hijos, mi exsuegra y mi exesposa, mi hija, dos gatos, un perro, muchos caracoles gigantes, ocho peces y yo compartimos la misma casa. Parece difícil, y a veces lo es. Vivimos en una especie de experimento que funciona porque todos buscamos un bien común: trabajar diariamente por y para los demás.

La casa donde vivimos es mi hogar, ese lugar donde me siento seguro, acogido y donde sé que mi familia se encuentra bien. Todos los días hay algo nuevo, siempre hay ruido desorden, vida, mucha vida y eso me ayuda a seguir adelante y a sentirme vivo.

Ah, y siempre hay lugar para algún familiar o amigo que quiera llegar.

Lorenz Schenk [Continúa en página 214]

Ilan Shapiro
[Estados Unidos]

Tres regiones, un mismo objetivo: crecer. Prácticamente nuestra familia nunca ha vivido en México. Con dos maletas y millones de vivencias juntos, mi esposa salió hacia nuestra nueva aventura, tan solo doce horas después de nuestra boda. En ese momento más que miedo, sentíamos que estábamos listos para conquistar el mundo. Tuvimos la dicha de comenzar a vivir ese sueño que tanto anhelábamos. De ahí en adelante cada enseñanza, lagrima, sudor y sonrisa dependían completamente de nosotros.

Hemos tenido el orgullo de formar nuestra familia con nuestros cimientos. En un principio llegamos a Chicago, una ciudad completamente diferente donde comprendí que la nieve no tiene que ver con el concepto de sabores y colores que pensaba. Entendí lo que es trabajar jornadas completas sin ver el sol y, sobre todo, cómo poder transmitir amor y honestidad a mi pareja. Cuando sales de una burbuja se rompen expectativas y comienzas a depender de tu pareja. Yo tenía a mi mujer, quien se afirmó como mi mejor amiga, confesora, amante y juez de mis acciones. Comprendimos que las amistades a veces eran pasajeras, pero muchas veces son eternas. Chicago nos enseñó a valorar el tiempo, las estaciones y fue nuestra primer aventura. No puedo de dejar de pensar en mis compañeros de la residencia, las noches en vela y los famosos sándwiches que mi amada preparaba a las cinco y media de la mañana para yo pudiera llevar a mis guardias. Conocí lo que es estar enamorado de una profesión que exige, pero daba más en los momentos menos esperados.

En esa época me acerqué a la comunidad hispana y —por el área en donde trabajaba que tenía mayoritariamente una población mexicana— pude observar que de uno u otro lado de la frontera tendían a repetirse patrones.

Durante nuestro primer invierno en Chicago se nos unió Nikki. Yo toda mi vida había tenido perros grandes (en promedio de 50 kilogramos o 100 libras), así que estuvimos buscando un ser que nos acompañara en los inviernos interminables y en las tardes infinitas de verano. Nikki llegó de Los Ángeles (simpática ironía, porque años después regresaría a esa ciudad). Una enorme pomerania de cinco kilogramos (10 libras) con corte de león llegó a nuestras vidas, para vivir con nosotros todas nuestras aventuras.

Al terminar la residencia hubo invitaciones, promesas y lágrimas, pero la constancia en el crecimiento y el formar parte de este nuevo mundo binacional me apasionó. Así que buscamos un lugar donde pudiéramos echar raíces y tener la estabilidad para incrementar nuestra la familia, y no necesariamente con más Nikkis.

Terminé aplicando para un trabajo en Fort Myers, Florida, lugar del que nunca había escuchado. Este trabajo representaba el inicio real de nuestro crecimiento y felicidad en un lugar con más calorcito (mi mujer me haría notar que durante cinco años la humedad no había sido su amiga). Fort Myers era un lugar muy interesante rodeado de pantanos. Ahí, entre lagartos, arañas (¿sabían que hay una viuda negra, café?) y víboras, nuestra familia encontró su nicho.

En ese periodo tuvimos las primeras muertes en la familia. Sentimos la impotencia de no poder estar presentes. El hecho de dejar tantos libros abiertos y no poder cerrar el capítulo, me ha dolido mucho. Estar en una nueva aventura conlleva responsabilidad y desafíos, y este en particular es uno de los que más me ha costado.

En un abrir y cerrar de ojos, nuestra familia pasó de tener tres a cinco miembros. El tiempo pasaba y los niños crecían. Ahora teníamos una familia y debíamos ver por su bienestar y desarrollo. Además queríamos mantener nuestra promesa de seguir trabajando en beneficio de nuestra comunidad. Así terminamos en una ciudad en la que nunca me imaginé que viviría. Un lugar lleno de estrellas, iconos y movimiento. Una ciudad que, de alguna manera, era semejante a la Ciudad de México, pero con un toque de Miami y las playas de Acapulco: Los Ángeles.

Es California además tenemos familiares, y pudimos elegir una escuela que reflejara nuestros valores y raíces. Hoy no paró de agradecer a *D-os* por la oportunidad de estar presente con mi familia, poder hacerlos partícipes de mis locuras y, de igual manera, que ellos me inviten a ver sus triunfos. No termino de aprender, y aunque sufrimos algunas caídas, las cicatrices que nos han dejado son medallas que simbolizan la unidad y el crecimiento de nuestra familia.

Ilan Shapiro [CONTINÚA EN PÁGINA 214]

René Sotelo

[ESTADOS UNIDOS]

Mi nueva vida tiene que ver principalmente con un nuevo estilo de trabajo, al cual estoy totalmente adaptado y que disfruto enormemente. Se asocia con colegas y rostros que dejaron de ser nuevos para convertirse en familiares; espacios y formas que ya son parte de la cotidianidad; sabores y olores que te alegran y que son también parte de ti.

Ya han pasado cinco años desde que partí de Venezuela y, en ese tiempo, hay historias y logros que celebramos individualmente y como familia:

Mi hija mayor, Andrea, ya se graduó de neurociencias en la Universidad del Sur de California. Mi hija Daniela terminó el bachillerato en Los Ángeles y está en la mitad de su carrera, también en la Universidad del Sur de California. Mi hijo menor, René André, aún está en el colegio, pero cada uno de mis hijos tiene ya un sentido de pertenencia, amigos, afectos y un porvenir que conquistan cada vez más. Verlos avanzar con firmeza a partir de cada una de las decisiones que toman no solo me llena de orgullo, sino que me refuerza en la convicción de que están en el mejor lugar en el que ahora pueden estar; eso es un gran estímulo como padre y como profesional. Junto a ellos, mi esposa, Patricia, que nos une a todos y quien además ahora también estudia.

Ya tenemos la Green Card y una visa que, además, le permitiría a mi esposa trabajar si quisiera, pues al principio nos era permitido un solo ingreso asociado a la visa O1, que era la que me correspondía. Darte cuenta de que legalmente pasas al estatus de tener la Green Card es la mejor prueba de que el tiempo transcurrió y de que estás en un nuevo país de manera permanente, que hay una nueva realidad y una nueva vida, y que ese título de persona que emigró es parte del pasado, pues el presente reclama tu presencia en cuerpo y alma y ya así lo sientes.

Los Ángeles, además, ha sido muy especial y generosa para deleitarnos con su arquitectura, la gala de sus espectáculos, su cultura y su clima. Ha demostrado ser una ciudad en todo el sentido de la palabra «de película». Las oportunidades que nos ha dado como familia han sido extraordinarias y, en definitiva, cada uno de nosotros se ha superado a sí mismo, y aunque siempre llevaremos la venezolanidad en cada uno de nuestros corazones y de nuestro ser, puedo decir que se aprende a sumar desde lo que somos pero también desde lo que podemos ser, sin importar dónde estemos. Ser venezolano se vuelve un activo de doble sentido: aporta por lo que traes y suma por lo que llevarás de vuelta.

En esta nueva vida, ya esa red de amigos, esas personas especiales que se vuelven la familia escogida, tienen un lugar relevante. Son apoyo, tranquilidad y alegría. Son el soporte y la certeza de que cuentas con personas que pueden tenderte la mano si fuera necesario. Atrás quedaron los días en los que el teléfono de emergencia ante una eventualidad de René André, mi hijo menor, era el de la secretaria. Atrás quedaron los días en los que, como una especie de valla nómada, el carnet y mi morral con mi nombre, Doctor Sotelo, eran el preámbulo para evitar la melodía desafinada de «*Doctor Who?*».

Los días se unen de maneras y formas ya cotidianas, y evolucionar es un reto que se asume con la confianza y la convicción de que lo haces en un hogar que ya hiciste tuyo.

René Sotelo [Continúa en página 217]

7

Mis fracasos y logros

Antonio J. Berlanga-Taylor

[COLOMBIA, REINO UNIDO, FRANCIA]

Falla biológica, logro personal: mi batalla contra la depresión

Si hago cuentas he pasado por ocho episodios de depresión mayor; y actualmente estoy saliendo del último. No hay razones claras, más que posiblemente unos genes mal equilibrados. Es una friega, quedo noqueado. Si estoy atento a los síntomas y empiezo temprano el tratamiento, se reduce a algunas semanas, seguidas de varios meses de mantenimiento y recuperación.

Durante la preparatoria y la universidad el estigma hacia las enfermedades mentales era grande y mi autoconciencia muy pobre, por lo que no busqué tratamiento y rara vez lo platiqué con alguien. Afortunadamente las cosas han cambiado y yo también. Ahora acepto la depresión como una enfermedad crónica, recurrente y que muy probablemente estará conmigo el resto de mi vida. Me duele el pecho al escribir esto, pero al final es parte de quien soy; es un gran logro aceptarse a uno mismo.

Como un excelente amigo me recordó recientemente, la empatía y la aceptación nos ayudan a ver la belleza de la vida, y esa belleza nos da felicidad.

Paz y satisfacción interna

Al final del día, para mí el fracaso es cuando dejas de intentarlo. La mitad del trabajo es presentarse, y con un poco de imaginación y motivación lo demás se arregla solo. Por lo general, no intentar es el camino fácil: no nos exponemos, no nos arriesgamos y, por ende, no perdemos; pero tampoco aprendemos ni exploramos.

Yo no pienso en términos de logros y fracasos, ni de premios o reconocimientos, sino en cómo lograr la felicidad y la paz interior.

Evidentemente he fallado en muchas cosas, tanto a nivel personal como profesional. Una de las lecciones más importantes que recibí fue mientras trabajaba en Colombia para Médicos del Mundo. En medio de la selva, del conflicto armado y de la desesperanza, aprendí ha estar ahí, en ese momento, para esa persona, para servirle de la mejor manera posible. Escucharla, brindarle palabras de apoyo, un diagnóstico, un tratamiento.

Aprendí a tratar de enfrentar la enormidad, un paso a la vez, sin ahogarme ni perder la esperanza. Eso para mí es un gran logro que todos los días trato de traer conmigo para aplicarlo tanto a las cosas pequeñas como a las grandes. Ese primer paso, que tanto trabajo me cuesta, es el que frecuentemente desencadena la energía y satisfacción que necesito para seguir adelante y lograr lo que me propuse.

Cambio de giro: del estetoscopio a la pipeta y al teclado

Hablando sobre el ámbito profesional, empecé como técnico en urgencias médicas prehospitalarias y terminé como investigador en genómica funcional. En realidad, nunca me lo imaginé como tal y el camino «es más maleza que trocha», pero aquí estoy por azares del destino. Hoy en día me dedico a la investigación en medicina mezclando técnicas de epidemiología y genómica funcional para entender enfermedades inmunitarias y respuestas inflamatorias. A lo largo de estos años tuve la oportunidad de estudiar y trabajar en algunas de las mejores universidades del mundo, visitar múltiples países y conocer a gente de toda índole. Todo por haberle pensado un poco, haber seguido mi corazón e intentar sin tener demasiado miedo. Fuera de pensar en objetivos alcanzados, fallidos o abandonados, recuerdo más bien los momentos y periodos de satisfacción y frustración. Afortunadamente las frustraciones no son tantas y frecuentemente termino mi reflexión con una sonrisa.

Antonio J. Berlanga-Taylor [CONTINÚA EN PÁGINA 221]

Edmundo Erazo

[PAÍSES BAJOS]

La mayoría de las personas acostumbramos a repasar y a enumerar nuestros logros. Recordamos el camino que tuvimos que recorrer y los retos a los que nos enfrentamos y de los que salimos victoriosos. Pero no es común que las personas lleven una bitácora de sus fracasos. Alguna vez leí un comentario del doctor Adam Cifu, internista de la Universidad de Chicago, en el que decía que sobre su escritorio tiene un currículum de sus fracasos: por ejemplo, los artículos científicos que le rechazaron o las escuelas médicas que no lo admitieron.

Definir qué es un fracaso o un logro, puede ser muy subjetivo. Hay quien piensa que no entrar a la residencia médica que se deseaba o no obtener el empleo para el que se aplicó son fracasos. Para otros el fracaso puede ser no mantener la estabilidad emocional de una relación mientras buscaba un nuevo objetivo.

Para mí, uno de mis logros fue obtener experiencia profesional, personal y social en Europa. Uno de mis fracasos fue rechazar una oportunidad de empleo, lo que me llevó a reflexionar sobre lo que realmente deseaba hacer. De ambas experiencias aprendí y lo importante es continuar siempre hacia delante.

Para mí sería poco relevante compartir y enumerar cada uno de mis fracasos o logros, creo que es más útil compartir que no importa lo que los demás definan como logros o fracasos, sobre todo en un ambiente tan competitivo profesional y personalmente como la medicina. Lo importante es el propósito de vida que cada uno defina.

Edmundo Erazo [CONTINÚA EN PÁGINA 223]

Yoel Korenfeld

[MÉXICO, ESTADOS UNIDOS, COLOMBIA]

En una carrera larga siempre habrá logros y fracasos. Mi fracaso más importante fue no graduarme de la maestría en investigación clínica que cursé en la Clínica Mayo. A pesar de haber completado todos los créditos, nunca logré terminar la tesis porque se me terminó el tiempo y tuve que iniciar la residencia. Esa falla siempre me perseguirá, aunque aprendí a perdonarme y a vivir con esa mancha en mi hoja de vida. Otro fracaso, o más bien cambio de planes, fue no haber hecho una subespecialidad. Ese era el plan inicialmente, pero la vida me llevó a cambiar de decisión, y hoy soy feliz practicando medicina interna y con el sueño de volver a practicar pediatría muy pronto.

Entre los logros que más me enorgullecen se encuentran el haber hecho la residencia en la Universidad de Minesota, un excelente programa que completé con mucho éxito. Esto me llevó a ser elegido jefe de residentes de medicina interna en el Hospital de Veteranos de Minesota, una experiencia única y fascinante que duró un año, del cual me siento muy orgulloso. Algunos otros logros son haber publicado una decena de artículos académicos, haber realizado varias presentaciones en congresos internacionales y haber estado en instituciones de renombre internacional.

Mis logros más recientes son tener una hermosa familia, con una esposa con la que siempre soñé, una hija que me reta y me llena todos los días, y dos mascotas que alegran nuestras vidas. Trabajar en el mejor hospital de la ciudad y uno de los mejores del país también me llena de orgullo.

Yoel Korenfeld [CONTINÚA EN PÁGINA 225]

Rafael G. Magaña

[INGLATERRA, ESTADOS UNIDOS]

Entre los momentos más felices de mi vida, destaca mi graduación de la residencia de cirugía general. Toda mi familia vino a Nueva York, incluyendo mi abuela Nayma Habib, quien siempre fue una fuente de inspiración y cariño para mí.

Ese suceso lo saboreé como un triunfo más personal que profesional, ya que el director del programa que me entregó el diploma era el mismo que anteriormente me aseguró que nunca sería cirujano en los Estados Unidos; al final me dio una oportunidad y las cosas salieron bien. Esa graduación fue la última vez en la que toda mi familia estuvo junta.

Mientras aplicaba para el entrenamiento en cirugía plástica, hice dos años de reconstrucción para pacientes quemados, pero no conseguí entrevistas para cirugía plástica. Eso fue muy des moralizante y lo percibí como una falla profesional y personal, incluso pensaba que la razón era un defecto de carácter.

Durante el entrenamiento médico es difícil separar la vida personal de la profesional. Por ende, muchos éxitos se interpretan no solo como profesionales sino personales y viceversa.

Creo que mi mayor falla se resume en estas palabras: «una década de atraso». Siento eso por varias razones. Muchos de los esfuerzos y trabajo que tuve, hubieran sido más efectivos si me hubiera enfocado más. El haber tenido aversión por el papeleo y todo lo relacionado a ello me costó esa década. Creo que algunas cosas hubieran acelerado mi proceso académico como escribir más artículos y preocuparme por tener un currículum más robusto. Si no hubiera odiado tanto escribir hubiera sido más rápido mi progreso.

Tomé decisiones erróneas; por ejemplo haber hecho una especialidad en cirugía para pacientes quemados de dos años, en lugar de uno; y en el año siguiente hacer una especialidad de cirugía de mano me hubiera, posiblemente hecho un candidato más apto para competir con otros por las plazas de cirugía plástica: Pude haber hecho un año de quemados en lugar de dos y luego un año de mano.

Estas decisiones me costaron tiempo porque yo sabía lo que se buscaba académicamente en los programas de cirugía plástica, y algunos elementos clave eran publicar, participar más en eventos académicos, impresionar a la gente indicada en el momento indicado para que ellos pudieran abogar por mí para lograr mi meta.

Fue en gran parte falta de madurez personal y falta de visión. Sin embargo, también salieron cosas buenas de esa «década de atraso», como lograr experiencia quirúrgica y clínica bajo la protección de ser un residente y *fellow*, sin la responsabilidad de ser adscrito.

Estuve más inspirado durante la residencia de cirugía plástica y me puse a escribir y a publicar capítulos y artículos sobre temas que me apasionan, pero ya había pasado el tiempo. Así que no anticipar estas cosas me costó tiempo y logros académicos.

Esa era la manera en que veía las cosas. Sin embargo, ahora veo esa situación en forma diferente, porque como adscrito hago cosas que quizá bajo otras circunstancias no estaría haciendo.

Ahora me encuentro soltero, sin obligaciones fuera del hospital, y eso me ha hecho madurar en el ámbito profesional. Tengo menos obligaciones y más tiempo para hacer las cosas que me gustan. Ahora mis cuestionamientos filosóficos, académicos y artísticos han madurado. A estas alturas de mi vida, creo que lo que produzco tiene más impacto que lo que hacía de joven cuando no sabía qué estudiar o en qué enfocarme.

Creo que las preguntas que me hago ahora son más valiosas gracias a mi experiencia, así que esa «década de atraso», ahora la veo como una «década ganada».

Rafael G. Magaña [Continúa en página 227]

Nissin Nahmias

[ESTADOS UNIDOS]

He aprendido más de mis fracasos que de mis logros. Siempre he sido una persona con un alto grado de autocrítica, tal vez por inseguridad o tal vez por autosuperación. Empezaré por los fracasos.

Durante mi residencia aprendí a cuidar de mis pacientes de muchas maneras: pasaba visita, revisaba laboratorios, pedía interconsultas y corregía anormalidades. Recuerdo como si fuera ayer, una vez que se hizo de noche y yo seguía con una larga lista de pendientes. Entonces llegué al piso de un paciente al que debía cambiarle la cánula de una traqueotomía por una de un tamaño menor; tenía todo el equipo necesario y procedí a cambiar la cánula cuando de pronto la saturación de oxígeno del paciente comenzó a bajar. Yo nunca había enfrentado una situación similar y me sentía muy nervioso. Aumenté el oxígeno y llamé al equipo de emergencia, pero ellos estaban en la sala de trauma y se tardaron en acudir. La oxigenación continuaba bajando y el paciente estaba inconsciente y a punto de presentar un paro respiratorio.

El paciente dejó de respirar y, en ese preciso momento, apareció el equipo de anestesia y lo intubó. Yo le puse una vía central en la vena yugular derecha y lo trasladamos a terapia intensiva en condición crítica. El paciente mejoró, pero nos dimos cuenta de que el catéter de la vía central se encontraba en la arteria carótida y no en la vena yugular, por lo que tuvimos que consultar al radiólogo intervencionista para que removiera el catéter y de paso colocara la vía central en el lugar correcto.

La primera vez que puse un tubo de gastrostomía estaba en la residencia en mi tercer año. Había realizado la operación de un paciente que sufrió un accidente de carretera con trauma cerebral; el paciente se había estabilizado y recibía nutrición por una sonda nasogástrica. Éramos dos residentes, yo y un interno. Realice la incisión, encontré el estómago fácilmente y puse el tubo en el lugar correcto, después lo suturamos para que no se fuera a salir del lugar. Una vez confirmado todo lo anterior, cerramos el abdomen y el paciente regresó a la terapia intensiva. Pero al día siguiente nos percatamos que la sonda nasogástrica no salía, lo que significaba que había sido suturada junto con el tubo de gastrostomía, entonces llamamos al equipo de gastroenterología para que liberara la sonda y la pudiéramos retirar.

Mis éxitos afortunadamente son mucho más, contando también a los miles de pacientes que he operado con gran éxito durante doce años.

Durante una mudanza, mi amigo Pedro se cortó la mano con un cristal de una mesa que se había roto. Al ser residente de cirugía urológica, este era un accidente devastador. Él se miró la mano derecha y estaba sangrando muchísimo, así que le apliqué los primeros auxilios y lo llevé rápidamente al hospital. Recuerdo que no me moví de su lado y presioné al personal médico hasta que mi amigo fue llevado al quirófano para que lo operara un cirujano plástico. Afortunadamente, gracias a la prontitud con la que recibió ayuda, le fue muy bien.

Durante la residencia tuve dos sucesos importantes: el primero fue durante una guardia nocturna. Eran como las cuatro de la mañana, cuando nos llamaron a la sala de trauma. Un joven de 17 años había sido apuñalado en el pecho y su vida corría peligro. Le abrí el tórax y encontré la herida en la punta del ventrículo izquierdo del corazón que aún latía. Inicialmente controlé el sangrado con mi dedo y con una engrapadora quirúrgica. Eso le dio el tiempo suficiente para ser llevado a la sala de operaciones donde le repararon su ventrículo izquierdo.

El otro acontecimiento sucedió en la última guardia de mi último año de residencia con un paciente que iba a recibir radioterapia para un tumor grande del cuello. El paciente entró en paro respiratorio e inmediatamente conseguí apoyo y realicé una traqueotomía de urgencia directamente en su cama de hospital, salvando así su vida.

También, a través de la cirugía de control de peso, he sido parte del milagro transformador en las vidas de mis pacientes en innumerables ocasiones; y través de su gratitud y afecto, mi vida ha mejorado muchísimo.

Hoy soy un hombre feliz y realizado profesionalmente; dirijo un programa de cirugía bariátrica y mínima invasiva en Nueva York, soy coordinador de la rotación de cirugía para estudiantes de dos escuelas de medicina, y he sido invitado como experto ponente a numerosas conferencias de las distintas sociedades quirúrgicas en México, Inglaterra, Austria, Israel y Estados Unidos.

Nissin Nahmias [CONTINÚA EN PÁGINA 231]

Joaquín Pereyra Macías

[AUSTRALIA]

A los médicos no nos gusta hablar de nuestros fracasos, pero estos indudablemente forman parte del camino. En mi caso particular, he aprendido mucho más de los fracasos que de los éxitos; pero también han sido más dolorosos y difíciles de superar. Me pregunto cuál ha sido mi mayor fracaso en el ámbito profesional, y afortunadamente me toma varios minutos de reflexión responder a esa pregunta. Me toma tiempo porque sé que, aunque en su momento los viví como fracasos, valoro su importancia y reconozco las enseñanzas derivadas de ellos.

Me ha tomado más de un intento (en una ocasión tres) aprobar algunos exámenes importantes a lo largo de mi carrera. El primero fue el examen de admisión a la carrera de medicina en la UNAM, que aprobé en la segunda vuelta. No darme por vencido tras un fallo inicial significó acceder a la mejor universidad de América Latina y cursar la carrera de medicina de manera totalmente gratuita.

El otro examen que no me tomó dos intentos, sino tres, fue uno que tuve que presentar en Australia para homologar mis estudios previos de psiquiatría. Por cada intento tenía que pagar la nada despreciable cantidad de 2 500 dólares australianos, y el pago era independiente del resultado. Este examen tenía un porcentaje de aprobación —aun entre los candidatos locales— de aproximadamente 20 por ciento. El examen estaba dividido en cuatro partes, cada una tomaba tres horas, y todo el proceso en total cuatro días. Las dos primeras secciones del examen eran complicadas pero pasables, la tercera y cuarta sección eran más complejas ya que estaban compuestas por preguntas abiertas. La cuarta sección consistía en tomar una cita aleatoria, desconocida por los candidatos hasta el momento del examen, y escribir con ella un ensayo de por lo menos cuatro cuartillas, considerando varios ángulos: histórico, filosófico, biológico, legal y ético. Además había que discutir los argumentos a favor y en contra de la cita y llegar a una conclusión balanceada. Todo esto en inglés, en 40 minutos (ni un segundo más), con letra legible y demostrando la *madurez de pensamiento de un psiquiatra.*

La primera vez que presenté el examen, la cita que me tocó y que nunca olvidaré, fue: «*As Mao did not quite say, psychiatrists should move among the community as a fish swims through the paddy field*». Mi reacción al ver la cita fue: «¿Guaaaaat?» De los 40 minutos que tenía para escribir el ensayo, la mitad tuve la pluma en la mano incapaz de escribir un par de cuartillas que tuvieran sentido. Evidentemente, reprobé. No recuerdo la cita de la segunda ocasión, pero tras cuatro meses de práctica diaria, estuve bastante más cerca de aprobar; sin embargo, no lo suficiente. Finalmente, y con cinco mil dólares menos en el bolsillo, en el tercer intento me eché el ensayo en 35 minutos, y sin dificultad alguna para aprobar. La cita fue «*The choice of model and metaphor has profound consequences in practice. The metaphor and model of a specific disease/specific treatment ... has been especially powerful in medicine but has exhausted its usefulness in psychiatry».* Me dolió la mano de escribir tan rápido, pero aprobé.

Sufrí ese año, la segunda vez que reprobé el examen fue un gran golpe para mi ego, recuerdo que al ver el resultado sentí una opresión en el pecho y se me adormecieron las manos. Por primera vez pensé seriamente desertar y regresar a México. Afortunadamente no lo hice y ahora me siento orgulloso de mi capacidad y velocidad para escribir ensayos. Esa habilidad me ha servido mucho en la práctica profesional, por ejemplo, para organizar mis ideas y expresarlas de manera clara y concisa, escribir reportes de pacientes e incluso para mis notas clínicas.

La gran lección fue que, si no quería sufrir y perder más dinero, la preparación para los exámenes clínicos, cuyo porcentaje de aprobación era del diez por ciento, requeriría un compromiso total por un periodo de tiempo largo. Habiendo aprendido eso, el entrenamiento para los exámenes subsecuentes fue muy riguroso. Para los exámenes clínicos, antes de siquiera empezar la preparación formal, me sometí por varios meses a la tortura psicológica de un lingüista con el fin de perfeccionar mi acento y así incrementar mis posibilidades de éxito. Mi profesión depende en un 100 por ciento de tener adecuadas habilidades de comunicación, así es que el entrenamiento con el lingüista me ayudó, no solo a aprobar el resto de los exámenes en el primer intento, sino también me ha facilitado muchas otras cosas en diversas esferas de mi vida en este país.

En la práctica clínica he tenido experiencias que no sé si catalogar como fracasos pero, en definitiva, han sido experiencias desagradables. Un par de pacientes míos se han suicidado, lo cual es parte de mi profesión, aunque cueste trabajo aceptarlo, pero es inevitable pensar que hay algo que pude haber hecho mejor.

De mis éxitos prefiero hablar poco, quizá el más relevante en el ámbito profesional sea que he aprendido que con determinación y esfuerzo hay pocas cosas que no pueda lograr. Pero en mi opinión, mi mayor éxito es vivir en paz y estar satisfecho con mi vida. Paradójicamente, considero un gran logro haber rechazado recientemente una oferta laboral como subdirector en mi hospital. Me llena de orgullo haber dado prioridad a mi salud y a mi familia por encima de mi trabajo.

Ayer en la noche le leía un cuento antes de dormir a mi hija de cuatro años. A la mitad de la historia me detuvo y me dijo: «Oye papi, te quiero mucho, dame un abrazo de oso». Dudo mucho que exista en esta vida un éxito mayor a ese.

Joaquín Pereyra Macías [CONTINÚA EN PÁGINA 233]

Luis Rodrigo Reynoso
[ETIOPÍA]

En Etiopía tengo una vida ¡surrealista! Hay cosas que incluso no puedo explicarme. A veces cuestiono mi estado físico y mental. Todo lo que mi esposa y yo vivimos es excepcional; exalta nuestros sentidos, nos hace sentir más vivos que nunca y nos recuerda lo afortunados que somos. Continúamos aprendiendo cada día en una exaltación constante.

De entre la maleza que aún invade las calles he visto florecer colores radiantes, me detengo a observar la perfección y belleza. Amigos tomados de la mano, totalmente entrelazados, indistintamente de su género y sin prejuicios. Alguien más se acerca cantando y bailando y me alegra el día con su envidiable cabello rizado.

Cuido mis manos de los ataques de los perros callejeros, que a diferencia de los que conocía éstos no dejan asomar ni tantito su esqueleto, cuando te cuestionas su fuente de alimentación, aparecen desfilando, presumiendo entre sus potentes mandíbulas, carcasas frescas abandonadas que en su mayoría supera su propio tamaño y peso, hurgan hasta lo inimaginable y reposan junto a su presa. Y sigo aquí, tratando de entender mi misión. No ha habido ni un solo día que no aprenda algo.

Sigo tratando de entender mi misión aquí. No hay un sólo día que no me llevemos una enseñanza, una promesa, una respuesta, una fotografía. Me gusta fantasear a lo grande, imaginarme y de pronto encontrarme con escenarios majestuosos, para entonces iniciar diálogos infinitos conmigo mismo.

Hoy creo que primordialmente he venido a romper cadenas, a encender velas, a apagar sensores, a corregir actitudes, a modificar patrones, a confiar en mi intuición, a reconocer mis fortalezas, a aprovechar mis capacidades y a colaborar. Aquí he venido a distanciarme de parásitos, plagas y personas inhumanas. Este viaje, para mí, ha representado uno de los retiros espirituales más auténticos que jamás haya vivido. De pronto en éxtasis y en menos de un segundo pudieran llevarte al extremo... pero ahí, justo ahí, echamos mano de una de mis interrogantes preferidas: «¿Qué tengo que aprender de esto?»

Y así transcurren los días, entre consultas y cirugías. Generalmente me gusta conocer un poco más sobre mis pacientes, saber un poco más sobre su historia. Pero el idioma puede ser una barrera. A veces, ni siquiera el traductor logra que entienda a mis pacientes. Por más señas y gestos que haga, es imposible comunicarnos.

Treinta y cinco años pasaron para que ella y yo nos encontráramos. El estigma por su labio leporino casi había apagado la luz de sus ojos, pero aún así ella esperaba ansiosamente que yo fuera su cirujano. Y así la encontré en la mesa de trabajo quirúrgico. Intenté que me hablara, pero ni mi inglés ni mi escaso amárico logran sacarle ni una sola palabra.

Una vez terminada la operación, yo estaba feliz. Le mostré el resultado. Ella se mantuvo inmóvil, casi catatónica, inexpresiva...Le di las últimas indicaciones y se fue.

Tuvimos un encuentro de revisión postquirúrgica. Ella continuó distante y me advirtió que no volvería, tenía que regresar a su región. Se marchó sin decir gracias ni adiós, y eso me dio vueltas en mi cabeza: ¿Hice algo mal? ¿Qué me faltó?

De la nada, 22 días después regresó: «Tengo comezón». Le expliqué que eso era parte del proceso de cicatrización y que debía utilizar un aceite humectante (¡cómo añoro las muestras médicas; aquí sí que hacen falta!). Ella asentía con la cabeza y de pronto me dijo con voz tenue: «Konyo...»

De inmediato entendí esa palabra que significa *belleza*, *bello*, *bonito*, *bueno*...Vamos, necesito que sonrías. Ella fingió no entender mi pedido, pedí que me tradujeran: «Sonríe, necesito ver que los músculos que reconstruimos funcionan». Ella hizo toda clase de intentos por entender pero no lo lograba. Comencé a reírme de sus gestos, y entonces sucedió, espontáneamente ella se rió de mí.

Esa sonrisa me ha quedado como una de las mayores lecciones de la vida. Bendita comezón. «Konyo». Espero que la fuerza y el poder de la cicatrización la acompañen. Ella representa para mí uno de mis mayores logros personales y profesionales.

Y así es como vivo con júbilo este tipo de acontecimientos quirúrgicos. También debo decirles que otra de las aventuras radica en las condiciones en las que vivimos. Aquí los servicios públicos (agua potable, alcantarillado, alumbrado público) son prácticamente inexistentes, cada paso nos recuerda de dónde venimos, dónde estamos y resulta embelesador imaginarme ¿hacia dónde vamos?

En este tiempo en Etiopía he visto a mi esposa llorar de impotencia cuando abre la llave de la regadera y cae lodo sobre su cabeza, después de haberse perdido por tres horas en la ciudad. La he escuchado gritar aterrada mientras unos niños la intentaban robar. Pero también nos hemos muerto de la risa al ver a la señora Burtukan (que nos ayuda con el aseo de la casa), perseguir a un vecino que intentaba robar mis pantalones de mezclilla que se secaban al aire libre. Las emociones son muchas, y nos queda claro todo lo que estamos aprendiendo.

Luis Rodrigo Reynoso [Continúa en página 240]

Jack Rubinstein

[Estados Unidos]

> «El buen juicio viene de la experiencia, la experiencia viene del mal juicio».
> Robert Byrne

No hay de otra. La única forma de obtener un buen juicio es a través del mal juicio. La vez que no debí haber tomado ese último *shot* de tequila: mal juicio. Cuando le levante la voz a una enfermera: mal juicio. Cuando no presté atención al nombre del paciente antes de entrar al cuarto: mal juicio.

La mayoría de nosotros tratamos de evitar momentos de mal juicio y aún más las repercusiones de estos, pero ¿será ésta la mejor forma de vivir? Los errores, malos juicios y fallas en la vida nos pueden dejar mejor informados o nos pueden seguir por el resto de nuestras vidas. La diferencia entre salir adelante y quedarse atrás no está en los errores cometidos, sino en lo que uno decide hacer con ellos. Suena trillado, pero si analizamos el proceso de un error, podemos ver diferencias importantes entre la forma «tradicional» de abordar errores y la forma «moderna».

Ambas formas se ejemplifican con el concepto de *M and M* o conferencias de morbimortalidad. Estas conferencias iniciaron en Boston a principios del siglo XX, y se trataba de reuniones de cirujanos en las que examinaban casos en los que el médico había cometido algún error. El propósito era aprender de esa equivocación para que otros no lo repitieran. Estas conferencias frecuentemente eran exaltadas y se usaban (y en ciertos lugares se siguen usando) para hacer ajustes de cuentas o dañar la reputación de algún médico, pero conforme la sociedad ha avanzado, las conferencias han cambiado.

Hoy en día, la mayoría de las especialidades cuenta con algún tipo de conferencia de morbimortalidad; y cada una de ellas se rige por el temperamento asociado a los especialistas —las de los pediatras son cordiales; las de los cardiólogos; irritantes; las de los psiquiatras, sarcásticas. Pero muchas conferencias han dejado de enfocarse en el error del médico, para revelar los errores del sistema.

Parecería una diferencia pequeña. ¿Qué importa si el sistema funcionó o no funcionó cuando el médico fue quien perforó la arteria coronaria? La pregunta es válida, pero uno también puede analizar el rol del sistema que puso al doctor de guardia dos noches consecutivas, o el técnico que dio el catéter equivocado o la residente que no mantuvo el control adecuado del sitio de incisión, y así decenas de variables más.

Estas conferencias son como un microcosmos de la sociedad, y hoy en día el enfoque ha cambiado: más que inculpar al médico por sus actos, ahora se evalúa un proceso en el que todos tenemos responsabilidad y en donde todos podemos crecer y aprender de los errores. Esta cultura abierta, no punitiva e incluyente también ha influido en las actividades cotidianas en el hospital. Lo que antes se escondía o se hablaba a puerta cerrada con los directivos, hoy se comunica abiertamente dentro de la especialidad y, a veces, cuando es de interés general, se comparte vía correo electrónico con toda la institución, nunca nombrando a los involucrados.

En lo personal, esta forma de afrontar los errores y superarlos, me permite ser un mejor médico y maestro. Casi a diario, cuando veo pacientes hospitalizados acompañado de un equipo de residentes y estudiantes, hago hincapié en algún error que cometí referente a los pacientes que estamos viendo. Así, de alguna manera hago penitencia por mis errores, a la vez que puedo enseñarles a los demás. ¿Puedo asegurar que van a aprender de mis errores? A lo mejor algunos sí pero, en definitiva, al acordarme de ellos, estoy seguro de que yo no los repetiré.

Jack Rubinstein [Continúa en página 242]

Alberto Saltiel

[ISRAEL]

Aquel que triunfa una vez, ha fracasado mil veces. Siempre festejamos los triunfos y son estos los que presumimos pero, en realidad, son los fracasos los que nos forjan como seres humanos, los que nos enseñan y los que nos empujan a seguir adelante y a volver a intentarlo. Así que uno debe estar tan orgulloso de sus fracasos como de sus logros, y debe festejarlos ambos por igual.

Mi primer logro comienza con haber cumplido un sueño y graduarme de la carrera de medicina. Por supuesto que, durante el camino, esta carrera se vio acompañada de múltiples fracasos, pero estos fueron pequeños y no vale la pena mencionarlos. Sin embargo, todos esos fracasos me ayudaron en el camino para llegar aquí. Me enseñaron a estudiar más, a ser más perseverante, a dedicarle más tiempo a mis prioridades y por ende a priorizar.

Uno de mis mayores fracasos hasta el momento fue no haber aprobado el examen de licencia médica en Israel la primera vez. En retrospectiva no es un gran fracaso, pero retrasó mi formación. En ese momento fue una noticia dura de digerir pero, gracias al apoyo de mis seres queridos, logré festejar este fracaso y salir adelante. Como consecuencia de lo anterior, el gran logro fue, por supuesto, haber conseguido la licencia médica en Israel y haber entrado a una residencia muy demandante y codiciada, en el mejor programa nacional.

A lo largo de mi carrera, durante la especialidad, en cirugías y con los pacientes, también ha habido fracasos. Algunos de estos menores y otros que han tenido serias repercusiones. Uno de mis grandes maestros siempre me dijo: «Detrás de un gran cirujano, hay un panteón lleno de pacientes». Es nuestro trabajo aprender de cada una de nuestras fallas para no repetirlas, y evitarlos para lograr con ello ayudar aún más al siguiente paciente.

Otro de mis logros ha sido haber sido nombrado jefe de residentes de cirugía vascular. Un título que conlleva mucha responsabilidad y demanda. A su vez, durante este periodo he aprendido mucho más sobre la especialidad, sobre mí y mis compañeros, esto en definitiva es algo que me enorgullece mucho.

También es importante tener éxito en la vida personal. Dentro de estos logros, no puedo dejar de mencionar que formé una hermosa familia y puedo disfrutar de su compañía. Son ellos quienes me dan la fuerza de seguir adelante, quienes me empujan todos los días y de quienes más aprendo. Lo más importante es que juntos, aunque fracase o triunfe, siempre lo celebraremos.

Alberto Saltiel [CONTINÚA EN PÁGINA 244]

Lorenz Schenk

[ALEMANIA]

Creo que fracasos como tal no los hay. Siento que cada momento es una experiencia más que sirve para formar al nuevo *yo* a cada minuto. No es reinventarse, es solo ir con más armas para la siguiente batalla. No alcanzar determinado puesto o trabajo no es un fracaso, y no puedo decir que la separación fue un fracaso. Creo que para fracasar hay que sentir inseguridad, miedo, rechazo, baja autoestima, que sé yo. Creo que el hombre fracasa cuando es desdichado. Si se es desdichado, no se tiene una meta que alcanzar y mi meta es que mi familia esté bien, al menos aquélla en la que tengo influencia directa aquí en Alemania.

Haber logrado la homologación y hacer la especialidad son mis mayores logros, pero también cada guardia lo es, porque cada vez que salgo de trabajar estoy satisfecho pues di lo mejor de mí para ayudar a mis pacientes.

Lorenz Schenk [CONTINÚA EN PÁGINA 248]

Ilan Shapiro

[ESTADOS UNIDOS]

Uff... He vivido tantos logros y fracasos en estos años que aquí solo consigno un par de granos de sal y azúcar.

Fracasos

Maestría en salud pública: Aprender sobre proyectos, administración y sobre cómo ser líder, me puso frente a un paradigma: todas las personas a mi alrededor tenían muchos títulos académicos. Al trabajar en el sector público, privado y a nivel federal, sentí la necesidad de incrementar mi educación. Dentro de las opciones que tenía, pensé que la maestría en salud pública le daría mucho crecimiento a mi carrera.

Después de aplicar, inicié la maestría en John Hopkins. Tras un par de meses, me di cuenta de que la información que necesitaba para ayudar a más gente no era del ámbito de salud, sino que necesitaba mayores conocimiento de números. Mi entrenamiento me daba fuerza para salvar vidas, pero no para balancear estados financieros que son clave para conversaciones de alto nivel en la creación de proyectos y estrategias; así que ahora estoy por terminar la maestría en administración con especialidad en salud pública.

Negociación y finanzas: Como médicos nos enseñan cómo hacer cirugías, aplicar vacunas, prescribir tratamientos y, sobre todo, a comunicarnos con nuestros pacientes. Pero nunca nos explican que tarde o temprano necesitaremos de algo que se llama dinero para ayudar a otras personas. Darle tratamiento a un ser en estado crítico, hacer una cirugía o simplemente de calcular la dosis para salvar una vida es algo innato en mí. Pero siempre he sentido que mi profesión es un privilegio que me permite ayudar, por lo que me cuesta mucho negociar tanto por el sueldo que percibo, como por los apoyos que solicito para programas sociales.

Hoy entiendo el valor que tengo. Y ya no me da miedo levantar la voz y ser claro en mis expectativas con respecto a las finanzas. Pero en este viaje de crecimiento aún tengo un par de cicatrices.

Logros

Medios: Algo que me fascina es la parte de los medios. Ayudar de una manera masiva con mensajes específicos de salud es imprescindible dentro de los programas de la salud pública, y me siento completamente al servicio de ese objetivo. Como médico, en un consultorio, puedo ver un número limitado de pacientes al día, pero al utilizar los medios de comunicación y las redes sociales he podido tocar a millones en los últimos años, con el único objetivo de mejorar sus vidas y las de sus familias.

Ayuda: Con humildad digo que he tenido la oportunidad de ayudar a nuestra sociedad con sudor, lágrimas y tiempo. En ambas partes de la frontera encontré un nicho para doctores binacionales que podemos atender y, más importante, entender los desafíos de la comunidad migrante en materia de salud y bienestar.

Proyectos binacionales: Uno de mis grandes logros ha sido construir puentes. Se tiene que presionar para conocer la resistencia del puente y estar listo por si este se empieza a doblar. En algún momento todos necesitamos ayuda. Al venir de una familia que migró, entiendo la importancia de crear redes de colaboración.

Uno de los proyectos en los que trabajé consistía en ayudar a los pacientes que se encontraban en lista de espera para una donación de un riñón. En ese momento (las cantidades son solo ejemplos) la diálisis costaba 70 por año. Mientras que un trasplante de un donante vivo relacionado —realizado en un centro de excelencia— costaba 150, más —aproximadamente— diez al año por medicamentos.

Con estas cifras es claro que un trasplante renal de un donante vivo relacionado es lo más conveniente. El proyecto buscaba crear fondos comunitarios para que parientes residentes en México de pacientes que esperaban un riñón, pudieran viajar a los Estados Unidos a hacer la donación. Lamentablemente —por problemas ajenos al ámbito médico— el proyecto no despegó; sin embargo, de este esfuerzo nacieron dos asociaciones para la lucha de los derechos de nuestros pacientes.

Familia: No puedo dejar de agradecer por un logro fenomenal. Mi esposa. Sin ella no sería la persona que soy tanto física como anímicamente. Más importante aún, ella me ha dado la energía que me caracteriza.

Además, ella ha creado un espacio de seguridad en la casa para que yo pueda seguir haciendo mis locuras. Amo regresar a casa para disfrutar de los frutos del trabajo y para compartir con mi familia las experiencias del día.

Ilan Shapiro [CONTINÚA EN PÁGINA XX]

René Sotelo

[ESTADOS UNIDOS]

Hablar de fracasos es difícil, pues realmente siento que no los he tenido. Y no se trata de arrogancia, es más bien que me enfoco en ser agradecido con lo que he logrado, en celebrar cada paso dado, lo grande y lo pequeño, porque me lo he ganado de manera honesta. He trabajado por ello y lo sigo haciendo todos los días.

Me enfoco en el trabajo. Siempre les digo a mis *fellows*: «Aprovechen el tiempo». Y cuando me acompañan a una cirugía y veo que no toman notas, les pregunto: «¿Están tomando notas de lo que están observando y aprendiendo? Hagan preguntas, concéntrense en cada uno de los trucos, de los detalles que implica una cirugía».

Mis ganas de compartir conocimientos y de apoyarlos se desvanecen cuando los veo distraídos, hablando de otros temas en la sala de cirugía, robándole tiempo y concentración al resto del personal, cuando por el contrario deben estar conscientes de que se trata de una sala en la que la única atención debe estar en el cuidado del paciente. En ese momento, su labor debe ser aprovechar cada segundo que se les brinda, aprender observando. Es mi manera de decirles que deben estar alertas cada nanosegundo y obtener ganancias de ello.

El tiempo lo utilizo al máximo, lo exprimo; no me verán en un cafetín hablando, dándole paso al tiempo sin utilizarlo. Tener conciencia de que el tiempo va de la mano del trabajo me permite reforzar aún más el valor de las cosas. Para ser honesto, nunca imaginé que llegaría a donde he llegado y la verdad siento que aún hay mucho camino por recorrer.

Ver hacia adelante, imaginar todas las cosas por hacer, la aventura que representa, las personas en el camino por descubrir y conocer no solo me anima, sino que me prepara a seguir adelante. Y allí creo que está la clave: en prepararse para ganar siempre, aun en los tiempos de adversidad. En situaciones que me han resultado complejas, recuerdo que me acercaba a mi mamá y la única respuesta que encontraba era siempre la misma: «Bueno, siga, siga, para adelante».

De ella aprendí que esa es la única dirección: «Para adelante», y quizás eso refleja de buena manera que, en el camino, lo que encontraremos será más fuerza y posibilidades de aprendizajes, no de fracasos, sino de nuevas lecciones que nos fortalecerán y nos harán mejores personas aún.

Creo que el éxito está en trabajar por los sueños, en mirar el camino y tocar desde nuestra mente eso que queremos lograr al final, imaginarlo y avanzar en función de ello. Creo firmemente que el éxito es un viaje, no un destino, y por eso trabajar incansablemente, cada segundo, cada minuto es lo importante; gozar y sentir cada paso dado, para que al mirar atrás identifiques las lecciones aprendidas, y coleccionar sonrisas de cada momento, pues en ocasiones las carreteras no están pavimentadas, no siempre hay autopistas. A veces, es preciso bajar la velocidad y otras veces puedes acelerar y retomar la intensidad del viaje a otro ritmo.

En este periplo de la vida, mi preocupación es no estar y, ante ese pensamiento, necesito tener la certeza de que mi familia tiene las herramientas para salir adelante. Me esfuerzo por enseñarles a mis hijos el valor de las cosas. Que aprecien a sus amigos por lo que son, por su afecto, no por sus pertenencias. Han disfrutado en forma adelantada de muchos placeres, han conocido cualquier cantidad de países gracias a mi trabajo, han crecido rodeados de oportunidades, han conocido a grandes personalidades. Siempre he querido ser para ellos, además de un padre, un ejemplo de trabajo. Que vean el esfuerzo como un valor y que trabajen por lo que quieren desde la dedicación, desde la entrega de lo mejor de cada uno de ellos. Han tenido y tienen todas las herramientas y deben capitalizarlas. En la vida, les tocará decidir sobre cuáles de esos instrumentos deben apoyarse para seguir adelante de la mejor manera. Pero siempre desde el empeño, desde el afán. En esta travesía, ciertamente, hacerlo en compañía es la mejor manera.

René Sotelo [CONTINÚA EN PÁGINA 253]

8

La vida durante la pandemia

Antonio J. Berlanga-Taylor

[COLOMBIA, REINO UNIDO, FRANCIA]

Caí en blandito: sano, con familia y trabajo

Soy parte de una minoría, pero agradezco la buena fortuna que mi familia y yo hemos tenido durante este periodo tan incierto y difícil. No hemos padecido grandes dificultades, tenemos trabajo y buena salud. Tampoco estamos expuestos por cuestiones laborales dado que me dedico a la investigación y la mayor parte de mi trabajo la puedo hacer a distancia.

A pesar de esto hemos tenido algunas preocupaciones. Mi abuela materna cumplió 100 años este verano. En general se encuentra en muy buenas condiciones y con excelente salud, pero vive en una casa hogar en donde se reportó un caso de COVID-19. La familia se preparó para asegurarnos de que tuviera el mejor apoyo médico y que pudiéramos despedirnos a distancia si fuera necesario. Por suerte no hubo decesos ni casos adicionales y, por lo pronto, la familia se encuentra sana.

En términos de trabajo, en el 2020 terminó mi contrato y empecé un nuevo ciclo de reflexión profesional y búsqueda dentro de la escalinata académica. En el Reino Unido las universidades congelaron la mayoría de los reclutamientos y los nuevos contratos desde marzo de 2020 por lo que el panorama era más estresante de lo normal. Afortunadamente recibí una oferta de Imperial College y, aunque sigo en el periodo de búsqueda y reflexión, tengo la satisfacción y la tranquilidad de poder continuar con mi grupo de investigación, estudiantes y proyectos.

Dentro de las enormes dificultades que el coronavirus ha desatado también han aparecido algunos aspectos positivos. El trabajo remoto es ahora mucho más aceptado y, aunque no es ideal, trabajar desde casa tiene ventajas importantes. Para mí ha significado poder estar con mi pareja en Francia mientras trabajo para una universidad inglesa. De la misma manera, he podido renovar mi financiamiento a pesar de estar en otro país. El reto es que los experimentos de laboratorio están en pausa y no es claro cuando podré reanudarlos.

La división social y la buena fortuna

Una de las observaciones que han agudizado el dolor de las grandes inequidades sociales es la división que existe entre gente que podemos acceder a espacios abiertos (jardines, parques, naturaleza) y los que están encerrados en medio de ciudades y complejos habitacionales de alta densidad. Para empeorar la situación, las personas que tienen menos acceso a espacios abiertos pertenecen a niveles socioeconómicos y educativos más bajos, a minorías étnicas y tienen mayores dificultades para acceder a servicios de salud. En el Reino Unido y Francia estos grupos son los que lamentablemente han sufrido la mayor carga de morbilidad y mortalidad por COVID-19. De la misma manera también se encuentran en una situación financiera más precaria. Pienso que es importante estar conscientes de esto y, en la medida de lo posible, hacer algo al respecto.

Antonio J. Berlanga-Taylor [Continúa en página 255]

Edmundo Erazo
[países bajos]

Sin duda son tiempos extraños los que se viven durante esta pandemia. Ser médico y estar fuera de México durante esta crisis es un sentimiento difícil de describir.

Mi mayor preocupación es mi familia, amigos y colegas. Mi primer instinto, al darme cuenta de la magnitud de la situación, fue regresar a México para ayudar y para estar cerca en caso de alguna emergencia familiar. Me ha costado trabajo aceptar que existe la posibilidad de que alguno de mis familiares o amigos enferme gravemente mientras yo estoy lejos. La incertidumbre crece y no es sencillo evitar pensar en el peor escenario. La distancia significa que no sería capaz de llegar con rapidez a mi país y, por consiguiente, puedo perder tiempo valioso con quienes que más amo.

Decidí, junto con mi pareja y familia, no regresar en ese justo momento, pero mantenernos en constante comunicación. Aún me preocupaba no ayudar lo suficiente. En ese momento, no practicaba la medicina clínica por lo que me enlisté como reserva en la región de Holanda. Los primeros días del confinamiento fueron sencillos; y mantuve una rutina que consistía en hacer ejercicio en casa por las mañanas, trabajar por las tardes y llamar a mis amigos y familia por las noches. Conforme pasaron los días, sentí la necesidad de ayudar a mi país, así que decidí colaborar con algunos colegas para publicar un artículo sobre el COVID-19 en México. También me puse a trabajar en una compañía de la Ciudad de

México para ofrecer consultas gratuitas por videollamada, como una estrategia para evitar saturar los servicios de urgencias del país. Tras cinco semanas en casa, durante las que salí a lo mínimo indispensable, noté que era difícil conservar la cordura sino se mantienen algunos pilares como el contacto humano, la reflexión, el balance entre el esparcimiento y el trabajo constante.

Tristemente, la enfermedad trastocó la vida de mis seres queridos. Abner, mi mejor amigo y hermano por elección perdió a un familiar muy cercano. A su familia la considero parte de la mía, por lo que inmediatamente quise regresar a México, aunque tuve que entrar en razón, pues aunque hubiese estado en México no sería posible acudir al funeral y tendría que ponerme en cuarentena. Me sentí triste y ansioso; y después me asaltaron las dudas: ¿Había tomado la decisión correcta al salir de México?

Me refugié en la música, una de mis grandes pasiones, y mientras escuchaba «Iron Sky» de Paolo Nutini [«*To those who can hear me / I say, do not despair* (A los que pueden escucharme / les digo, no se desesperen)] pensaba cuál sería la solución a mi interrogante. Finalmente me di cuenta de que la respuesta dependía del momento y la situación.

Cuando inicias la aventura de vivir en otro país, no conoces el resultado, y solo el tiempo te permite ver todo en retrospectiva. Así que decidí tomar el control de mis emociones y pensamientos, acepté que el hubiera no existe y traté de ser positivo y de afrontar lo que fuera que se me presentara de la mejor forma posible. Pero de algo sí estoy seguro. En el momento que tomé la decisión de salir de mi país, eso fue lo correcto para mí, y me ha permitido aprender y crecer inmensamente. No puedo emitir un juicio de valor para esa decisión, basándome en la realidad actual. Si no que tengo que regresar al momento donde decidí irme.

Fue en noviembre de 2016 cuando tomé la decisión aplicar a una beca en el extranjero; al mes siguiente, aún estando en México, me asaltaron a un par de kilómetros de mi casa y para mí eso significó que era el momento de vivir en otro país. Así que retomé fuerzas y decidí que lo mejor era buscar nuevos caminos. Todo esto me ayudó a sentirme mejor sobre mi decisión de vivir en los Países Bajos, y a concentrarme en ayudar a México en la medida de mis posibilidades.

Vivir fuera de mi patria durante la pandemia también me permitió poner en perspectiva otros aspectos como lo difícil que es adaptarse y entender los cambios que están fuera de nuestro control, no importa si estás en México o en Europa. He aprendido otras cosas: como lo abrumadora que puede llegar ser la infodemia; la importancia que tiene la forma en que se transmite un mensaje; cómo el miedo a lo desconocido no respeta fronteras; cómo el ser consciente y buscar el bien común se refleja en el bien individual; cómo escuchar el Himno Nacional Mexicano estando lejos de casa siempre te provocará sentimientos que las palabras no pueden expresar. También aprendí que no importa en qué país viva un mexicano, sea cual sea su profesión siempre estará dispuesto a ayudar.

Edmundo Erazo [CONTINÚA EN PÁGINA 256]

Yoel Korenfeld

[MÉXICO, ESTADOS UNIDOS, COLOMBIA]

Mi especialidad de internista ha hecho que viva la pandemia con particular ansiedad. Cuando iniciaron los reportes de pacientes con un nuevo síndrome respiratorio severo agudo en China, en enero y febrero 2020, pensé que nunca nos afectaría; y debo aceptar que, en esos primeros meses, respondía a quienes me preguntaban sobre el nuevo

COVID-19 que debían preocuparse más por la influenza estacional que por el nuevo virus.

En marzo de 2020, cuando empezaron a reportarse casos en Italia y luego en España, entendí que estábamos hablando de la primera pandemia en mi vida, es decir, de la primera enfermedad que afectaría a todo el planeta.

Mi nerviosismo creció a medida que se conocía más del virus y su altísima tasa de contagio. Al ver las imágenes de Italia y España, imaginé que, si no se tomaban medidas serias, pasaría lo mismo en Colombia y en México, y el pavor me estremeció. Imaginaba los pasillos del hospital llenos de pacientes y temía que llegara el momento en el que tuviéramos que negar los cuidados intensivos y los ventiladores a algunos pacientes, utilizando el triaje para decidir quién podría o no recibir ventilación mecánica según su edad y comorbilidades.

En Medellín el virus se logró retrasar por meses con una cuarentena estricta y con la colaboración de toda la población. Hasta junio empezamos a ver un número de casos significativo. Eso implicó que, en los primeros meses de la pandemia (marzo a junio), tuvimos incluso menos trabajo que el habitual en el hospital. Sin embargo, una vez que llegó junio, los casos se multiplicaron de forma exponencial y el trabajo también aumentó dramáticamente. El haber retrasado la llegada masiva del virus nos permitió prepararnos de la mejor manera. Recuerdo una reunión en marzo de 2020 en el hospital, con el grupo de internistas, nadie usaba cubrebocas, nadie guardaba el distanciamiento social; hablamos de la ausencia de pruebas diagnósticas en el momento y que no se veía la posibilidad de tenerlas en el corto ni en el mediano plazo. Los meses pasaron y la evidencia del beneficio de usar cubrebocas —al principio dudoso—, se hizo innegable al punto de que actualmente todas las personas lo usan en público en la ciudad y en el país. Unas semanas después de aquella reunión, ya teníamos disponible en el hospital de las pruebas PCR para detección de SARS-Cov2 y se implementaron pabellones exclusivos para COVID-19.

A pesar de ver un aumento notable de casos, afortunadamente en ningún momento nos han desbordado y hemos tenido cómo dar respuesta a quienes lo necesitaron, incluso en cuidados intensivos. El desgaste por las excesivas horas de trabajo y el gran numero de pacientes se ha hecho notar, y los ánimos en el hospital no son los mejores. De esta saldremos, pero el impacto en las personas y las instituciones pueden durar mucho tiempo.

Los efectos devastadores de la pandemia pueden ser vistos también a la luz de los beneficios que ha generado; hemos pasado más tiempo en familia, hemos aprendido a apreciar el estar fuera, el sentirnos libres y poder ir a donde queramos. En nuestro caso hemos pasado mucho más tiempo con nuestra hija y nuestras mascotas, sobre todo mi esposa que ha estado en casa todo el tiempo. También disfrutamos de ir todos los días al parque cercano y estar al aire libre con otras personas. El efecto de la cuarentena en el medio ambiente es otra consecuencia positiva, le dimos un muy necesario respiro al planeta.

Sin duda esta pandemia marcará nuestras vidas. La incertidumbre sobre el futuro ha hecho difícil de manejar la ansiedad y vivir el día a día.

Yoel Korenfeld [CONTINÚA EN PÁGINA 257]

Rafael G. Magaña

[INGLATERRA, ESTADOS UNIDOS]

Creo que estos últimos años me había sido difícil encontrar un balance entre mi profesión y otras cosas que me dan felicidad. En una ocasión, mi padre nos visitaba de México y, después de una visita al médico, le diagnosticaron diabetes tipo dos. Después de platicarlo con toda la familia, decidimos inscribirnos al gimnasio.

Con el objetivo de inspirar a mi padre a mejorar su estado físico y mitigar su diabetes, yo iba casi diario al gimnasio, así que en el proceso también mejoré mi salud. Por su parte, mi padre bajó de peso y ahora solo necesita una pastilla de Metformina al día. Eso para mí es un pequeño triunfo que nos ayudó a los dos, y hoy estoy mejor de lo que me había sentido en más de diez años.

En agosto de 2019, mi hermano me convenció de inscribirnos a clases de jiu-jitsu (un arte marcial). Lo hicimos y comencé una etapa nueva que, para mí, representó un balance personal casi perfecto, acompañando de muchísima satisfacción y felicidad.

A finales de enero de 2020, mientras viajaba a Filipinas para atender a pacientes con labio y paladar hendido, vi en las noticias que en la ciudad de Wuhan (provincial de Hubei, en China) empezaron a construir un hospital para atender a pacientes infectados con un nuevo virus.

Debido a la escala del proyecto, me di cuenta de que esta maniobra tendría implicaciones más grandes. Obviamente estaban preocupados, muy preocupados, pero nunca me imaginé que resultaría en la catástrofe mundial pandémica que estamos viviendo ahora.

Al regresar de ese viaje, el 2 de febrero, ya se había registrado la primera muerte fuera de China, en Filipinas. Sabíamos que, en definitiva, habría contagios en los aeropuertos. En particular me preocupaban los aviones por ser espacios propicios para la transmisión del virus. En Japón —donde hice una escala de ese viaje— ya se veía a muchos de los transeúntes utilizando mascarilla, incluyéndome a mí. Cuando regresaba de ese viaje, un colega y amigo cercano me dijo de manera muy profética: «Creo que esto tiene el potencial de afectar la economía mundial».

Al regresar a Connecticut, continúe atendiendo a mis pacientes como de costumbre, pero las noticias internacionales eran cada vez más alarmantes. Sin embargo, en ese momento hubo poca acción gubernamental que nos preparara para los efectos de la pandemia; de hecho, se sentía como si fuera un fenómeno completamente ajeno.

Al pasar las semanas, la situación en otros países como Italia y España se tornó catastrófica; y se empezaron a ver los primeros casos en Nueva York.

Se suspendieron las cirugías electivas, así como mi práctica médica de manera muy justificada y abrupta. Mi familia había viajado a México y regresó el mismo viernes que se cerró la frontera entre México y Estados Unidos. Me preocupaba mi familia que estaba aquí y también mi familia extendida que vive en México...Me preocupaba todo.

Lo peor ha sido la sensación de incertidumbre. Me preocupaba mi padre, al ser población de riesgo, pero también me preguntaba si este sería el fin de mi práctica medica privada.

Comencé un plan de acción. Hablé con los jefes de departamentos en los hospitales donde trabajo y pedí guardias en todas las semanas a partir de la mitad de junio de 2020 y por lo que restaba del año.

Llamé a mis pacientes que estaban programados para cirugía cosmética, y les di la opción de cancelar o posponer sus cirugías, explicándoles que no sabía cuándo los podría operar.

Me preparé para lo peor, pero pensé que posiblemente podría mantener a flote mi práctica con solo tomar guardias de emergencia; sin embargo, no estaba seguro de que esa fuera una opción viable. Febrero y marzo de 2020 fueron de los tiempos más inciertos para mí y por ende para mi familia.

Inesperadamente, a principios de junio, en el mes de reapertura de los hospitales, hubo pacientes privados que deseaban hacerse cirugías cosméticas; y con un protocolo preoperatorio estricto logré seguir operando.

Las emergencias de cirugía plástica no disminuyeron durante esos meses tan difíciles y la oficina se mantuvo a flote. Yo no me explicaba cómo podía pasar esto, pero estaba sucediendo, por lo que me sentí sumamente afortunado, ya que otros consultorios no tuvieron la misma suerte y tuvieron que cerrar.

Procedí con mucha cautela y buen juicio, invirtiendo en la práctica y tomando todas las guardias de emergencias que podía para mantenerme productivo.

Mientras escribo esto, aún nos encontramos inmersos en esta horrible pandemia, y la primera oleada persiste en los estados del sur de los Estados Unidos; aunque parece que los casos han disminuido en Connecticut y Nueva York, donde radico.

Existe mucha especulación sobre la economía nacional y mundial, e iniciamos una nueva década con un nuevo orden mundial producto de la situación presente.

Así que, en mi caso particular, este año comenzó con muchas aspiraciones, planes, ilusiones, y con un balance entre lo personal y lo profesional.

Actualmente, veo un panorama sumamente incierto y difícil para el mundo, y eso me preocupa mucho.

Sin embargo, creo que en estos momentos el mito griego de Pandora es esclarecedor. Al abrir la caja y liberar todos los males de la humanidad, lo último en quedar dentro de la caja es la esperanza.

Rafael G. Magaña [Continúa en página 258]

Nissin Nahmias

[ESTADOS UNIDOS]

La pandemia de COVID-19 ha cambiado la vida de todos y nos ha enfrentado a momentos que requieren tenacidad, inteligencia, unidad y que demos nuestros mejores esfuerzos. Espero que esta sea la última pandemia a la que nos enfrentemos, aunque lo dudo.

Durante la pandemia todas las cirugías que no fueran de urgencia fueron canceladas. Todos los miembros del departamento nos ofrecimos para trabajar voluntariamente en la terapia intensiva y en el manejo de los miles de pacientes con COVID-19 que inundaron el hospital. El Bronx fue el epicentro de la pandemia en la ciudad de Nueva York y, desafortunadamente, mi hospital fue uno de los centros con más pacientes. Al principio creímos que esto pasaría rápidamente, que era transitorio, pero las semanas se volvieron meses y las cosas se pusieron peor. Las calles de la ciudad estaban vacías, la amabilidad de la gente desapareció y con el aislamiento social los problemas de salud habituales se recrudecieron.

La pandemia me recordó mis valores éticos y morales, también la educación que recibí: la importancia de ser altruista y servir a los demás. Durante meses trabajamos intensamente, exponiendo nuestras vidas; pero nos sentíamos satisfechos cuando los pacientes regresaban sanos y salvos a sus casas. Sin embargo, cada vez necesitábamos más tiempo y recursos para cada paciente. Tuvimos pacientes que estuvieron intubados, algunos por días y otros por meses; pero aquéllos que eran más frágiles, lamentablemente fallecieron.

Entre las pérdidas estuvo mi querido socio, el doctor Ronald Verrier. Él era un hombre alegre y lleno de vida, con un gran espíritu de lucha. Fue el mejor socio que he tenido y una gran inspiración. Su pérdida fue lo peor de la pandemia. Ronald emigró a Nueva York desde su natal Haití; se especializó en cirugía de trauma y cuidado crítico. Hace varios años durante unas vacaciones a Bermudas, tuvo un accidente, requirió de una traqueotomía y sufrió un infarto cardiaco; sin embargo, gracias a su energía y determinación se sobrepuso a todo eso con dignidad. Ronald era un líder entre los líderes, tenía un estilo y un sentido del humor muy peculiares, pero lo mejor de él era su humanidad y humildad. Yo había hablado por teléfono con él un martes, ya que no lo vi pasando visita. Le llamé y me dijo que no se sentía muy bien y que le dolía todo el cuerpo, pero que no me preocupara. Un par de días más tarde fue internado con falla respiratoria y falleció tres días después por complicaciones múltiples. A veces en el quirófano siento su presencia y me reconforta saber que ya no está sufriendo.

Esta pandemia te afecta personalmente, es difícil de tratar, requiere organización y colaboración de todas las partes, y por ende su solución es complicada.

Después de un curso intensivo de terapia crítica, mi vida consistió en hacer guardias y pasar visitas durante cuatro meses, hasta que los pacientes empezaron a disminuir, al punto que los servicios del hospital ya no estaban saturados y comenzamos a pensar cómo reiniciar operaciones de manera segura.

LA VIDA DURANTE LA PANDEMIA

Durante esos meses, dejé de ver a mis hijos, lo cual fue muy difícil para mí. Pero me sorprendí con su gran actitud; ellos estaban orgullosos de mí y me llamaban diariamente y a todas horas, cosa que hacen hasta la fecha.

Seguimos en alerta y listos en caso de que vuelva a haber un recrudecimiento del virus; pero como mencioné al principio del capítulo espero esta sea la última vez.

Nissin Nahmias [Continúa en página 259]

Joaquín Pereyra Macías

[AUSTRALIA]

Melbourne, Australia, 27 de agosto de 2020.

Estimado Borrego:

Debo admitir, Borre, que no recuerdo cuándo nos conocimos. A nuestros hermanos y a ti los escuché contar esa historia muchas veces, y yo siempre pretendí recordarla con claridad. Pero ¿cómo acordarme si yo tenía tres años? Tú tenías siete años, mi hermano, seis; y el Rochi, cinco, así que es que claro que ustedes se acordaban. Contar esa historia y pretender recordarla me hacía sentir más cercano a la palomilla, así es que yo también disfrutaba «recordar» y contarla en repetidas ocasiones.

Cuentan que nos conocimos poco antes de que nuestros padres concretaran la compra de los departamentos en el edificio en el que crecimos juntos. De esto hace 35 años. ¿Lo puedes creer Borre? Sin duda alguna fuiste mi mejor amigo, pero también fuiste mi maestro ya que, por la diferencia de edad, tenías mucho que enseñarme, y yo muchas ganas de aprender. Con el paso del tiempo, los papeles se llegaron a invertir ya que, en más de una ocasión, te regañé por algunos de tus excesos y la escasa importancia que prestabas a tu salud.

Reconozco que desde que me vine a Australia, nuestro contacto se redujo a los chistes y felicitaciones de cumpleaños que compartíamos en el grupo de WhatsApp, así como la tradicional cena cuando visito México. Pero ¿te acuerdas Borre?, fueron innumerables las experiencias que vivimos juntos. Yo recuerdo que por ahí de los años 80, jugábamos con el Nintendo que tu papá les había traído de los Estados Unidos. ¿Te acuerdas cuando me escapaba de mi casa para comprar un balero para las ruedas de la patineta o acompañarte a la Comercial Mexicana? Debo haber tenido cinco o seis años y a mí todavía no me dejaban salir solo. ¿Y cómo olvidar los tradicionales viajes al rancho y a Acapulco en la adolescencia, las borracheras en las que invariablemente acababas llorando (siempre fuiste llorón) y, más recientemente, las reuniones en la que hablábamos de los hijos, política y dinero? Por supuesto, siempre con tu sentido del humor amenizando la ocasión.

Practicamos todos los deportes, ¿te acuerdas Borre? El primero que yo recuerdo fue la patineta, cuando nos dio por hacernos *skaters*. Después siguieron el béisbol y el básquet, con la canasta que instalamos en la calle y que le sacó canas verdes a la mayoría de los vecinos. La etapa del vóleibol y mi incuestionable superioridad al resto de la palomilla. Me saca una gran sonrisa el solo recordarlo.

Cuando pienso en ti, Borre, lo que más recuerdo es cómo reí a tu lado. Eras muy cagado, tu carisma y buen humor lo vamos a extrañar muchas personas.

Hace menos de un mes, una semana después de tu cumpleaños número 43, recibimos el sorpresivo mensaje de tu hermano en el grupo de WhatsApp. Pobre Rochi, estaba tan devastado que no tuvo la energía de compartir la noticia por teléfono. Resulta que un día después de tu cumpleaños desarrollaste fiebre y tos. Sabías que podía ser COVID-19, así es que le pediste al Rochi que no nos avisara, para evitar preocuparnos y escapar de los constantes mensajitos de teléfono que hubieras recibido si nos hubiera compartido la noticia. Las cosas se complicaron con velocidad. El panorama, que en un principio parecía ser una gripita, se oscureció con rapidez, y encontrar medicamentos o una cama de hospital fue casi imposible. No he querido preguntarle los detalles al Rochi para evitar meter el dedo en la llaga, pero entiendo que moriste en el hospital poco después de haber sido internado. Tan solo unas horas después de tu muerte, el Rochi ya tenía tus cenizas en su casa. Si hubieras tenido un funeral, Borre, ¿cuántas personas crees que hubieran ido? ¿200, 300? No lo sé, pero yo creo que muchas, ya que fuiste muy querido.

Días después de tu fallecimiento, a pesar del cuidado excesivo, el Rochi y el primo que cuidó de ti en tus últimos días, también resultaron infectados. Afortunadamente, tu hermano no desarrolló un solo síntoma, a pesar del resultado positivo. Pero imagino que el aislamiento por dos semanas, tras escasos días de tu muerte, debe haber sido una tortura. Tu primo, a pesar de su corta edad corrió con menos suerte y terminó hospitalizado y con secuelas pulmonares.

El Chino, el Chan, el Nalga y yo organizamos una videollamada con el Rochi, poco después de tu muerte. Aunque, como de costumbre, el humor negro prevaleció, era evidente que a todos nos dolía tu partida sorpresiva, particularmente por las condiciones en las que había sucedido.

No puedo evitar pensar, Borre, que tu caso es el resultado de todo lo que puede salir mal en una pandemia. Un gobierno que ha respondido con las nalgas ante la emergencia sanitaria es solo parte del problema. Falta de recursos, medicamentos, ventiladores, camas de hospital, etcétera.

Me pregunto, Borre, si hubieras enfermado en Australia, ¿el resultado hubiera sido el mismo? ¿Sabes cuántas personas de menos de 50 años han fallecido por COVID-19 en este país para cuando escribo esto? Cuatro. ¿Cómo no me va a doler Borre? Pensar que aquí tu destino quizá hubiera sido distinto, que aquí sí hubiera habido paracetamol, anticoagulantes, esteroides, ventiladores y camas de cuidados intensivos para que recibieras la atención que merecías.

¿Sabes cuántos casos tenemos aquí, Borre? 25 mil casos, y 550 muertes. En México la cuenta oficial va en 570 mil infectados, y 62 mil muertes.[3]

Es interesante, Borre, aquí en Melbourne libramos muy bien la primera ola de la pandemia. Tuvimos varios días sin un solo caso después de la primera ola, y la vida estuvo cerca de volver a la normalidad. Pero ahora estamos enfrentando una segunda ola; el gobierno implementó la etapa cuatro de restricciones cuando los casos andaban por los 200 al día. En este momento, con 100 casos al día en promedio, tenemos toque de queda a las ocho de la noche, multa a quien no use el cubre bocas, y la mayoría de los negocios están cerrados. Las calles están totalmente vacías.

Imagínate, Borre, con 560 mil casos, en México ya se está abriendo todo. Es fácil culpar al gobierno de este desastre pero, aceptémoslo, la gente no ayuda mucho. Veo las fotos de mis amigos médicos en México, acudiendo a fiestas o saliendo de viaje, y me cuesta trabajo entenderlo. Gente educada organizando bodas, la carretera México-Cuernavaca llena los fines de semana, incluso algunos miembros de mi familia haciendo caso omiso de las recomendaciones de salud. En verdad que es difícil comprender tanta negligencia y valemadrismo. Por otro lado, entiendo a mucha gente, Borre, al igual que tú, hay millones

---

[3] Nota de la Redacción: Cifras al 27 de agosto de 2020.

de mexicanos para los que quedarse en casa significa no proveer de lo necesario a su familia, y por lo tanto es insostenible.

Además de ti, Borre, sé de al menos dos médicos en México, que conocí personalmente, que también han sucumbido ante la pandemia: un internista de 60 años y un médico familiar de 67. ¿Sabes cuántos trabajadores de salud han muerto en Australia? Cero. ¿Sabes cuántas pruebas COVID-19 se han hecho en Australia hasta el día de hoy? Seis millones. ¿Y en México? Menos de 800 mil. Además, toma en cuenta, Borre, que la población total de aquí es mucho menor que la de México. Aquí las pruebas son gratuitas y ampliamente disponibles. Todos los habitantes de mi estado tenemos acceso, a menos de cinco kilómetros de distancia, y el resultado está disponible en menos de 24 horas. En México solo se hacen pruebas a los más graves, y además es caro. ¿Cómo no me va a doler, Borre?

Te imaginarás lo que fue vivir la mitad del embarazo de Emilia durante la pandemia. Su ginecólogo recomendó que nos aisláramos a partir de marzo, así es que yo he trabajado principalmente dando videoconsultas desde entonces. Ya te imaginarás, una niña de tres años, una embarazada y yo encerrados en casa. Pero hemos sobrevivido, y la verdad es que he disfrutado mucho a mi hija. Ahora con el recién nacido nos entretenemos bastante, pero no socializar ha sido muy difícil. Mi hija ha aparecido corriendo desnuda en más de una de mis videoconsultas. ¡Imagínate!

Comprenderás que tuvimos que cancelar la visita de mi madre y mis suegros, que habíamos programado para que conocieran al nuevo nieto. Australia ha mantenido cerradas sus fronteras desde marzo. Solo los ciudadanos australianos que están varados en otros países tienen permitida la entrada. A su regreso deben completar la cuarentena en un hotel, bajo supervisión del ejército.

Imagínate, Borre, después de la primera ola todo se veía muy bien por acá, pero después hubo una segunda ola mucho más difícil de controlar que la primera. ¿Sabes qué desencadenó la segunda ola que ha dejado miles de infectados y decenas de muertos? Por análisis genético pudieron rastrear que una sola familia, de cuatro integrantes, desencadenó el 90 por ciento de las infecciones que hemos tenido en la segunda ola. Esa familia estaba en cuarentena tras regresar del extranjero y, no lo sabían pero eran positivos a COVID-19. Mientras cumplían con la cuarentena en un hotel, les permitieron salir unos minutos del cuarto a caminar bajo supervisión. Los niños se habían vuelto locos con el encierro y empezaron a destrozar el cuarto de hotel. Al salir del cuarto contagiaron al personal de seguridad, quienes a su vez contagiaron a sus familias y ellos a sus amigos. Ese pequeño detalle desencadenó miles de nuevos casos, decenas de muertes y las consecuencias económicas y sociales asociadas a este segundo encierro han sido devastadoras para cientos de miles de personas.

No puedo evitar pensar en las bodas, las fiestas y la obra que estabas supervisando, en la que también hubo varios infectados. ¿Te imaginas todo lo que cada uno de esos eventos debe haber precipitado en México y que nunca nos enteraremos? Si aquí cuatro infectados desencadenaron miles de infecciones, en México, ¿cuál será el número real de infecciones y muertes? Supongo que nunca lo sabremos, pero debe ser muchísimo más elevado que la cifra oficial.

Yo soy muy afortunado, Borre, así que a veces me siento culpable por juzgar a los que no tienen otra opción más que poner sus vidas en riesgo para llevar el pan a la casa. Tengo la fortuna de ser trabajador esencial y el gobierno está destinando muchos recursos a la salud mental. La gente se está volviendo loca con esta pandemia y los psiquiatras somos cada vez más necesarios.

Mi trabajo ha cambiado mucho en seis meses: alterno mi práctica en el hospital con videoconsultas desde casa, jamás hubiera imaginado que algo así sería posible. Para los pocos pacientes que veo en persona tengo que usar equipo de protección completo para evitar el contagio, aún cuando son negativos. Imagínate el espectáculo de un psiquiatra escondido tras una careta, cubre bocas y bata quirúrgica, lidiando con pacientes psiquiátricos paranoides y agitados. En mi hospital habilitaron cientos de camas nuevas de la noche a la mañana, en respuesta a la pandemia. Solo en mi hospital, 300 camas adicionales de cuidados intensivos y 200 camas de urgencias, en menos de dos semanas. Y el sistema de salud es gratuito y universal. Pero, bueno, dicen que en China construyeron un hospital en una semana, ¿será cierto Borre? Por una parte, me parece realmente increíble, pero por otra me duele que haya tantos contrastes con el resto del mundo, particularmente con México.

Me pregunto, Borre, ¿aquí cómo te hubiera ido? Más aún, ¿cómo les hubiera ido a millones de personas alrededor del mundo, que no tienen acceso a un sistema de salud preparado para lidiar con este virus? No sé la respuesta, Borre, pero imaginarla me genera una mezcla de dolor y tristeza.

Por último, Borre, te pido una disculpa. Me pregunto si los regaños y burlas por la pobre atención que dabas a tu salud fueron parte del motivo por el que te alejaste de las amistades en los últimos años. Sé que no fui el único, pero quizá por ser doctor me sentía obligado a sugerirte que pusieras más atención al tema. La verdad es que nunca pediste mi opinión, así es que debí haberme callado.

Me imagino que, donde quiera que estés, debes estar riendo. Es difícil imaginarte sin hacer reír a los que están a tu alrededor. Yo he decidido recordarte así, Borre, compartiendo buenos chistes, una agradable comida y gozando de una plática amena.

Joaquín Pereyra Macías [Continúa en página 260]

Luis Rodrigo Reynoso

[ETIOPÍA]

Aguascalientes, México, 2020.

La pandemia ha sido una época extrema. Repleta de emociones: todo es bizarro, absurdo, retador, místico y angustiante. En mi día a día convive lo científico, lo religioso y lo mágico.

Ocupé mi mente en cuanto proyecto fuera posible. Traté de involucrarme sobre todo en la prevención. Con otras personas unimos esfuerzos e, incluso sin conocernos ni reunirnos físicamente, logramos producir miles de equipos de protección personal. Me desesperé al ver cómo ante la pandemia, había personas que lucraban con los insumos médicos, lo más ruin que he visto en mi vida.

Pude identificar y presenciar los hemisferios de la ambición, el servicio, el amor, el odio, la compasión. Quiero entender, pero cuando por fin encuentro una justificación a la realidad que estoy viviendo, llega una ola masiva que lo transforma todo en un abrir y cerrar los ojos. Hemos presionado el botón de *fast forward* y parece que la destrucción total será lo que finalmente nos detendrá.

Estamos experimentando cambios a pasos agigantados en todas y cada una de las áreas. Ahora tenemos un *modus vivendum* que va de frente, a velocidad de la luz. Para quienes nos gusta creer en los portales energéticos, el portal que acabamos de atravesar es sin duda alguna trascendental.

Como médico, no ha dejado de sorprenderme cómo esta pandemia nos ha hecho colaborar en lo académico, en lo técnico y en lo tecnológico. Mientras escribo esto, aún hay pocas certezas sobre el virus: cuando al

240

final se logra descifrar alguno de los aspectos, aparece un nuevo síntoma. Y sí, ¡aún tengo miedo!

Hoy, casi siempre uso cubrebocas, careta o *goggles*, y si no los llevo puestos me siento culpable, aunque respirar sea difícil. En mi caminata diaria hacia el trabajo, ya no puedo detenerme a oler el aroma de las flores, y durante las largas horas en el consultorio, apenas y me atrevo a tomar algunos sorbos de café. Además, el roce constante del cubrebocas me ha llenado la cara de erupciones.

En la consulta me gustaría poder abrazar a aquellos pacientes que se han convertido en amigos entrañables. A mis nuevos pacientes no les conozco el rostro. Quisiera pedirles que se descubran la cara, pero no me atrevo, así que hurgo en sus perfiles de Facebook o de WhatsApp en un intento por conocerlos. Saludarnos y despedirnos con la mano en el pecho es lo más cordial y humano que he encontrado para mostrar mi aprecio y agradecimiento.

En el quirófano los cambios son radicales y los procesos más extenuantes. Tenemos que usar material de protección personal que consta de una mascarilla p100, un cubrebocas tricapa, *goggles* y careta. Esto dificulta la respiración y la visión. Además hay que estar pendientes de que no escurran gotas de sudor. Tenemos que hacer pausas para liberar la tensión y el peso de nuestras cabezas. Hemos limitado los procedimientos quirúrgicos, seleccionando muy bien a los pacientes, quienes tiene que pasar por un filtro exhaustivo de estudios de imagenología y laboratorio.

Durante 60 días estuve encerrado. Solo salí tres veces a resolver urgencias impostergables, y todo lo demás lo atendí de manera virtual. Pero pude disfrutar mi hogar, mi matrimonio, y concentrarme en nuestras verdaderas necesidades, en nuestra esencia. Aprendí a cultiva algunas legumbres, frutas y verduras; y por ende aprendí a apreciar más el trabajo de los agricultores, y el equilibrio que debemos de tener con nuestro entorno.

Escribo esto el 14 de agosto de 2020, y en este momento ya he superado algunos temores. Ya salgo de casa, varias veces al día me quito el cubrebocas para que mis pacientes puedan ver mi rostro y siento que las cosas empiezan a fluir.

No tengo idea de hacia dónde irá esto pero, en definitiva, no será tan grave como yo especulaba. En mi mente merodeaba la idea de que esto sería catastrófico. Sin embargo, nada está escrito. Esta ha sido una experiencia única en nuestras vías y nos ha dejado muchas lecciones.

—Hoy más que nunca pienso: ¡Gumoni! ¡Estamos vivos!

Luis Rodrigo Reynoso [Continúa en página 262]

Jack Rubinstein

[Estados Unidos]

> «Espero que les dé coronavirus a tus hijos, Rubinstein».
> Comentario de Twitter

Para ser honesto, me merecía este y otros comentarios peores que recibí en las redes sociales. Me desperté una mañana a la mitad de la crisis por coronavirus con una idea clara: los jóvenes son los menos afectados por el virus y, por lo tanto, deberían de ser los primeros expuestos para iniciar un proceso de inmunidad. Admito que la idea fue extrema, y la apoyé con datos científicos —firmes y reproducibles—, pero no me podía imaginar la reacción que esta idea tendría. Dentro de los días siguientes recibí invitaciones para ampliar mis ideas en revistas y medios internacionales, y también un sinfín de invitaciones para irme a la chingada con todo y mis ideas.

La pandemia vino a exponer debilidades, tanto las de nuestros gobiernos y como las de nuestra persona. Nos forzó a cuestionar la capacidad de los gobiernos que por años hicieron campaña con poesía, pero fueron incapaces de gobernar con prosa. Como individuos nos forzó a reevaluar nuestras vidas y nuestras decisiones cuando estuvimos frente a opciones malas o peores.

Y entre las malas y peores, decidí ofrecer una opción que se asemejara a la «menos peor». La reacción en línea fue agresiva y negativa; pero sorprendentemente positiva en persona. ¿Cuál era la diferencia? En parte tiene qué ver con la protección que internet ofrece para sacar rencores y enojos, otra parte tiene qué ver con el hecho de que me rodeo de gente que piensa de forma similar a la mía. Pero, también hubo otro factor que me aclaró una amiga médica. La gente tiene miedo. Mucho miedo. Miedo a la incertidumbre. Miedo a la falta de información certera (hasta de revistas médicas excepcionales). Miedo a lo desconocido. Y ante el miedo, cada persona reacciona diferente. Para muchos, la primera reacción es proteger a las crías y con justa razón: la sobrevivencia de la especie depende de nuestra capacidad de mantener viva a la próxima generación. Otros se ahogan en su adicción preferida, alcohol, drogas, trabajo, noticias, etcétera. Yo me dedico a buscar soluciones, no necesariamente buenas, pero tener soluciones, o por lo menos opciones, me da el mismo grado de tranquilidad que a otros les da un trago de bourbon.

Tener opciones es tener libertad. Conforme el círculo de actividades se va restringiendo, nos sentimos más seguros, pero al mismo tiempo menos libres. Habrá muchos que con gusto cambiarían libertad por seguridad, pero como dijo Benjamin Franklin: «Aquellos que renuncian a una libertad esencial para comprar seguridad temporal no se merecen ni una ni la otra». En este momento estamos sacrificando libertades esenciales que hace unos meses considerábamos cotidianas, a cambio de la seguridad temporal en contra del virus, pero lo estamos haciendo sin dirección clara y con miedo. No hay duda de que la cuarentena fue necesaria para disminuir el contagio y no sobrepasar las capacidades del sistema médico.

En muchos lugares se logró el cometido pero al pasar la primera crisis nos llenamos de desconfianza y falsas esperanzas debido a la ausencia de planeación y liderazgo. La desconfianza es lo que lleva a las masas a manifestarse en público y a demandar un regreso a la normalidad, entendible para algunos, pero francamente ridículo para aquellos que conocen el riesgo. Y las falsas esperanzas se basan en medicamentos que solamente en sueños curarán la enfermedad. Con estos dos extremos es imposible entablar una conversación, y mucho menos se pudo llegar a una solución en ausencia de un liderazgo capaz[4]. Tristemente, en muchas partes del mundo, los líderes que hemos elegido son incapaces estar al nivel de lo que necesita el momento, y nosotros sufrimos las consecuencias. Esta es la realidad que nos tocó vivir, y la vasta mayoría de nosotros vamos a sobrevivir, a lo mejor no ilesos, pero vamos a sobrevivir. Este momento pasará y, como veremos en el siguiente capítulo, el futuro es nuestro. Aprenderemos de los errores anteriores y saldremos adelante tomando decisiones basadas en la ciencia y la evidencia; y no en el miedo y la agresión.

Jack Rubinstein [Continúa en página 266]

Alberto Saltiel

[ISRAEL]

Durante años, escuchamos acerca de las grandes pandemias que han afectado gravemente a la humanidad. Desde que somos pequeños

---

[4] Nota de la redacción: El presente texto se escribió durante la administración de Donald Trump.

estudiamos en la escuela la peste negra, la viruela, el cólera, la gripe española y recientemente el VIH. Escuchamos noticias de países lejanos donde han surgido brotes virales de transmisión zoonótica tales como el SARS (síndrome respiratorio agudo severo por sus siglas en inglés) ocasionado por el coronavirus SARS-CoV; o el MERS (síndrome respiratorio del medio oriente por sus siglas en inglés) ocasionado por el coronavirus MERS-CoV; sin embargo, nunca nos imaginamos que podríamos vivir una situación similar.

Es curioso pensar que aun durante el comienzo de una pandemia, cuando esta se dispersaba en lugares lejanos, volviéndose endémica, seguimos creyendo que no se propagaría y que no nos afectaría. Recuerdo que, a finales de 2019, al escuchar las noticias, percibía como terrible la situación en Wuhan, China y, sin embargo, no le daba tanta importancia. Pensaba que se trataba de un nuevo brote que se limitaría a una zona y que pronto no lo recordaríamos. De la misma manera, a principios de 2020, cuando el COVID-19 (ocasionada por el SARS-CoV2), comenzaba a esparcirse, la arrogancia no nos permitía creer que seríamos afectados.

Rápidamente los contagios aumentaron, más países se vieron afectados, la gente comenzaba a preocuparse, los tapabocas, guantes y geles antibacteriales se volvían escasos en las farmacias y no pude evitar sentirme como en 2009 cuando comenzó la influenza porcina (H1N1) en mi país. Durante el comienzo de aquella pandemia era médico interno de pregrado en la Ciudad de México; y posteriormente en Be'er Sheva, Israel. Recuerdo el miedo de la población mexicana, las compras de pánico y el cuidado con el que la gente se movía. Cuando llegué a Israel los chistes sobre el mexicano que había importado la influenza porcina a ese país no se hicieron esperar, pero así como llegaron desaparecieron. La gente olvidó la situación, los casos se limitaron, el pánico cedió y la vida regresó a la normalidad.

Esta nueva situación, demostró ser distinta. Países enteros en cuarentena, con toque de queda y la gente sin saber qué hacer. El 21 de febrero de 2020 se diagnosticó el primer caso de COVID-19 en Israel, pero ¿estábamos preparados? La vida como la conocíamos hasta ahora estaba por cambiar tanto en lo profesional como en lo individual; parafraseando las sabias palabras de mi padre: «Hay que estar preparados para todo, pues el paciente necesita respuestas». El país entró en pánico, pero yo no podía más que sentirme extremadamente emocionado: ¡increíble!, estábamos viviendo un momento histórico, algo que las futuras generaciones estudiarán tal y como nosotros lo hicimos con otras pandemias. Poco sabía cuánto cambiaría mi vida en las próximas semanas.

Inmediatamente el hospital donde laboro tomó medidas drásticas. Se habilitaron cuatro departamentos específicos para pacientes infectados. Uno de ellos, el primero, era un departamento móvil en el patio trasero del hospital que empezó a funcionar en lo que el resto de los departamentos estaban listos. La terapia intensiva se convirtió en «terapia intensiva corona», y los pacientes de dicha terapia fueron trasladados a la terapia intensiva cardiovascular. Departamentos enteros se unieron con otros para liberar camas y espacio físico para hospitalizar a pacientes positivos; además, la mayoría de los departamentos quirúrgicos se vieron forzados a reducir su número de camas para permitir designarlas a departamentos «corona». El horario laboral también cambió: dejaron de existir los turnos de ocho horas con guardias dispersas por semana, e iniciaron los turnos eternos de más de 30 horas que, eventualmente, se convirtieron en doce horas de trabajo por 24 de descanso. La mayoría de las cirugías electivas se pospusieron y el trabajo diario se vio reducido únicamente a procedimientos urgentes y, por ende, la mayoría de mi trabajo como cirujano vascular disminuyó. Sin duda en este tiempo aprendí a extrañar los procedimientos quirúrgicos y reafirmé la pasión que siento por ellos.

El país no se quedó atrás con las medidas agresivas para disminuir el número de contagios. Cerraron tiendas, salones de belleza, centros de entretenimiento, parques públicos, bares, restaurantes y, por supuesto, las escuelas. Esto significaba un cambio drástico al estilo y calidad de vida en Israel y, particularmente, en Tel Aviv, ciudad que ha sido denominada «la ciudad que nunca duerme». Aquí estamos acostumbrados a vivir fuera de la casa, al aire libre. Los bares y cafés constantemente llenos, los mercados siempre saturados con gente que hace la compra del día, los parques repletos con familias y amigos que disfrutan del clima, las calles ruidosas y llenas de vida a todas horas son lo habitual; y de repente, de la noche a la mañana, el país se convirtió en un pueblo fantasma, y todo empeoró cuando se instauró la prohibición de alejarse a más de 100 metros de las casas.

Se dieron cambios drásticos durante este tiempo. De ser un país que vive al día, y donde las ventas por internet eran mínimas, se convirtió en un país que dependía de ellas. De ser un país de gente extrovertida y cálida que habla con todos y que se involucra en pláticas ajenas, se convirtió en un país en donde la gente ni siquiera se miraba a los ojos al cruzarse en la calle. Los pacientes dejaron de acudir a urgencias por miedo a contagiarse y, por ende, pusieron en peligro sus vidas. Sin embargo, el pueblo demostró su resiliencia y, poco a poco, el humanismo regresó.

La vida durante la pandemia no ha sido fácil. Aprendí a valorar el espacio, el tiempo en familia, la libertad y el derecho a vivir. Aprendí que, si podemos detectar tempranamente una pandemia, los beneficios superarán todo el tiempo y la energía que le dediquemos. Imaginen poder prevenir crisis de salud, no solo responder a ellas.

Alberto Saltiel [Continúa en página 267]

Lorenz Schenk

[ALEMANIA]

Cuando estaba en el servicio social disfrutaba las tardes en que veía cómo se acercaba desde los lejos la lluvia, con una cortina de agua que dejaba atrás todo borroso, lo que antes era claro en la lejanía, ahora era solo una visión borrosa. La cortina se acercaba cada vez más, hasta que estaba en medio de esa lluvia. Así vivimos las semanas anteriores a la llegada del virus a Alemania. Los cálculos de cuánto íbamos a tener que aguantar eran muy inciertos. En los hospitales donde laboro, comenzaron a sacar los respiradores que durante años no se habían utilizado ya que se consideraban viejos y obsoletos, pero que en este momento eran imprescindibles; se cerraron las alas de los hospitales y todo el personal se distribuyó y actualizó. Camas, personal, respiradores, insumos, etcétera, todo estaba listo, cada guardia era una espera. Se implementó un filtro para los pacientes, para aislar los casos positivos asintomáticos con pacientes y personal negativo. Las cifras de España e Italia daban un clima crítico a la incertidumbre que vivimos en cada guardia en las unidades de cuidados intensivos donde trabajo.

En casa con la abuela, que por su edad ya es población de alto riesgo, tomamos algunas medidas. Yo me aislaba en mi habitación después de llegar del trabajo; mi mujer y sus hijos se quedan en la primera planta. Mi hija, su mamá y la abuela en la planta baja. Así evitamos el contacto lo más posible y solo tenemos algunos encuentros a distancia en el jardín. Mientras les explicábamos el porqué de esta decisión a los niños, no pude reprimir las lágrimas, pues no solo la distancia física era difícil de superar, también la incertidumbre de los alcances que esta enfermedad iba a traer a mi núcleo más cercano.

La incertidumbre crecía día a día, el número de pacientes en terapia fue aumentando, pero sin salirse de los parámetros manejables por el personal. Pasaron los meses y comenzó a bajar el número de contagios. Tras dos semanas sin tener ningún caso positivo en la UCI, comenzaron a reabrirse los hospitales, un poco de normalidad estaba regresando. Con la alerta siempre presente, para el comienzo del verano, logramos retomar algunas conexiones con amigos y pudimos hacer uno que otro viaje corto, buscando como destino lugares aislados, siempre conscientes de que la distancia es la mejor aliada.

Mientras escribo esto, los niños ya regresaron a la escuela. Usan cubrebocas durante todo el día, no se mezclan con otras clases y en las escuelas han clausurado varias actividades.

Constantemente platicó con mis hijos sobre lo que esto significa para ellos, no es sorpresa sino asombro, lo bien que manejan la situación, lo comprensivos que son y el sentido que tienen de proteger a los demás y a ellos mismos.

Ahora estamos un poco como al inicio, ya regresaron todos a sus actividades cotidianas dentro de la nueva normalidad y las cifras de contagios están aumentando nuevamente, los protocolos aun están vigentes y se actualizan constantemente; sin embargo, noto que muchos han bajado la guardia. Yo no, más que miedo ahora siento respeto, pues sé cómo lidiar con esto y eso es manteniéndonos en guardia.

Lorenz Schenk [CONTINÚA EN PÁGINA 269]

Ilan Shapiro

[ESTADOS UNIDOS]

Tengo que compartir que, al momento de comenzar a ver la información que llegaba de China en enero de 2020, me parecía que todo sonaba muy parecido lo que ya había vivido en Chicago, en 2009, durante la pandemia del virus H1N1.

Ya lo había visto, vivido y entendía el problema que se acercaba. Era como ver un accidente de coche en cámara lenta. Mi primera nota en televisión al respecto se transmitió el 21 de enero, y en febrero ya todo había iniciado. A continuación describo lo que ocurrió y anexo un par de ideas para el futuro.

En 2009, en Chicago, vi la evolución del nuevo virus de la influenza H1N1 y lo devastador que fue para la comunidad tanto médica como mentalmente. Vi cómo las familias, al temer ser deportados o arrestados, no se acercaban a los servicios médicos comunitarios. Esto, por supuesto no sucedía así, pero en esos momentos la desinformación se propagaba por el aire.

En 2009, el pánico, el miedo y la desinformación fueron claves para buscar una solución: se necesitaba proporcionar información clara a la comunidad. Entre las medidas que se tomaron estuvo la creación de una alianza entre diferentes actores públicos y privados, para que el mensaje fuera constante. Dentro de esa batalla se aclararon los mitos y las realidades de la enfermedad, y esa experiencia fue una especie de entrenamiento para la actual pandemia de COVID-19.

Ya en 2020, lo primero que sentí fue un descontrol completo. En pocos días la «normalidad» se desmoronaba frente a mí. Desde febrero se empezaron a sentir los efectos negativos del virus. El cierre parcial de actividades, fronteras y hasta de centros alimenticios fue brutal. Sigo sin entender por qué, de pronto, el papel higiénico se volvió tan importante, y cómo empezó a escasear. Para ser honesto, yo mismo compré dos rollos industriales que están bajo llave «por si las moscas». A continuación, expongo algunas áreas específicas que tuvieron cambios positivos y negativos durante la pandemia.

La única constante es el cambio

Familia: A diferencia de 2009, cuando solo éramos mi esposa y yo, ahora éramos cuatro y eso sumaba mucho temor. Según la experiencia en Florida, lo primero que hicimos fue checar que nuestro equipo de emergencia tuviera las cosas básicas y que todo estuviera en orden. Como no había suficiente información, fue importante tomar las decisiones más acertadas posibles. Mi mujer dejó de trabajar y, en un abrir y cerrar de ojos, las clases de los niños se volvieron virtuales y todas nuestras rutinas de socialización se vieron afectadas.

Curiosamente los niños se adaptaron mucho mejor que nosotros. Con ellos tuve, desde un principio una apertura total para hablarles sobre el tema; tratando de explicarles la situación y, sobre todo, las acciones que estábamos tomando para protegernos como familia.

Como nuestra familia se encuentra esparcida por todo el mundo, fue difícil comunicarles a todos los mejores consejos basados en la información que cambiaba casi minuto a minuto. El uso de la tecnología para comunicarnos con la familia y las amistades ha sido una experiencia fascinante. La aparición de juegos y aplicaciones (algunos que posiblemente no iban a ser funcionales hasta dentro de dos años) facilitaron la comunicación y nos acercamos más, de manera virtual, para transmitir un sentimiento de esperanza.

Pareja: Las primeras semanas fueron muy difíciles y constantemente recordábamos que debíamos cuidarnos. Cada vez que salía de la casa y me despedía con un beso de mi familia, sentía que iba a la guerra. Comencé a entender la fortaleza física y moral de los soldados; ellos tienen una misión y sacrifican hasta su propia alma para cumplirla. Muchas veces le juré a mi mujer que estaría bien, pero dentro de mí sentía incertidumbre. Claro que me cuidé, y me sigo cuidando. Yo salía a la guerra con mi fusil (mis conocimientos) y mis municiones (cubrebocas, gel antibacterial, sana distancia), mientras mi familia se quedaba en casa. Para mí las horas se volvieron semanas, pero para ellos —por el encierro— los minutos se volvieron décadas. Después de sobrepasar lo obvio —que nadie en el mundo sabíamos nada de este virus—, decidimos disfrutar de la familia, crear espacios para las actividades físicas y, sobre todo, conversar mucho para compartir lo que estábamos viviendo. De hecho, nunca había hecho tanto ejercicio en mi vida hasta que apareció el COVID-19.

Trabajo: Durante las primeras semanas hubo cambios drásticos en el trabajo. No podíamos saludarnos de mano como de costumbre. El contacto físico es importante para crear lazos entre colegas, y ahora estaba limitado al mínimo. Pero algo que me fascinó fue que, en ese tiempo de crisis, en las reuniones con mi equipo cercano, pudimos compartir muchos aspectos personales. Estoy sumamente agradecido con ellos por su liderazgo y por cuidar de la comunidad. Además tengo que aclarar que esto no hubiera sido posible sin la ayuda de mi reactor nuclear *aka*: mi amor y compañera.

Algunos *tips* para la siguiente pandemia

Ser claros con la comunicación: Esta pandemia nos mostró la importancia de la comunicación, y de ser claro y veraz cuando se intercambian ideas. En un principio, el paternalismo prevaleció. Pero tratar de esconder o cambiar la información, solamente entorpece todo, e incitar al temor y a la creación de mitos, acuchilla la verdad y la confianza de la comunidad en el sector salud.

Cuando se viven muchos cambios, es de suma importancia aprender a corregir la información y utilizar aquella que sea lo más coherente para el momento. Los cambios en estos mensajes tienen que ser claros y deben ser expuestos de forma verídica, para que la comunidad los reciba con confianza.

Práctica médica y balance: Las horas se volvieron meses. El ritmo de vida se fue acelerando, aumentó el tráfico y las actividades. En un abrir y cerrar de ojos, tuvimos que crear un ancla porque todos los sentimientos y sensaciones se amplificaban. Siendo predicador del bienestar, realmente hasta ahora entendí la importancia que tienen ciertos hábitos que nos protegen contra enfermedades como el COVID-19, pero que también previenen la diabetes, la depresión y otros problemas.

Mi mujer me recordó la importancia de hacer ejercicio, de comer y dormir bien y de tener algunos respiros durante la semana para tomar energía para la batalla. No puedo mentir, algunos días la presión, el miedo y la angustia han sido horrendos, pero por cada cicatriz que me ha dejado esta época, más comprendo cómo poder ayudar, y cómo podemos continuar en este camino lleno de aventuras, sorpresas y sonrisas.

Con dos de mis compadres creamos un grupo para enviarnos chistes por mensajes instantáneos. Así todos nos tomamos un momento para desahogar nuestras frustraciones y recuperar energías para seguir luchando. Además mantenemos los ojos abiertos para ver si algún compañero o compañera se encuentran en uno de esos ciclos oscuros de pensamiento; y así poder extenderle una pequeña luz o por lo menos un poco de compañía.

Ilan Shapiro [Continúa en página 269]

René Sotelo

[ESTADOS UNIDOS]

Incertidumbre, confusión, falta de claridad en la información por un desconocimiento real de la dimensión del problema, todo eso resume lo que ha sido la vida durante la pandemia. La pregunta en mi mente, y posiblemente en la de todos, es ¿hasta cuándo?, es saber si habrá tregua para este virus que ha azotado al mundo sin modestia ni distingo.

La vida en este tiempo ha sido tratar de reconocer cómo enfrentar esta difícil situación de la que se tiene tan poco control.

Aislamiento es el otro calificativo propio de la pandemia, no solo centrado en el distanciamiento físico de nuestros amigos y allegados, sino desde nuestro rol de médicos.

Al principio, suspendimos actividades por una semana, aislándonos, y luego las retomamos, con todo lo que implica el distanciamiento con los pacientes, no poder abrazarlos ni saludarlos de la manera en la que siempre lo hago, demostrando afecto.

Suelo empezar la consulta quitándome el cubrebocas por unos segundos para que el paciente reconozca mi cara y de inmediato me cubro. Eso lo hago en un intento de no sentirme enmascarado y en mi ánimo de minimizar esa sensación de alejamiento que particularmente considero desagradable en el tema médico, pues es una actividad en la que generar cercanía es fundamental. Para reforzar su tranquilidad y darles mayor confianza respecto a los protocolos de bioseguridad, les confirmo que lavé mis manos, además de que uso guantes.

Por otra parte, la pandemia ha significado abrir las puertas a nuevos modos de acercamiento en los que la telemedicina llegó para quedarse. Habrán de explorarse nuevas formas en las que la tecnología siga desarrollándose como apoyo, incluso para hacer parte del examen físico en forma remota, con dispositivos que puedan registrar los signos vitales a distancia, ritmo cardíaco y auscultación pulmonar. Se enviará un dispositivo al paciente con el cual se tomarán estos parámetros. Esto, con seguridad, será determinante en este nuevo proceso que ya se inició.

René Sotelo [Continúa en página 271]

9

Mi visión para el futuro

Antonio J. Berlanga-Taylor

[COLOMBIA, REINO UNIDO, FRANCIA]

El horizonte en la investigación siempre es emocionante. Hay más camino que andar y territorios que explorar que lo que podemos imaginar en este momento. Espero que mi futuro estará entre la investigación básica y clínica, y la epidemiología aplicada. Después de trabajar como médico en Colombia para una organización no gubernamental continué haciendo visitas de campo durante ocho años. Esto lo hice como voluntario, al mismo tiempo que hacía el doctorado y trabajaba como investigador. En lo que los franceses llaman responsable de misión, participé con la misma organización, Médicos del Mundo, y ayudé a dirigir el trabajo en los proyectos en Colombia con un equipo de más de 40 personas y un presupuesto anual de más de un millón de euros. Hace dos años cedí el puesto (llegué al máximo de tiempo permitido) y, aunque he descansado, espero volver pronto a las tareas humanitarias y combinarlas con la investigación que realizo.

El país de Juan Escutia: la deuda con México

¿Cómo ayudar estando fuera? Con frecuencia extraño México y pienso que me gustaría regresar. Siendo realista, debido a mi trabajo y a las decisiones que he tomado con mi pareja, regresar es cada vez más difícil. Esto no implica que no pueda ayudar al desarrollo del país de alguna manera. Afortunadamente la ciencia y el conocimiento son globales. En los últimos años he logrado obtener financiamiento conjunto para realizar una conferencia científica en México, talleres de métodos computacionales en investigación biomédica, colaboraciones científicas con el IMSS y, actualmente, asesoró a un investigador postdoctoral financiado por la Newton Fund (Reino Unido). Esta labor la continuaré y espero que cada vez con mayores recursos y mayores colaboraciones.

Vida en familia

Con mi prometida tenemos planes para aumentar la familia. Mi abuela ya tiene más de doce bisnietos, pero falta nuestra camada. Desde hace muchos años no tomo decisiones de forma individual, lo hago junto con mi pareja. Ahora incluyen a nuestra cachorrita y con suerte en un par de años a algún querubín. También pienso en mis padres y en mi hermana, soñando que tal vez podremos vivir más cerca.

Antonio J. Berlanga-Taylor [Continúa en página 275]

Edmundo Erazo

[PAÍSES BAJOS]

Creo que el futuro estará lleno de innovaciones en el ámbito de la medicina. En mi opinión, la profesión se enfrentará a un cambio radical en aspectos como la relación médico-paciente, la telemedicina y la recolección de datos de salud.

La recolección de los datos será potencialmente beneficiosa para la personalización de la medicina, pero también será un reto que los datos que genere cada paciente no se conviertan en el producto final, sino en el medio para mejorar la atención médica.

Quiero creer que el futuro traerá cambios positivos; el ser humano siempre evoluciona ante las peores adversidades. Sin embargo, es importante recordar que ante la frustración y la compleja situación mundial, muchas personas recurrirán a sus peores instintos como la discriminación y la intolerancia. Pero si algo hemos aprendido a través de la historia es que la unión, la educación y la búsqueda del bien derivarán en una mayor calidad de vida para todos.

Edmundo Erazo [Continúa en página 276]

Yoel Korenfeld

[MÉXICO, ESTADOS UNIDOS, COLOMBIA]

Si algo nos ha enseñado la pandemia de COVID-19 es que los pronósticos a futuro son siempre difíciles de hacer y pocas veces acertados. Mi visión optimista para el futuro es que pronto, quizás en 2021, hayamos dejado el COVID-19 atrás y podamos continuar la vida con una nueva normalidad. Espero continuar mi carrera médica con más actividades académicas y nuevos planes para ampliar mi capacidad laboral. En cuanto al plano familiar espero seguir viendo crecer a mi hija y, si las circunstancias lo permiten, darle un hermano o hermana.

En los últimos años también me he dedicado a ayudar a jóvenes médicos que quieren ir a hacer su especialidad a Estados Unidos; hasta el momento he tenido buenos resultados y planeo seguir haciéndolo en la medida de mis posibilidades.

Si bien 2020 fue difícil y nos marcó a todos, sigo pensando que el futuro es brillante y que vale la pena vivir esta vida con intensidad.

Yoel Korenfeld [CONTINÚA EN PÁGINA 277]

Rafael G. Magaña

[INGLATERRA, ESTADOS UNIDOS]

Con todos estos cambios ha sido difícil mantener el optimismo. Pero mi filosofía es que sin adversidad no hay crecimiento, y me gusta pensar que el grado de dificultad es proporcional al crecimiento personal y profesional. El chiste es visualizar ese éxito y no desviarse de la visión que uno tiene. Resulta más fácil decirlo que hacerlo, pero en mi caso, no hay alternativa.

La pandemia inició y, pertinentemente, los centros hospitalarios suspendieron todas las cirugías que no fueran de emergencia. Esas fueron terribles noticias, para todos pero especialmente para quienes nos dedicamos a la práctica privada, que tuvo que cerrar.

Inesperadamente la salud y seguridad de mi familia, así como mi práctica se vieron gravemente amenazadas. A todo esto lo acompañó una sensación generalizada de angustia existencial; y un gran disgusto al saber que no existía un liderazgo político en el país que redujera el problema.

Durante este tiempo de confusión e incertidumbre sucedieron cosas que fueron completamente inesperadas y gratamente bienvenidas. Me explico. Cuando inició la pandemia, y ya no pude realizar cirugías electivas, comencé a tomar todas las guardias de trauma para cirugía plástica que pude en todos los hospitales que pude.

Estuve ocupadísimo viendo pacientes de emergencias a todas horas. Esto me ayudó mucho porque me mantuvo ocupado, involucrado con la medicina y viendo pacientes en el consultorio. Pero, después de un mes y medio, cuando los hospitales reiniciaron cirugías electivas, sucedió algo completamente inesperado. El consultorio se llenó de pacientes que buscaban hacerse una cirugía plástica estética.

Hasta la fecha no comprendo cómo una pandemia actuó como estímulo para que los pacientes se hicieran cirugía que se consideran de vanidad. Tengo varias teorías al respecto, pero al final esto me permitió mantener mi práctica a flote y creciendo.

Me siento afortunado porque veo que muchas de las oficinas de cirugía plástica en Nueva York, simplemente no pudieron sobrevivir.

Gracias a esa inesperada oleada de pacientes, ahora estoy expandiendo la práctica de manera cautelosa porque sé que 2021 resultara difícil para el tipo de cirugía que yo ofrezco. Sin embargo, a diferencia de muchos otros cirujanos que hacen cirugía puramente cosmética, yo nunca dejé de atender pacientes de emergencias para reconstrucción. Espero que la economía permita que continúe creciendo mi práctica. Continúo con un cauteloso optimismo.

Rafael G. Magaña [Continúa en página 278]

Nissin Nahmias

[ESTADOS UNIDOS]

Espero ver un mundo más armonioso y amable. En el futuro, a corto plazo, me veo desarrollando más mi labor académica con las escuelas de medicina para las que dirijo los ciclos de estudiantes de tercer año; incluso considero dar clase a los estudiantes de primero y segundo. Me gustaría que el programa de cirugía bariátrica crezca al grado que pueda trabajar con dos socios más.

Me interesa tomar un posgrado en administración o enfocado en liderazgo entre minorías y equidad médica. Eventualmente me gustaría convertirme en jefe del departamento de cirugía y después ocupar un cargo administrativo en la universidad. Esa posición me permitiría ayudar a un número mayor de médicos en formación, influenciarlos y encausarlos por el buen camino. Otro de mis sueños es crear una beca para ayudar a estudiantes de medicina sin recursos (como lo fui yo) para que logren hacer programas de residencia en el extranjero y puedan así comenzar esta aventura de vida. En el aspecto familiar, me veo disfrutando de una bella relación con mis hijos y sus familias, y pasando más tiempo con mis nietos y mi pareja.

He aprendido a vivir la vida intensamente. Espero que, en el futuro, pueda seguir amando mis semejantes, y que pueda seguir disfrutando de mis aficiones: tocar la guitarra, andar en moto y bicicletas.

Nissin Nahmias [Continúa en página 282]

Joaquín Pereyra Macías

[AUSTRALIA]

Las personas cercanas a mí, tanto en México como en Australia, en algún momento me han preguntado si regresaría a vivir a México. Para su decepción, la respuesta más honesta que puedo dar es vaga y ambigua: «No lo sé».

A lo largo de los últimos años, hubo épocas en las que estuve convencido de que regresaría; pero también momentos en los que pensé que nunca lo haría.

Escribo estos párrafos a la mitad de una pandemia que Australia ha manejado de manera ejemplar, lo que me hace pensar que es poco probable que regrese en el futuro cercano. Sin embargo, soy consciente de que la pandemia llegará a su fin y la idea de regresar volverá a rondar mi mente.

Aunque mis hijos son muy pequeños aún para formar lazos estrechos en Australia, imagino que, si algún día lo hacen, la idea de regresar será más complicada. A juzgar por mi propia experiencia, ellos querrán crecer en donde estén sus amigos, no donde haya una mejor situación económica, menos contaminación o más oportunidades de trabajo para sus padres.

Desde que llegué a Australia, en más de una ocasión, he agradecido no vivir en México. El temblor del 19 de septiembre de 2017, la pandemia, y la reciente escalada de violencia en Guanajuato, en donde viven mi madre y mi familia extendida, son algunos eventos que me hacen pensar que dejar a mis hijos crecer en Australia es lo más sensato. Por otro lado, también son numerosas las ocasiones en las que no estar en México ha sido doloroso: enfermedades de familiares, festejos de amigos o familia y la comunicación que mantengo con mi gente de México me hacen recordar que una gran parte de mi corazón sigue allá.

Tres factores hacen la idea de regresar a México algo inimaginable, al menos en el futuro cercano: la espiral de violencia que azota al país, el impacto de la pandemia en México (actual y en el futuro) y las escasísimas posibilidades de asegurar un trabajo satisfactorio en mi área laboral. Por otra parte, hay tres factores que me hacen pensar que no podría vivir en Australia el resto de mi vida: no puedo concebir que mis hijos crezcan alejados de sus abuelos y tíos, no me visualizo envejeciendo en este país, y finalmente, tanto Emilia como yo tomaríamos el primer avión de regreso a México si algo le pasara a un familiar cercano.

Viajar con más regularidad a México parece la opción más viable; sin embargo, cada vez que hago el trayecto de 25 horas de Melbourne a la Ciudad de México me prometo no volver a hacerlo en mucho tiempo. Además, es muy probable que la pandemia tenga efectos duraderos en la industria turística alrededor del mundo, lo cual hará más difícil viajar a México con frecuencia.

La gran diferencia en oportunidades de trabajo y salarios entre México y Australia me hace pensar que es probable que el resto de mi vida necesite, de una u otra forma, mantener algún tipo de relación laboral en Australia; lo cual no necesariamente quiere decir que tenga que vivir aquí de manera permanente.

De algo estoy seguro, seguiré practicando la psiquiatría por muchos años, ya sea como académico, en investigación o en la práctica clínica. Afortunadamente lo que hago me apasiona, aunque de vez en cuando necesite vacaciones de manera urgente.

Así es que, mamá, lo siento pero en este libro tampoco está la respuesta a la pegunta que tantas veces me has hecho. Supongo que algún día regresaré a vivir a México, pero no sé cuándo. Eso sí, no será en el futuro cercano.

Joaquín Pereyra Macías [Continúa en página 283]

Luis Rodrigo Reynoso
[ETIOPÍA]

Mi práctica médica en Etiopía transcurría de manera organizada. Trabajaba de lunes a viernes de ocho de la mañana a ocho de la noche; y los sábados, medio día. Los días dedicados a la cirugía hacia entre seis u ocho procedimientos quirúrgicos, y en la consulta veía hasta 45 pacientes diarios. Cada día tomaba más las riendas del lugar: me encargaba de la evolución de los pacientes, de darlos de alta, de darles instrucciones pre y postoperatorias. Mi conocimiento del idioma mejoraba gracias a las seis horas de clase que mi esposa y yo tomábamos con un actor etíope de telenovelas. En el país todavía no existen cursos estructurados para aprender el amárico. Recién apenas se acaba de publicar un libro que intenta explicar la gramática, pero la literatura al respecto es escasa; no existen los diccionarios y por lo tanto yo he tenido que ir armando el mío propio. Si algo me distingue es mi gusto por los idiomas y mi pasión por aprender algo nuevo. Siempre trato de romper el hielo y platicar con mis pacientes: «*Tinish hamam, tinish yakatela*» (te arderá un poco, te dolerá un poquito); y ellos se sorprende de escuchar a un blanco hablarles en su idioma.

Me parece alucinante ver cómo, para muchos de ellos, recibir una inyección representa el mayor de los traumas, aún siendo adultos de 45 años. Ellos gritan, lloran y berrean, pues en la mayoría de los casos nunca habían recibido una inyección. Me ha costado trabajo asimilarlo, pero eso le ha dado sazón a mis días.

Y así, entre estos retos cotidianos, empezaron a llegar nuevos casos tanto de cirugía plástica reconstructiva como de cirugía plástica estética. Evadiendo los filtros del gobierno, abrí un perfil en redes sociales, para darme a conocer en una ciudad de tres millones y medio de habitantes: «Hay un blanco que hace cirugías estéticas en Adís». Además aprovechaba los viajes que mis pacientes hacían al extranjero para encargarles los insumos necesarios: suturas, vendajes, fajas, jeringas, agujas, medicamentos e incluso bótox, rellenos faciales e implantes.

Así es, implantes…¿Quién se querría colocar implantes en Etiopía? En Etiopía existes tres clases socioeconómicas: pobres, ricos y diplomáticos. Y los ricos y los diplomáticos podrían estar interesados. En un corto tiempo tuve a dos actrices etíopes interesadas en realizarse un aumento mamario; y en menos tiempo del que podría imaginarlo, ya estaba colocando bótox y rellenos en casas de diplomáticos.

Pero no todo era miel sobre hojuelas ni todo fluía perfectamente. Y entender el idioma empezó a tener consecuencias. Un día escuché en la sala de espera de la clínica: «Yo no quiero que el blanco me toque», «a mí que me atienda otro doctor». *Holy molly!* No lo podía creer…Así, poco a poco, fui abriendo los ojos a otra realidad, una que no imaginaba.

De pronto empecé a notar otras situaciones. Me empecé a dar cuenta de que las cirugías reconstructivas que yo hacía por amor y de manera voluntaria, en realidad sí se cobraban. Y que el director justificaba esos pagos como «cuotas de recuperación». Empecé a hacer cuentas y pude ver que estaba generando entre dos y cinco mil dólares diarios. Entonces entendí el porqué de esos deliciosos *macchiatos* que el director me ofrecía antes de pedirme: «Doctor, ¿podrá ver un par de pacientes más?»

Yo había tomado las riendas de las clínica, y el director ahora llegaba a las once de la mañana y se dedicaba a pintar y a escribir un libro para el que no había tenido tiempo antes. *Holy molly!*

Y ahí me cayó el 20. Entonces me empecé a cuestionar: «¿Quién soy?, ¿en dónde estoy?, ¿hacia dónde voy y qué estoy haciendo para lograrlo?» Por su parte, Anahí me encontraba fatigado. El cansancio no me permitía compartir con ella detalles sobre los pacientes, y a eso se sumaba que yo sentía que mis buenas intensiones se estaban convirtiendo en una mina de oro para el director. ¡Él estaba frustrando mi sueño!

¿Cuál fue la gota que derramó el vaso? Yo tenía programadas dos cirugías de aumento mamario, pero había decidido tomarme los días previos para celebrar el cumpleaños de mi esposa con una sorpresa estilo Hakuna Matata: un safari de cinco días a la reserva Masáis Mara. Al regresar 24 horas antes de lo previsto fui a la clínica, y mi sorpresa fue mayor cuando encontré a una de esas dos pacientes, en el área de recuperación postquirúrgica. Ella estaba muy adolorida y afligida, y mientras la revisaba, me percaté de que el resultado no guardaba relación ni anatómica ni estética: una mama apuntaba a Egipto y la otra a Sudán del Sur. Visiblemente preocupada, me preguntó: «Esto es normal, doctor». Me limité a responderle que yo no había tenido la oportunidad de estar en su cirugía, pero que hablaría con el doctor encargado para ver qué había pasado, y que aún era muy pronto para juzgar el resultado.

Pero por dentro de mí, sentía que explotaba. No podía creer lo que estaba pasando. ¿Por qué lo hizo? ¡El no sabía colocar implantes mamarios! Incluso me había pedido que le enseñara. Y cuando lo cuestioné por el resultado y el mal manejo de los tejidos (colocó erróneamente un implante por debajo de la glándula mamaria y el otro por debajo del músculo), solo me respondió: Pues vi un video en YouTube. Somos cirujanos y sabemos la anatomía. Yo la verdad creo que no escogiste bien los implantes.

Estaba furioso, tuve que luchar por controlarme. Programé a la segunda paciente y le pedí al director que me permitiera mostrarle cómo colocaba los implantes, y ya que él decidiera si quería seguir utilizando su técnica.

Al mismo tiempo comencé a buscar otras oportunidades. Comenzaron a llegar ofertas de inversionistas nacionales y extranjeros que planeaban construir un hospital privado, y querían que yo me encargara del área quirúrgica. ¿Pueden creerlo? En un país con 109 millones de habitantes, yo sería el único doctor con formación quirúrgica en el área estética y reconstructiva. Prometían mucho dinero y estoy seguro que pude haberme vuelto millonario. Pero ese no era mi objetivo. Además mi esposa y yo no creíamos que ahí podríamos tener las condiciones necesarias para formar una familia.

Y entonces, tras varias pláticas, decidimos emprender un largo viaje por el norte de Etiopía, para tomar la decisión del siguiente paso en nuestras vidas. Pesaban varias cosas, incluyendo las advertencias de un amigo embajador que nos alertaba sobre las implicaciones legales que podrían existir ante alguna denuncia de parte de un ciudadano etíope. Lamentablemente el Etiopía el tema de los derechos humanos es deficiente, y existen historias macabras de desaparecidos.

Luis Rodrigo Reynoso [CONTINÚA EN PÁGINA 285]

Jack Rubinstein

[ESTADOS UNIDOS]

El 8 de noviembre de 2016, el primer ministro de India invalidó, sorpresivamente, todos los billetes de 500 y mil rupias del país. En los próximos días, docenas de personas murieron, miles de negocios cerraron y cientos de millones de personas vieron sus vidas perturbadas. Detrás de esta decisión estaba un hombre llamado Anil Bokil, quien concibió la idea a finales de la década de 1990 como una forma de acabar con la corrupción de su país. En una entrevista, Bokil describió el instante en que se le ocurrió la idea como un momento de inspiración divina. Con la claridad y determinación de un profeta, convencido de su mensaje, dedicó años de su vida a desarrollar la idea, hasta que obtuvo una audiencia de nueve minutos (que se convirtió en una charla de dos horas) con el futuro primer ministro. Unos meses más tarde, la idea fue puesta en vigor y sus repercusiones se siguen sintiendo hasta el día de hoy.

No todos logran o buscan inspiración divina para arreglar los problemas del momento. Muchos encuentran su cometido a través de las acciones cotidianas, atendiendo a sus pacientes, a sus hijos, a sus mascotas y creando un futuro mejor cada día. Quienes encuentran la inspiración —o ésta los encuentra— describen ese instante como una iluminación divina que los eleva y guía, pero tarde o temprano ésta se vuelve una carga que te tienes que quitar de encima. El sentimiento es entendible y frustrante. En las biografías de científicos no faltan los momentos de burla de los compañeros y la incredulidad de los superiores. Estos patrones son tan típicos y comunes que hasta han sido descritos por el filósofo Thomas Kuhn (¡originario de Cincinnati!) en su pequeño libro *La estructura de las revoluciones científicas*. Leí este libro por primera vez en la preparatoria y, a través de los años, he visto, primero en biografías de otros, y actualmente en mi propia vida, lo difícil que es cambiar un paradigma —llámese político, religioso, científico o médico.

Nótese que el cambio de paradigma no es necesariamente positivo, ocasionalmente es negativo y frecuentemente tiene repercusiones mixtas (como en el caso que referí sobre India); pero en las palabras de Martin Luther King (adoptadas de Theodore Parker): «El arco del universo moral es largo, pero se inclina hacia la justicia». Este es el dilema de predecir y producir el futuro, enfrentarse con el pasado, sobrepasar a los antagonistas, mantenerse enfocado y, finalmente, esperar que el resultado tenga más repercusiones positivas que negativas.

Jack Rubinstein [CONTINÚA EN PÁGINA 288]

Alberto Saltiel
[ISRAEL]

Desde pequeños nos han preguntado dónde nos vemos en un futuro. Si bien en la escuela primaria, secundaria y preparatoria la respuesta siempre era la misma, hoy me encuentro en aquel lugar que tanto anhelaba. Claro, ha habido cambios significativos, particularmente en la localidad, pero al final del camino, la meta es la misma. Hoy, hablar de mi visión para el futuro es a corto, mediano y largo plazo.

En mi futuro inmediato, me veo terminando la residencia y siendo especialista en cirugía vascular. Como estoy en el último año de una larga residencia y al ser actualmente jefe de residentes, he empezado a mirar hacia el futuro más que nunca. Planeo aplicar para un *fellowship* en cirugía compleja de aorta, mismo que, probablemente, no será en Israel. Al finalizar de escribir estos capítulos, y con una reubicación a futuro, me siento a analizar todo aquello que he escrito y, con una sonrisa en la cara, me emociono de lo que viene. Claro, no será fácil. Habrá múltiples retos, dificultades, trámites, logros y fracasos, pero será un camino muy interesante de recorrer y que me enseñará mucho.

A mediano plazo, me veo viviendo fuera de Israel. Posiblemente en Estados Unidos, Canadá o incluso en México. Me veo trabajando como especialista; creciendo y aprendiendo día a día. Creo que recordaré el proceso de emigrar a Israel y, posteriormente, al lugar en el que resida con la certeza que fue la mejor decisión que pude haber tomado. Me veo disfrutando de mi familia, creciendo junto con mis hijos y mi mujer, disfrutando de nuestros logros y festejando nuestros fracasos. Volteo atrás y recuerdo el tiempo que pasamos y los cambios que vivimos durante la pandemia de COVID-19.

Profesionalmente me emociona imaginar los cambios que habrá en la medicina, y en particular, en la cirugía vascular. La implementación de nuevas tecnologías y la modificación de las técnicas quirúrgicas y endovasculares para el bien de los pacientes.

Mi gran sueño para el futuro es que, dentro de 30 o 40 años, mire al pasado y pueda decir que logré todo lo que me propuse, y que me encuentro en el lugar en el que quería estar. Espero poder desarrollarme personal y profesionalmente, ser reconocido por mi trabajo y mi personalidad, admirado por mis hijos y enorgullecer a mi familia. Quiero poder decir que disfruté cada instante del camino y que en cada etapa me lleve algo conmigo para siempre.

El futuro es incierto y mucho de él no depende de nosotros, pero nuestro trabajo es llegar a donde queremos. Debemos luchar por nuestras metas y apuntar a las estrellas. Así, el día de mañana, esté en donde esté, será el lugar adecuado tras haber tomado las decisiones correctas.

Alberto Saltiel [Continúa en página 290]

Lorenz Schenk

[ALEMANIA]

Siempre he sido soñador y me gusta imaginarme cualquier cantidad de escenarios, desde la casa en la playa, hasta ejerciendo mi práctica en zonas necesitadas de manera altruista.

Mi futuro no lo conozco, ni sé siquiera si llegaré a leer esto impreso, pero lo que sí me gustaría es que mi familia y mis tres hijos me recuerden siempre con una sonrisa en la cara, con un suspiro de amor en el corazón, la paz en el alma que los reconforte en momentos que sea necesario y nunca con dolor ni tristeza.

Lorenz Schenk [CONTINÚA EN PÁGINA 292]

Ilan Shapiro

[ESTADOS UNIDOS]

Este capítulo me emociona. Creo que sin tener un compás no se puede avanzar. A continuación les comparto mi visión a futuro.

Todas las decisiones que se toman, deben de estar alineadas con la familia y deben de promover el tiempo de calidad que pasemos con ella. He visto a grandes personas que tienen muchos problemas familiares, así que yo procuro forjar pilares para que mi familia y mis amigos sigamos disfrutando de la vida, siempre apuntando a retirarnos en las Islas Fiyi (lo digo metafóricamente).

Como principal pilar de mi visión, compartiré mi apuesta en el ámbito profesional. En los últimos años cambié mi objetivo: dejé atrás la idea de ser el «el director de la OMS», y ahora aspiro a tener un impacto positivo y real en la vida de las personas. Mi objetivo actualmente es fundar una ONG, fundación o empresa socialmente responsable que genere los recursos necesarios para sostener proyectos de salud para migrantes.

Otra área en la que me gustaría seguir desarrollándome es la relacionada con los medios de comunicación. Llegar a millones de personas, gracias a los medios tradicionales y ahora a los digitales, crea oportunidades monumentales para divulgar temas relacionados con la salud.

En un principio no entendía cómo podría cambiar el mundo con 20 pacientes al día. Pero gracias a los medios de comunicación puedo, en un par de minutos, responder las dudas y atender las preocupaciones de millones de personas.

Siempre digo que mi posición ya sea en una ONG, en la práctica médica o en los medios de comunicación, en realidad es la de ser un mesero. Doy un servicio, muestro el menú para que la comunidad elija el platillo que desea. De esa manera, puedo destacar las recomendaciones del día y saber si el «comensal» tiene alergias o preferencias por otros platillos, por eso soy su mesero. He tenido grandes maestros y tutores que me han abierto las puertas y cientos de reporteros, productores y directores que me dieron la oportunidad de compartir mis preocupaciones, pasiones y miedos.

También entre mis objetivos a futuro siempre estará buscar un balance. El santo grial para mí es hacer lo que me apasiona sin descuidar a mi familia. Y creo que estar al frente de una ONG o una fundación me daría la posibilidad tanto de hacer llegar los servicios de salud a quienes lo necesitan, como para pasar tiempo de calidad con mi familia. Ese es mi sueño y todos los días apuesto por él. Al final de cuentas, como lo dice el dalái lama: la felicidad es temporal, pero la alegría es infinita.

Ilan Shapiro [Continúa en página 293]

René Sotelo

[ESTADOS UNIDOS]

Está claro para mí, entre mis propósitos para el futuro, seguir enfocado y trabajando por la educación. Ese es un norte que marca mi porvenir: continuar multiplicando conocimiento en Latinoamérica, en español. A lo largo de estos años he formado a 81 *fellows* de 17 países, la gran mayoría de países latinos. Creo firmemente que la oportunidad y el progreso que tenemos como latinoamericanos de avanzar es con base en el estudio y el trabajo, en la dedicación a incrementar la experiencia, la academia y el conocimiento. Hay mucho talento médico en nuestros pueblos y capitalizarlo no solo garantizará salud en nuestras sociedades, sino que dará herramientas para salir adelante.

Para que esto sea posible, mi esfuerzo también debe estar de la mano de la consolidación cada vez mayor de mi marca personal, a través de la cual logro proyectar no solo mi esencia, lo que soy, sino generar conciencia y dar a conocer un propósito que debe ser compartido para asegurar con mayor facilidad que llegue a todos.

En este camino, avanzar con disciplina cuidando mi salud mediante actividad física, una correcta alimentación y fortaleciendo mis pensamientos positivos es imprescindible.

Ese también es mi foco para seguir el camino de la mano de mi trabajo. Sobre todo para avanzar con éxito en esta etapa en la que estimo me quedan unos quince años de actividad quirúrgica, pues sería ya la tercera etapa de mi vida profesional. Esta es una etapa interesante, pues está repleta de experiencias para compartir.

A esto se suma la ventaja que da la plataforma robótica, que permite la prolongación de la actividad quirúrgica, pues se trabaja sentado. El manejo de las manos del robot garantiza la firmeza del movimiento de tus manos; la visión aumentada, magnificada, propia de la tecnología de los lentes del robot, apoya y refuerza la del médico, de manera que tengo la seguridad de que serán unos años entretenidos.

Esto sin desestimar la planificación del retiro. Es algo en lo que responsablemente se debe pensar, no solo en la parte de la actividad física que me ocupará, sino económicamente. He visto cómo muchos profesionales no se preparan para la etapa no productiva, y esto es algo que debe ocuparnos a todos. Particularmente, la situación de Venezuela produjo un desbalance importante y es algo que poco a poco he ido corrigiendo.

En mis planes también está hacer el MBA de salud. Quiero profundizar mis conocimientos en administración y planificación de los servicios de salud, lo que, ligado a mi experiencia en la dirección médica del departamento internacional de USC, será otra forma de continuar el apoyo y guía del paciente hacia una adecuada atención.

Desarrollar servicios de hotelería orientados a la atención y recuperación de pacientes es otra idea que ocupará mi vida una vez que termine mi etapa como cirujano. Esto, sin duda, es algo que me ocupará en el futuro y que está atado a mi casa actual en Margarita #PiedrasBlancas y al #HospedajeClínico que inicié en Caracas. Esto es algo que seguiré desarrollando y en los que mi experiencia médica será esencial para establecer la diferencia.

René Sotelo [CONTINÚA EN PÁGINA 294]

10

Recomendaciones a mi joven yo

Antonio J. Berlanga-Taylor

[COLOMBIA, REINO UNIDO, FRANCIA]

Al infinito y más allá: decisiones sin temores ni arrepentimientos

Algo que tal vez cambiaría en mi trayectoria, es que hubiera hecho una especialidad médica antes del doctorado. Si hubiera tenido energía y paciencia, pero no la tuve, y *hubieras* hay muchos. Así que si fuera Marty McFly, en realidad no cambiaría mucho de lo que he hecho hasta ahora y le haría caso a Doc Brown. A veces es mejor no saber demasiado del destino de uno mismo. Doc Brown se salvó por echar una miradita al futuro, así que supongo que la segunda lección es imaginarse varios escenarios y echarse a andar.

Sin demasiada filosofía y nostalgia creo que mis mejores consejos para *mi joven yo* serían tenerme confianza, escuchar a mi corazón, pensarle un poco pero no demasiado, platicar y preguntarles a muchas personas y siempre estar cerca de mis amistades y familia. Caminos hay muchos y formas de ayudar hay muchas. A los médicos y médicas les diría que siempre estén pendientes de dos males que pueden ser fatales: el dolor y la soberbia.

Pocas o ninguna de las decisiones que he tomado han supuesto un riesgo mayor. La más cercana, en ese sentido, fue trabajar para una ONG en una zona de conflicto armado, en donde mi vida peligraba. Cuando tomé las decisiones iniciales para la carrera de medicina y luego para salir de México el dinero no fue obstáculo. No lo fue porque afortunadamente busqué y obtuve diferentes formas de financiamiento (becas, préstamos personales, salario). De joven, si uno tiene la suerte de ser responsable solamente por uno mismo, las cosas son bastante más sencillas. Ahora, con responsabilidades familiares y con una hipoteca, las decisiones son más lentas y difíciles, pero aún posibles, y para mí, mucho más satisfactorias y divertidas. Para finalizar creo que le recordaría a *mi joven yo* que fracasé muchas veces por cada éxito que tuve y que a cada lugar al que llegué, pedí permiso, me atrincheré y traté de ayudar a construir.

Edmundo Erazo
[PAÍSES BAJOS]

¿Quién no quisiera advertir a una versión más joven de sí mismo sobre la forma de evitar todos los errores y obtener los mayores éxitos? Pero alguna vez escuché a un colega decir: «Un experto en una materia es aquél que ha cometido todos los errores posibles en esa materia, pero se acuerda y aprende de cada uno de ellos».

A *mi joven yo* le recomendaría lo siguiente:

Ten menos miedo de cometer errores.

Nunca desestimes nuevas opciones sobre cómo llegar a tu verdadera vocación y a tu verdadera pasión profesional.

Busca más retos sin importar el qué dirán.

Cree más en ti.

Aprende a ser más paciente y, aunque el camino sea largo, disfrútalo.

Recuerda: «No te pelees con la lluvia, aprende a vivir con ella».

Yoel Korenfeld

[MÉXICO, ESTADOS UNIDOS, COLOMBIA]

Si ahora que tengo casi 40 años, pudiera conversar conmigo a los 20, me daría varias recomendaciones. Quizá la más importante es no comprometerse con demasiadas cosas y, sobre todo, no ponerse objetivos que sean difíciles o imposibles de realizar.

Me recomendaría repetir los pasos que di en el pasado: alejarme de mi casa, explorar y buscar nuevos rumbos. Me advertiría evitar relaciones tóxicas en las que uno de antemano sabe que va a sufrir y, aún así, decide involucrarse.

Me diría que la familia es lo más importante, y que los momentos con quienes amamos son preciados; hay que tener más de ellos y disfrutarlos plenamente.

Una recomendación importante, pensando en emigrar, es hacer planes concretos a corto, mediano y largo plazo. Planes realizables. Soñar no cuesta nada, pero en la vida real esos sueños hay que aterrizarlos a posibilidades reales de éxito.

A pesar de que pude haber hecho muchas cosas diferentes, no cambiaría las decisiones que tomé, y estoy orgulloso de quién soy y cómo llegué a donde estoy ahora. Las prioridades con el tiempo cambian. En algún momento la prioridad número uno fue mi carrera profesional, hoy ésta se ha visto desplazada a un segundo lugar, y mi familia y su bienestar se han convertido en mi prioridad. Reconocer ese cambio de prioridades es muy importante para evitar frustraciones y poder vivir tranquilo con las decisiones personales en uno u otro momento.

Rafael G. Magaña
[INGLATERRA, ESTADOS UNIDOS]

Esto lo escribo sin ningún orden en particular y como una asociación libre de ideas, así que paciencia.

Iniciar

La palabra *procrastinar* viene mucho a mi mente, porque creo que ese ha sido uno de mis más grandes obstáculos. Una de mis principales desventajas radica en que pasé más tiempo planeando que haciendo.

Iniciar un proyecto, tarea o reto de manera inmediata, me hubiera dado una ventaja enorme. Planear es algo bueno, pero iniciar es igualmente importante. Como cuando uno quiere ir al gimnasio, si lo piensas mucho, pues no vas.

En retrospectiva, muchas de las tareas, trámites o retos me resultaban tan abrumadores, que me quedaba en un estado de parálisis, metafóricamente hablando, en lugar de aprovechar cada momento.

Tener coraje (sí coraje)

Alguna vez vi, en un canal de YouTube, un video de arte. En ese video, se comentaba que para un artista es importante practicar pero, sin importar tanto el producto final, es más importante terminar el proyecto. Yo dejaba tantas cosas sin terminar. Esta reflexión me lleva a mi otra recomendación para mí mismo…Está bien imaginar, comenzar, pero debo completar mis proyectos. A través de los años recuerdo haber iniciado con entusiasmo muchos proyectos importantes, los podía ver claramente, pero no siempre llegué a finalizarlos.

Cuando uno lee un cuento o una novela, hay un preámbulo, un inicio, se desarrolla el tema, y se llega a un clímax y a un desenlace. Una cirugía también tiene varias etapas: se planea, se hace la incisión, se hace el procedimiento, se cierra, venda y se dan los cuidados postoperatorios. Realmente no hay opciones, una cirugía tiene que hacerse de principio a fin, pero esa disciplina no pude llevarla a otros ámbitos de mi vida.

De igual manera, mis proyectos tenían etapas. Empezaba muy inspirado, el inicio del proceso era sencillo, el tema era interesante y yo me sentía motivado, pero muchas veces no podía culminar el proyecto porque la inspiración no es suficiente. Hace falta tener lo que en inglés se llama *grit*, coraje, para completar esos proyectos.

De haber tenido más coraje para llevar a cabo proyectos periféricos como publicar más artículos, formar parte de más asociaciones profesionales con propósitos académicos, asociaciones de abogacía para pacientes o minorías, etcétera, hubiera enriquecido mi desarrollo profesional y personal.

Sin embargo, a pesar de que procrastinaba, sí tuve otras cualidades que me permitieron avanzar, como por ejemplo, tenacidad. Gracias a eso pude cumplir otras metas que me permitieron escalar y lograr algunas de las cosas que actualmente me enorgullecen.

Visualizar

Cuando decidí entrar a la carrera de medicina, aún pesaba sobre mí el dilema de si debía dedicarme a la industria de los efectos especiales, o si debía estudiar algo más. Así que me prometí que si no podía dedicarme a la cirugía plástica, no continuaría en la Facultad de Medicina y buscaría una carrera que me hiciera sentir realizado en el ámbito artístico. Con tiempo y madurez, me doy cuenta de que hubiera sido un error personal no haber hecho la carrera que ahora amo tanto. Lo anterior me lleva a darles otro consejo: visualicen. Cuando estaba por terminar la preparatoria no sabía nada de la vida, entonces redacté una lista con los propósitos con lo que quería lograr. Tendría unos 16 o 17 años. La compartiré, espero que no se rían. Esto se queda entre ustedes y yo.

Lista de propósitos:

- Terminar la preparatoria.

- Ir a Hollywood y hacer efectos especiales para películas de estudios reconocidos.

- Ser cirujano plástico en NYC.

- Hacer una película y ganar un premio Oscar (o varios).

- Ganar mil millones de dólares por algo que invente y patente.

- ¡Hacer todo antes de los 40 años de edad!

Y pues... No sucedió así.

Y sí, a mí también esa lista me hace gracia hoy. Pero ese era mi plan, y lo tenía muy claro en mi mente; me inspiraba, y ciertamente como pueden ver, mi imaginación no tenía límites.

El consejo que me daría a mí mismo en esta circunstancia no es cambiar de plan, sino mantener un plan. Digo esto, porque obviamente al no completar la lista como la había imaginado, no tenía un plan B. Pensé que al terminar mis estudios, simplemente abriría mi consultorio en Park Avenue, este se llenaría de pacientes y sería famoso.

Pues, las cosas no son así, requieren de una visión que va de la mano con un plan. Y para llegar a tener una práctica privada exitosa, tuve que andar un camino difícil y tortuoso.

Hay muchos consejos que podría darme a *mi yo* adolescente, *mi yo* estudiante de medicina, o *mi yo* residente, *fellow* y especialista, pero de todos esos consejos, el más valioso es no dejar de visualizar la meta, aunque ésta vaya cambiando, y por ende el plan y la estrategia para llegar allí.

La buena noticia es que durante esta pandemia y subsecuente encierro, me he visto forzado a cambiar de estrategia, y para tener una buena estrategia, cuando menos en mi caso, tengo que visualizar lo que deseo. Y fue durante esta pandemia cuando en mi mente apareció la estrategia actual.

Consistencia

En este momento tengo otra lista, una lista menos ambiciosa, pero creo más realista. Mi último consejo abarca a los demás y los hace más valiosos porque requiere del uso simultáneo y continuo de los anteriores y eso para mí eso significa consistencia.

Para ser consistente, se requiere de ser constante en lo que uno quiere y una vía para lograrlo, y eso solo se forma con hábitos.

Estos son los consejos que le daría a *mi yo más joven*. Si fueran más, conociéndome, probablemente no los hubiera leído todos.

Nissin Nahmias

[ESTADOS UNIDOS]

Pensando en la versión más joven de mí, existen muchas cosas que me encantaría contarme. Tantos consejos…

Creo que actualmente mi vida es muy interesante: vivo en otro país y tengo la fortuna de realizar actividades nuevas todos los días, así que creo que de poder hablar con una versión más joven de mí mismo, primero, me diría que todo pasa por algo, que no existe lo dulce sin conocer lo salado, que el éxito depende de las derrotas.

Que no debo tener miedo de soñar y aspirar a lo más alto, pues todo es posible.

Y que no debo de dudar. A veces las oportunidades de la vida solo llegan cuando uno estás listo para recibirlas y que la única constante en este continuo ir y venir de personas y cosas soy yo mismo. Le diría: «Esta es tu vida, te la mereces, te pertenece y tú eres la persona más importante, así que ámate más y dedica tiempo a tu persona. Enfócate en una cosa a la vez: cuando tratas de lograr muchas cosas al mismo tiempo inevitablemente vas a fallar en alguna de ellas, no te distraigas de la meta que tienes, complétala y después muévete al siguiente proyecto. Recuerda, una cosa a la vez».

Si pudiera comunicarme con mi *yo más joven*, además le diría: «Si quieres hacer reír a Dios cuéntale tus planes. Es muy importante hacer planes pero hay que darse cuenta de que estos van a cambiar conforme el tiempo pase y nada va a salir exactamente como lo planeaste, así que no te estreses».

«Confía en ti y confía en tus instintos, no tengas miedo a ser feliz, no es un crimen, es más te lo mereces».

«Tus sueños se harán realidad, invierte tu tiempo sabiamente en las personas que lo merecen».

«Toma las cosas a la ligera, no te enojes pues invertir mucho tiempo en emociones negativas es poco productivo y agotador. Recuerda, está bien cometer errores de vez en cuando y está bien perdonarse a uno mismo y a los demás».

«Esta vida es preciosa y el único recurso no renovable es el tiempo, ese nunca regresa, úsalo sabiamente, querido joven».

Joaquín Pereyra Macías
[AUSTRALIA]

Tras varios años de haber dejado México, hago un balance y me parece que tomé una buena decisión. Creo que pude haber tomado algunas cosas con más calma y, en definitiva, no volvería a sacrificar mi salud por el trabajo. Poco después del nacimiento de mi hija, tras años de lidiar con exámenes muy estresantes, exceso de trabajo y horas extras, me diagnosticaron esclerosis múltiple. Un diagnóstico con el que, tanto mi neurólogo actual como yo, no estamos acuerdo. Yo creo que el exceso de estrés desencadenó un episodio aislado de desmielinización en algunas regiones de mi cerebro, pero a mi neurólogo eso le suena muy esotérico. Independientemente del diagnóstico, ahora vivo mucho más relajado que los años inmediatos a mi llegada a esta isla, y eso me llena de felicidad. Afortunadamente, aparte de un par de síntomas neurológicos crónicos, relativamente intrascendentes, soy bastante saludable. Debo admitir que me enorgullece haber decidido, hace pocos años, dar prioridad a mi salud y a mi familia. Sin embargo, si pudiera platicar con un Joaquín diez años más joven, le recomendaría hacerlo mucho antes.

Es tentador recomendarle al joven Joaquín ser menos estricto consigo mismo pero, honestamente, Australia hubiera acabado conmigo si me hubiera exigido poco. No me arrepiento de haber dejado México, pero hace diez años no tenía idea de lo difícil que iba a ser.

Es cierto que, independientemente de lo que nos depare el futuro, me tranquiliza saber que mis hijos y yo siempre tendremos las puertas abiertas en un país que ofrece una alta calidad de vida.

¿Les recomendaría a otros médicos dejar México? Honestamente, México es un país hermoso y esto de migrar no es para todos, así es que es difícil responder a esa pregunta de manera genérica. Sin embargo, es claro que migrar ofrece grandes ventajas.

Lo que sí me queda muy claro es que el crecimiento es inevitable cuando nos permitimos salir de nuestra zona de confort. Para algunos, salir de esa zona significa hacer un cambio de rutina o de trabajo; para otros, como yo, significa irse a vivir a quince mil kilómetros de distancia.

Luis Rodrigo Reynoso

[ETIOPÍA]

Este es el capítulo que había esperado escribir tras toda esta travesía. Me faltan palabras y me sobran sentimientos para expresar lo que ahí sucedió.

Echar un vistazo al pasado nos hace reflexionar sobre la manera en la que vemos la vida y resulta interesante analizar esas áreas de oportunidad en ti, que no tenías ni idea que ahí se encontraban. Y Etiopía fue para mí ese lugar de catarsis fantástica. Primero me hizo darme cuenta de que cuando realmente deseas algo, lo sueñas y lo crees, lo creas. Y el universo conspira para que suceda. Consciente e inconscientemente lo vas entretejiendo y si enfocas tu atención para lograrlo, sucederá.

Después del viaje que hice con mi esposa al norte, descubrí otras muestras de avaricia y frialdad, así como más recomendaciones para que dejáramos el proyecto. Realmente sentía que las cosas no cambiarían. Así que decidimos que lo mejor era que yo renunciara.

Esa ha sido una de las experiencias más amargas, pero al mismo tiempo más liberadoras de mi vida. Nunca había dejado un proyecto inconcluso, y aún tenía muchos planes para Etiopía; dejarlos sin terminar cuestionaba mi capacidad y hería mi ego. Escribí mi carta de renuncia, tratando de enfocarme en lo positivo, tratando de mostrar mi agradecimiento. Pero podía predecir que ya no habría más *macchiatos* ni sonrisas de parte del director.

Empezamos a explorar las posibilidades de anticipar nuestro regreso a México, pero los costos eran muy elevados, y era mejor mantener la reservación y viajar por África durante mes y medio, antes de que terminara la estadía estipulada por la visa.

Rascándole a los ahorros, buscando ofertas, destinos accesibles y hostales, decidimos ir a Madagascar. Y ahí ocurrió la magia. Nos dejamos llevar por la hermosura del canto de las ballenas, los enormes baobabs, las palmeras, los rituales…Y hoy somos los felices padres de uno de los seres más mágicos del universo: Apsara.

Hoy vivo profundamente agradecido con la vida por todas y cada una de las lecciones aprendidas. Haber tomado la decisión de emigrar a Etiopía fue una de las experiencias más retadoras que he tenido que vivir como persona, como pareja y como profesionista.

A continuación recupero algunas de las enseñanzas que me dejó esa época.

Suéltalo todo.

Aviéntate sin miedo.

Actúa con pasión.

No esperes nada de nadie.

La palabra *gracias* viene desde el corazón, el agradecimiento es un hábito aprendido en casa.

Decir no y abandonar un proyecto también es una forma de concluir una misión.

Permítete explorar otros universos.

El asistencialismo rompe el vínculo de amor y genera parasitismo.

Escucha a tu corazón, síguelo a donde te lleve. Las mejores experiencias derivarán de ello.

Aprecia el aire, el agua y la vida.

No todos los programas sociales son reales. Existe mucha crueldad justificada en la pobreza.

El amor, la bondad y la generosidad mueven al mundo. Pero no hay que olvidar que existe el odio y la avaricia.

Entre las recomendaciones a *mi joven yo* también estaría agradecer por las experiencias vividas en Etiopía, que me han ayudado a valorar cada paso, cada respiro y las relaciones que ahí hicimos. Conocimos seres mágicos que aún ahora siguen aportando a nuestra existencia, nos hacen reír, amar, crecer y valorar cada instante de nuestras vidas.

Busca experiencias que te mantengan pensando en lo extraordinaria que es la vida y soñando en lo que puedes lograr. Claro, a veces nuestra mente es tan complicada, innecesariamente. No arruinemos el momento pensando en el futuro: disfruta el presente, siente que estás vivo, toca tu corazón, conéctate con él.

Gracias a todos ellos que directa o indirectamente hicieron posible la experiencia de este presente libro. Gracias por permitirnos rememorar lo que hemos vivido y darnos la oportunidad de compartirlo.

Todos conocemos ese lugar, muy dentro de nosotros, en donde dialogamos con nosotros mismos. Que no se te olvide a qué viniste. Las conexiones están receptivas y depende de nosotros generar los neurotransmisores apropiados para conectar y generar una maravillosa sinergia.

Me gustaría despedirme, invitando a todos aquellos que estén esperando una señal para emprender el viaje, a tomar estas letras como un mensaje de ánimo para emprender la aventura.

Toma en cuenta las palabras de Mark Twain. «De aquí a 20 años, no te arrepentirás de lo que hiciste, sino de lo que no te atreviste a hacer».

Y si en algo puedo aportarles, cuenten conmigo.

—*In lak ech.*[5]

Jack Rubinstein
[ESTADOS UNIDOS]

> «Si yo no estoy para mí, ¿quién lo estará? Y si solo estoy para mí, ¿qué soy?»
> Hillel el Anciano

Los rastafaris tienen la tradición de no referirse al otro como *tú*. Cuando se refieren a otra persona usan la frase «*I and I*» que se traduce como «yo y yo». Esta expresión puede ser un poco confusa al principio, y vista desde fuera podría parecer poco sensata, o solo una tradición singular desde un grupo religioso peculiar. Pero este es el concepto más importante que podría recomendarle y enseñarle a mi joven yo.

En mi transición de joven a adulto tuve la suerte de esperar horas enteras mientras que mi entonces novia, y actual esposa, se arreglaba para que saliéramos. Yo siempre fui puntual, pero en lugar de molestarme, aprovechaba el tiempo en la extraordinaria biblioteca que mis suegros tenían en su sala. A través de los años leí la biografía de Albert Einstein y un día recibí una de las lecciones más importantes de mi vida gracias al libro *I and Thou* del filósofo Martin Buber.

---

[5]   Nota de la Redacción: Saludo en maya que se significa «Yo soy otro tú».

El título del libro se refiere a las dos formas que uno puede ver al prójimo, lo puede ver como *Ello* (*you*) o lo puede ver como *Tú* (*Thou*). En la primera acepción, nos vinculamos con *el otro* desde la experiencia; no de una forma necesariamente negativa, pero separando nuestras vidas de la vida del otro. En la segunda acepción nos vinculamos desde la relación, reconociendo no solo la humanidad del otro, sino la compartida humanidad de todos. Esta conceptualización parece sencilla pero, al igual que la meditación y el ejercicio, solo se pueden comprender y aplicar a través de años de práctica y concentración. Personalmente aún estoy muy lejos de obtener la claridad mental que se requiere para observar el *Tú* o el «yo y yo» del prójimo, pero ocasionalmente me acerco a esa sensación y eso me inspira para seguir buscando.

En México, cuando era joven, este concepto era opuesto a lo que vivía a diario: veía el mundo y a las personas como ajenos a mi persona. No fue sino hasta años después, que tuve una revelación. Un día, atorado en el tránsito de la ciudad, las ideas de Buber y los rastafaris cobraron sentido. Ahí, entre el ruido de los cláxones me di cuenta que no estaba atorado en el tránsito, *yo* era parte de él. Y como si estuviera en una película de arte, por unos segundos los coches se silenciaron, el malabarista en el semáforo me vio a los ojos y sonrió, el cielo pintaba azul.

Hoy en día tengo más oportunidades para vivir esos momentos de claridad. A veces lo vivo cuando conecto con un paciente, a veces cuando sufro con mis hijos durante un momento difícil de sus vidas y de vez en cuando con mi esposa, cuando nos entendemos sin tener que hablar.

A *mi joven yo*, le diría que no existe el *Tú*.

Alberto Saltiel

[ISRAEL]

Me encantaría tener la oportunidad de platicar con la versión más joven de mí mismo. Poder encontrarme con aquel niño de primero de primaria que decidió ser médico y agradecerle por la mejor decisión de su vida. Sin asustarlo, advertirle que es un camino largo con muchos altibajos, pero que al final todo valdrá la pena.

Si me topara con el Alberto de la preparatoria, le diría cuán importante es aprender a estudiar, concentrarse y saber priorizar. Le diría que siga luchando por sus sueños aún cuando la gente no crea en él; y que solo él puede demostrarles a los demás que querer es poder. Le aseguraría que nada lo detendrá en su camino.

Si me topara conmigo mismo en la universidad, me diría que no será fácil. Le diría que debe esforzarse y luchar por sus sueños, a pesar de los múltiples obstáculos que se presentarán. También le diría que no debe planear tanto, pues la vida tiene un curso en mente y ella sola nos marcará la pauta. Le aconsejaría estar abierto a nuevas opciones y distintas experiencias, que goce de cada instante y aprenda de ello. Le aseguraría que el camino es largo y tortuoso, pero que comienza a tomar forma y ahora será momento de empezar a definir los detalles.

Si tuviera la oportunidad de enviarme una carta al pasado, ésta sería.

Querido *yo*:

> Estás por incursionar en una vida llena de pasión y aprendizaje. Escogiste la profesión más bella del mundo. Una que te permitirá conectarte con gente de una manera muy especial. Pondrán toda su confianza en tus manos. No la pierdas, pues nunca recuperarás. Serás miembro de un

grupo de personas con una tradición inmensa e invaluable. Protegerás la vida y ayudarás incondicionalmente a tu prójimo.

Se paciente. No trates de comerte el mundo de una sola mordida. Avanza lento pero seguro. Aprende a escuchar y a analizar los consejos que te dan. Sonríe, inclusive cuando los días sean difíciles. Sé perseverante. Trata tus errores como bloques de construcción y úsalos para añadir escalones a la escalera que te llevará a la cima. Abre las puertas a nuevas experiencias.

Recuerda que un rendimiento deficiente normalmente se debe a una preparación deficiente, no a una falta de talento. Recuerda que siempre hay una mano lista para ayudarte. Celebra tus triunfos, pero también tus fracasos.

Concéntrate; entiende el problema antes de tratar de solucionarlo. Se curioso. Se resiliente. Preocúpate por las personas que te rodean. Cuida a tus pacientes, pero no te descuides a ti mismo. No hay límites; persigue tus sueños. Trata a los demás con el mismo respeto que tú te mereces. Duerme, descansa. No te castigues a ti mismo. Si bien es importante la autocrítica, no seas tan duro contigo mismo. Goza el camino. Duda, cuestiona y no aceptes las cosas por que sí. Tu opinión es tan valiosa como cualquier otra.

No te arrepientas. Si tomas una decisión confía que es la decisión correcta para ese momento. Si hay algo que no puedes cambiar no dejes que te afecte, pero si puedes cambiarlo, hazlo sin que que te estrese.

Aprende a leer entre líneas pues no siempre todo está escrito. Se sensible. Deja que tus presentimientos te adviertan. Hazle caso a tu corazón. Escucha a tus padres, más sabe el diablo por viejo que por diablo.

Querido *yo*, gracias por este viaje, gracias por traerme hasta aquí. ¡Estoy orgulloso de ti!

Lorenz Schenk

[ALEMANIA]

El título de este capítulo me recuerda a mi abuelo, cuando decía que si tropiezas con una piedra, debes dar la vuelta y volver a pasar por el mismo lugar, si no vuelves a tropezar significa que ya aprendiste y puedes seguir tu camino, ya que lo bien aprendido jamás se olvida.

Me siento satisfecho de lo que he conseguido, no aspiro a más, la tranquilidad que buscaba desde niño, la he encontrado aquí. El camino que he seguido hasta ahora ha sido el correcto y cada tropezón fue parte del camino que me ha traído hasta aquí.

Quizá, contando con mayor experiencia, hubiera tomado otras decisiones para hacer el camino más fácil. Pero la experiencia se gana y casi siempre con base de tropiezos. Por eso, lo que decía mi abuelo es cierto y me ha ayudado a no repetir mis errores.

A mi *yo joven* solo le diría: «Paciencia, lo que tiene que pasar va a pasar. Confía».

Ilan Shapiro

[ESTADOS UNIDOS]

Hola Ilan:

La tecnología ha avanzado mucho y quiero mandarnos este mensaje con una lista de acciones que necesitamos continuar haciendo.

Has oír tu voz. Toda mi vida has errado en lo seguro siendo neutral. Por miedo a la confrontación no haces valer tus puntos de vista. Debes tener más confianza en tu propia voz.

Tienes una mirada sensible, aprecias la delicadeza y sutileza del cambio, cuando lo notes ponlo en marcha con toda la energía, no sabemos qué nos depara el mundo, pero vas a sentirte mejor apostando a lo que quieres. Los errores son medallas de la madurez y son necesarios para viajar al lugar al que vas a llegar.

Las cicatrices son trofeos para poder seguir ayudando. El ejercicio de la vida es volver a levantarte después de estar arrodillado y cansado. No dejes de moverte.

No olvides la bondad. Muchas veces has pensado que soportar los golpes directos, sin regresarlos te hace débil. En realidad, eso te ha fortalecido. Tener la posibilidad de atacar y decidir no hacerlo, logrará que la persona que te ataca caiga por el cansancio. Y ese dolor a ti te dará experiencia y te hará resiliente.

Continúa apegado a la comunidad. Acércate a las personas más vulnerables y mantente ahí para ellas. No solo se trata de ayudar, sino de ser empático son sus situaciones. No hay forma que renuncies a esta vocación.

Quítale seriedad a las cosas. Preocúpate por lo realmente importante, y deja de lado las relaciones y actividades que no te aportan.

Continúa abriendo puertas y sigue amando con la pasión que siempre has tenido. Que los baches pequeños no te detengan. Llegarás a tu meta con más sonrisas.

Acuérdate de que la única continuidad en la vida es el cambio.

René Sotelo

[ESTADOS UNIDOS]

En definitiva, la experiencia es la mejor compañera para avanzar y tomar las mejores decisiones en el camino. Todo lo ganado a través de las vivencias, las lecciones aprendidas son parte de lo que le diría a *mi joven yo* para continuar con más firmeza aún.

A ese René Sotelo a punto de graduarse de médico le diría:

1. Aprende más de dos idiomas; comunicarte en distintas lenguas te abrirá, con más facilidad, las puertas en el mundo. Domina el inglés como tu idioma materno.

2. Maneja con destreza la epidemiología y la estadística; son herramientas que te permitirán, en primer lugar, interpretar con dominio los estudios científicos; y, en segundo lugar, manejar la recolección de datos científicos de manera óptima.

Esto será la base para escribir artículos, capítulos en libros y libros científicos. Esta es una disciplina que se perfecciona con la práctica.

3. Hazte un experto en el manejo de las nuevas tecnologías, *hardware*, *softwares*, que son cada día más una extensión de la medicina. Empecé escribiendo y desarrollando historias clínicas en físico, ahora las trabajo en digital.

4. Que no te baste comunicarte adecuadamente y hacerte entender por los pacientes. Preocúpate por comprender y conocer más culturas, eso impactará tu mirada sobre la salud y cómo ayudas a los pacientes que atenderás en el mundo.

5. No se puede saber de todo en medicina ni estar al día en todo. Identifica y elige un área muy específica en la que quieras ser experto, en la que quieras profundizar, mediante la realización de investigaciones, documentar y dejar aportes. Desarrollar y avanzar en la profundización académica de un área te permitirá dejar un legado, un beneficio para la humanidad. Reconoce un campo en el que otros, por complicado o poco frecuente, no quieran incursionar, y aprende a abordarlo, estúdialo. Esos casos te los enviarán a ti y serás, entonces, una referencia en esa patología y, con los años, un experto.

6. Nadie nace aprendido. Llegar implica transitar el camino, hacer el viaje. Y en ese trayecto se cometen errores; es humano, puede suceder, pero si ocurren, que no sea porque no hayas estudiado suficiente o estado atento a cada detalle. Piensa y repasa todo el proceso, evalúa los posibles escenarios y complicaciones para que, si algo inoportuno sucede, sean pocas las veces que ocurra.

Si pasa, habrás salido fortalecido. Ten siempre presente que el juicio clínico lo dan los años. Enfócate en cultivarlo.

7. Cultiva las relaciones con tus pacientes, escúchalos, pregúntales, conversa con ellos más allá de sus dolencias. Conoce al ser humano que está detrás, a sus familias. Eso contribuirá a tu enfoque y esfuerzo por solucionar su padecimiento, pero además será alimento para tu alma.

8. La ética y la honestidad con la que ejerzas la medicina se aprende en la casa, en la familia y son los mismos principios que te guiarán en tu vida. Te deseo éxito en esta maravillosa profesión y carrera de vida, que pasa más rápido de lo que imaginas.

Sobre los autores

Coordinadores

Sandra López-León @sandralopezleon

Ha vivido en México, Israel, Holanda y España. Actualmente vive en Nueva York, Estados Unidos, donde trabaja en el desarrollo de medicamentos neuropsiquiátricos. Es egresada del Colegio Americano ASF y de la carrera de medicina de la Universidad Anáhuac del Norte, Ciudad de México. Cursó el Internado Rotatorio de Medicina en el Hospital Hadassah en Jerusalén. Cuenta con dos doctorados, uno en epidemiología y otro en genética, otorgados por la Universidad Erasmus de Róterdam, Países Bajos. En 2014, el gobierno de Estados Unidos la reconoció como *outstanding researcher* por su trabajo enfocado en identificar genes asociados a enfermedades neuropsiquiátricas. Ha publicado más de 60 trabajos científicos y escribió el libro *Toma mi mano y vuela conmigo*. Sandra también es coordinadora y autora del libro *Doctoras con alas*, una recopilación de 26 historias de madres, médicas mexicanas que viven en diferentes países del mundo.

Talia Wegman-Ostrosky @taliawegman

Estudió la carrera de médico cirujano en la Faculta de Medicina de la UNAM. Posteriormente obtuvo la maestría, especialidad y doctorado en genética humana en la Universidad de Guadalajara. Realizó una estancia posdoctoral en el National Cancer Institute de Estados Unidos en el área de Epidemiología Oncogenética. Está certificada como genetista clínica por el Consejo Mexicano de Genética. Cursó el Intensive Course in Cancer Risk Assessment del Hospital City of Hope en California y el curso de prevención de cáncer del National Cancer Institute. En 2018 obtuvo el NCI Director's Innovation Award por sus ideas en investigación. Es investigadora en el Instituto Nacional de Cancerología y directora de la clínica de oncología genética del Centro Oncológico Internacional. Es autora de artículos, libros y capítulos nacionales e internacionales sobre genética y cáncer y forma parte de las autoras del libro *Doctoras con alas*.

Ilan Shapiro @Dr_Shaps [ESTADOS UNIDOS]

Estudio medicina en la Universidad Anáhuac (México), seguido por la especialidad en pediatría en Mount Sinai Hospital en Chicago (Estados Unidos). Tiene un MBA con especialidad de Salud en UA. Ha vivido en México, Israel y Estados Unidos. Actualmente radica en Estados Unidos. Comenzó como asesor para la Secretaría de Salud asignado a la Organización Mundial de la Salud, y ha hecho trabajo comunitario como médico en Chicago y Fort Myers, Florida. Como parte de su carrera profesional ha estado involucrado en medios masivos de comunicación para traducir el lenguaje *medicalish* a una forma entendible que la comunidad pueda usar para tomar decisiones sobre su salud.

Su pasión por crear puentes binacionales para mejorar la calidad de vida utilizando la tecnología y las redes sociales ha impulsado la creación de múltiples *startups*. Es posible contactarlo a través de su página DrShaps.com

Autores

Antonio J. Berlanga-Taylor [COLOMBIA, REINO UNIDO, FRANCIA]

Después de graduarse en medicina por la UNAM, obtuvo una maestría en inmunología por la Universidad de Oxford y un doctorado en medicina genómica igualmente por la Universidad de Oxford. Continuó con un *fellowship junior* posdoctoral en genómica computacional en la Universidad de Oxford y actualmente trabaja como *fellow intermedio* en epidemiología y biología computacional en Imperial College London. Su investigación se encuentra en la intersección de la inflamación y la genómica. Su objetivo es comprender las interacciones entre nuestros genes y el medio ambiente, utilizando métodos computacionales y de laboratorio en enfermedades inmunológicas, y explorando endofenotipos inflamatorios. Ha ocupado varios puestos clínicos y de salud pública en Colombia y México, y fue becario de Chevening, Conacyt, la SEP y la Sociedad de Esclerosis Múltiple del Reino Unido. Es ciudadano de México y Reino Unido con vínculos cercanos personales y profesionales en ambos países.

Edmundo Erazo [PAÍSES BAJOS]

Ha vivido la mayor parte de su vida en la Cuidad de México; sin embargo, en 2017 se mudó a la ciudad Róterdam y, posteriormente, a la ciudad de Maastricht, en los Países Bajos. Es médico cirujano egresado de la Facultad Mexicana de Medicina de la

Universidad La Salle y especialista en medicina interna. Realizó su maestría en investigación clínica en el Netherlands Institute for Health Sciences en la Universidad de Erasmus en Róterdam, Países Bajos. Actualmente labora en el campo de la diabetes y el metabolismo en la Universidad de Maastricht. La música, la lectura, viajar y su familia son su mayor inspiración.

Yoel Korenfeld [MÉXICO, ESTADOS UNIDOS, COLOMBIA]

Estudió la carrera de medicina en la UNAM y después hizo la residencia en medicina interna y pediatría en la University of Minnesota. Ha vivido en Colombia, México y Estados Unidos. Vivió en Bogotá, Colombia de 1981 a 1999; en la Ciudad de México de 2000 a 2007, y en Minesota, Estados unidos entre 2007 y 2014. Actualmente radica en Medellín, Colombia, donde es médico internista en el Hospital Pablo Tobón Uribe. Le gustan los deportes en general, el cine y ir a concierto con amigos.

Rafael G. Magaña @Maganaplasticsurgery
[INGLATERRA, ESTADOS UNIDOS]

Es cirujano plástico. Actualmente desarrolla la práctica privada en los estados de Nueva York y Connecticut. Comenzó su carrera como artista de efectos especiales para el cine. Su interés en las artes plásticas y su amor por la medicina lo llevaron a especializarse en varias áreas de la cirugía reconstructiva y estética. Tras completar dos residencias y tres especialidades, se enfocó principalmente en reconstrucción mamaria y cirugía craneofacial reconstructiva. Gran parte de su práctica la dedica a la cirugía estética. En sus tiempos libres forma parte de un equipo quirúrgico para atender pacientes con labio y paladar hendido en el sureste de Asia. Forma parte de la facultad de enseñanza clínica para estudiantes de medicina y residentes quirúrgicos en tres centros hospitalarios. Su amor por el cine lo ha llevado a ser consultor de proyectos cinematográficos y a estar en contacto con artistas y efectos especiales en Hollywood, California.

Nissin Nahmias www.sbhny.org/blog/sbh-to-offer-bariatric-surgery/ [ESTADOS UNIDOS]

Es director de cirugía bariátrica y mínima invasiva del Departamento de Cirugía del Hospital Saint Barnabas Health System (SBH) en Nueva York. Es profesor asociado de cirugía de la escuela de medicina de la Universidad de la Ciudad de Nueva York (CUNY) y director de la rotación de cirugía para los estudiantes de las escuelas de medicina de CUNY y de NYIT. Nació en la Ciudad de México. Asistió a la Facultad de Medicina de la Universidad Anáhuac donde se graduó con honores. Completó su formación con una residencia en cirugía general en Albert Einstein Healthcare Network en Filadelfia y es subespecialista en cirugía laparoscópica y bariátrica avanzada por la Virginia Commonwealth University/Medical College of Virginia. Tiene un diplomado por el American Board of Surgery, y es miembro del American College of Surgeons y de la American Society for Metabolic and Bariatric Surgery. Su trabajo científico incluye cinco publicaciones, dos capítulos de libros y más de quince presentaciones en reuniones nacionales e internacionales.

Joaquín Pereyra Macías [AUSTRALIA]

Es médico cirujano y psiquiatra por la UNAM, el Instituto Nacional de Psiquiatría Ramón de la Fuente Muñiz y el Royal Australian and New Zealand College of Psychiatrists. Actualmente trabaja como Consultant Psychiatrist para Alfred Mental and Addiction Health, el servicio de salud mental del Alfred Hospital, un hospital de tercer nivel en la ciudad de Melbourne, Australia. Vive con su pareja y sus dos hijos.

Luis Rodrigo Reynoso @doctorreynoso [ETIOPÍA]

Es originario de Aguascalientes y desarrolla su ejercicio profesional en Tulum, Quintana Roo. Es médico egresado por la Universidad Autónoma de Aguascalientes, cirujano general y laparoscospista por el Hospital Christus Muguerza; y cirujano plástico estético y reconstructivo egresado del Instituto Jalisciense de Cirugía Reconstructiva.

Ha participado en intercambios y *fellowships* en los mejores centros de cirugía plástica del mundo, entre ellos el Hospital Universitario Gazi en Turquía, el Hospital Número 6 en China; y en otras instituciones de Dubai, Porto Alegre, Río de Janeiro, Louisville, Kentucky, y Galveston, Texas. Ha sido cirujano plástico voluntario en el programa Operación Sonrisa México durante diez jornadas de cirugía reconstructiva de labio y paladar hendido. Ha sido cirujano voluntario independiente en el área reconstructiva y pionero de la cirugía plástica estética en Adís Abeba, Etiopía. Es cofundador de la aplicación Appy Doctors, un motor de búsqueda que genera citas y experiencias médicas por internet. Es amante de la naturaleza, lo autóctono y de desmenuzar la vida en sabores, aromas, colores.

Jack Rubinstein @theperfectdose1 [ESTADOS UNIDOS]

Estudió medicina en Universidad Anáhuac. En 2002 emigró para entrenarse en Pennsylvania y Michigan, Estados Unidos. Es especialista en medicina interna y enfermedades cardiovasculares. Profesor asociado en la Universidad de Cincinnati, e investigador e inventor. Está casado y tiene tres hijos. Habla cuatro idiomas y es un jugador mediocre de polo.

Alberto Saltiel @VascularQx [ISRAEL]

Nació en la Ciudad de México en 1986. Estudió en el Colegio Americano del cual se graduó en 2004. Estudió la licenciatura de médico cirujano en la Universidad Anáhuac México Norte y en 2013 se mudó a Israel donde aplicó a la residencia en cirugía vascular. Fue nombrado jefe de residentes de cirugía vascular durante su último año de residencia.

Actualmente vive en Tel Aviv, Israel, con su pareja e hijos. Cursando su último año de residencia en el hospital Tel Aviv Sourasky Medical Center. Fuera de la medicina, le apasiona el béisbol, el fútbol americano, el ciclismo, la música, el box, el whisky y el vino.

Lorenz Schenk [ALEMANIA]

Es medico internista egresado de la Universidad Anáhuac. Nació en la Ciudad de México y estudió en el Colegio Alemán Alexander von Humboldt y en el Instituto Cumbres. Ha trabajado en el Sankt Josef Krankenhaus, Gelsenkirchen Horst, Klinik für Allgemein und Bauch und Unfallchirurgie, Knappschaftskrankenhaus Bottrop, Klinik für Innere Medizin, Marienhospital Herne, Klinik für Kardiologie y actualmente es Freiberuflichen Honorararzt.

René Sotelo @doctorsotelo [ESTADOS UNIDOS]

www.doctorsotelo.com

Es urólogo y oncólogo venezolano. Profesor de urología clínica y director médico internacional en el Keck Medicine de la Universidad del Sur de California (USC). Radica en Los Ángeles. Sus pasatiempos son operar y viajar.